철학자가 들려주는 철학 이야기 041~050권

아비투어 철학 논술 5

●

중급편

철학자가 들려주는 철학 이야기
아비투어 철학 논술 - 중급편 5

ⓒ 박민수, 정인회, 오지은, 최지윤, 박현정, 권상, 이지영, 2011

초판 1쇄 인쇄일 | 2011년 6월 21일
초판 1쇄 발행일 | 2011년 6월 30일

지은이 | 박민수, 정인회, 오지은, 최지윤, 박현정, 권상, 이지영
펴낸이 | 강병철
펴낸곳 | (주)자음과모음

주   간 | 정은영
제   작 | 장성준, 김우진
마 케 팅 | 박제연, 정지운
영   업 | 조광진, 안재임, 강승덕

출판등록 | 2001년 5월 8일 제20−222호
주   소 | 121−753 서울시 마포구 동교동 165−1 미래프라자빌딩 7층
전   화 | 편집부 (02)324−2347, 총무부 (02)325−6047
팩   스 | 편집부 (02)324−2348, 총무부 (02)2648−1311
e −mail | jmseries@jamobook.com
Home page | www.jamo21.net

ISBN 978−89−544−2686−2 (04100)
ISBN 978−89−544−2681−7 (set)

아비투어 철학 논술

철학 논술

중급편

5

|주|자음과모음

차례

Abitur

철학자가 들려주는 철학이야기 041

에리히 프롬이 들려주는 사랑 이야기

저자_박민수

연세대학교 독문과를 졸업하고 동대학원에서 석사 학위를 받았다. 지금은 독일 베를린 자유대학에서 〈근대 미학에서 미적 가상의 개념〉이란 주제로 박사 논문을 준비하고 있다. 전문 번역가로도 활동하고 있으며, 저서로는 《아비투어 철학 논술: 칸트가 들려주는 순수 이성 비판 이야기》《아비투어 철학 논술: 니체가 들려주는 슈퍼맨 이야기》《아비투어 철학 논술: 헤겔이 들려주는 정신 이야기》 등이 있고, 역서로는 《우리의 포스트모던적 모던》《데리다 – 니체, 니체 – 데리다》《신의 독약》《책벌레》《크라바트》 등이 있다.

에리히 프롬의 생애와 사상

Erich Fromm

에리히 프롬의 생애와 사상

1. 프롬의 생애

에리히 프롬(1900~1980)은 독일 프랑크푸르트의 유대인 가정에서 태어났다. 어린 시절에는 랍비였던 할아버지의 영향을 받아 유대교의 가르침을 충실히 따랐지만 대학에 와서는 새로운 학문을 접하게 되었다. 대학에서 프롬은 사회학과 심리학, 철학을 전공하였는데, 특히 프로이트의 정신분석학과 마르크스의 사회철학의 영향을 많이 받았다. 1933년 독일에서 히틀러의 나치스 당이 정권을 잡자 유대인이었던 프롬은 미국으로 망명하였다. 미국에서 프롬은 사회학과 철학, 심리학 연구를 계속하는 가운데 동양의 불교 사상에서 신선한 감명과 깨달음을 얻게 되었다. 프롬은 자신의 사상적 지주가 네 가지라고 말한 적이 있는데, 이는 유대교의 메시아사상과 프로이트 정신분석학, 마르크스 사상 그리고 불교의 가르침이었다. 프롬은 이 네 가지 사상을 결합시켜 자신만의 독특한 사상 체계를 세웠는데, 이러한 사상 체계에서 그는 현대인의 자유와 소외 문제를 분석하고 참으로 행복한 인간과 사회에 대한 비전을 제시하려 애썼다.

어휘 다지기

정신분석학

오스트리아의 정신과 의사인 프로이트가 인간의 정신 장애를 치료하기 위해 고안한 학문이다. 프로이트는 인간의 마음이 빙산 같은 구조를 갖고 있다고 보았다. 즉 우리가 평소 의식하고 있는 정신의 측면은 수면 위로 드러난 빙산의 일각에 비유할 수 있으며, 이런 측면 아래에는 물밑의 거대한 빙산 덩어리처럼 무의식이 자리 잡고 있다. 프로이트에 의하면 인간의 모든 행동이나 감정, 생각, 의식은 이 무의식에서 비롯된다. 따라서 정신 장애를 치료하려면 환자의 무의식으로 파고 들어가 그 원인을 제거해야 한다는 것이 프로이트의 주장이었다.

마르크스 사상

독일의 철학자 카를 마르크스가 전개한 사상을 말한다. 마르크스는 인간의 모든 삶이 인간을 둘러싼 사회적·경제적 환경에 의해 결정된다고 보았으며, 인간의 역사도 이런 사회적·경제적 환경의 변화에 따르는 인간의 행동에 의해 이뤄지는 것이라고 생각했다.

사회철학

인간 사회를 탐구 대상으로 하는 철학의 한 분야이다.

메시아 사상

메시아는 고통받는 유대 민족을 외국의 압제에서 구원하기 위해 언젠가 나타나리라고 기대했던 초인적인 왕이며, 이런 왕의 존재를 믿는 사상이 메시아 사상이다.

프롬은 학자로서 세계적인 명성을 떨쳤으며, 1980년 스위스에서 사망할 때까지 수많은 저서를 남겼다. 프롬의 대표적 저서로는 《자유로부터의 도피》《인간 상실과 인간 회복》《건전한 사회》《마르크스의 인간 개념》《사랑의 기술》《희망의 혁명》《소유냐, 존재냐》 등이 있다.

2. 시민 사회와 파시즘

프롬의 저서 중 하나인 《자유로부터의 도피》(1941)는 기나긴 시간 동안 처절한 노력 속에서 자유를 쟁취해 온 인간들이 왜 현대에 들어와 스스로 자유를 포기하고 자유에서 도피하는 경향을 보이는지를 밝히려 한 책이다. 프롬이 이 책에서 주장하는 기본 내용은 현대 사회의 문제점을 다양한 각도에서 밝히려 한 그의 다른 저서들에서도 되풀이되고 있다. 따라서 이 교재에서는 《자유로부터의 도피》의 핵심 내용을 이해하는 가운데 프롬의 사상에 접근해 보기로 하겠다.

프롬이 자유에서 도피하려는 현대인의 성향을 분석하게 된 계기는 1930년대 유럽 사회를 휩쓸었던 파시즘이라는 거센 정치적 소용돌이였다. 왜 문명화된 유럽인들 다수가 스스로 자유를 포기하고 권위주의적 정치 집단에 자발적으로 복종하게 되었는가라는 문제는 프롬으로 하여금 인간의 자유에 관해 깊이 연구할 필요를 느끼게 했던 것이다. 그리고 프롬은 이 문제의 뿌리를 인간의 자유가 급속히 증대된 근대 시민 사회로 거슬러 올라가서 찾았다. 이 과정에서 프롬은 자유로부터의 도피 현상이, 파시즘이 정권을 잡은 나라뿐만 아니라 현대 산업 사회 전반에서 나타나는 경향임을 알게 되었다.

프롬의 사상을 따라잡기 위해 먼저 유럽에서 근대적 시민 사회가 형성되는 시점부터 파시즘이 득세하기까지의 역사적 과정을 교과서 지문 속에서 간단히 살펴보기로 하자.

① 시민 사회의 형성

산업 혁명 이전에 서구 유럽의 여러 나라에서는 정치적·경제적으로 봉건 제도를 타파하고 근대적 체계로 나아가려는 시민 혁명이 일어났다. 시민 혁명은 시민이 중심이 되어, 특권을 가진 왕이나 귀족에 의해 모든 것이 이루어지던 정치 제도를 없애고, 모든 사람이 주인이며 자유롭고 평등하다는 신념을 바탕으로 민주 정치를 확립하려는 것이었다. 이러한 시민 혁명이 발생할 수 있게 된 것은 16세기 유럽에서 일어난 종교 개혁에 의해 사람들이 좀 더 자유롭고 합리적인 생각을 할 수 있게 되었기 때문이다. 특히 프랑국왕 및 귀족이나 성직자의 지배에서 차츰 벗어나 상공업 활동에 의해 자산을 소유한 서구의 시민 계급은 18~19세기에 걸쳐 점차 국가의 정치적, 경제적 주도권을 장악하기 시작한다. 이들은 봉건 제도나 절대주의 국가처럼 계급이 엄격히 구별된 사회 제도를 타파하고 모든 인간의 존엄성을 인정하는 가운데 '자유롭고' 평등한 사회 건설을 기치로 내걸었으며, 이렇게 해서 서구에는 시민 사회가 형성되었다. 이러한 시민 사회의 형성은 바로 오늘날의 자유 민주주의 사회의 원형을 이루는 것이었고, 인류 역사에서 최초로 인간 자유의 비약적 증진을 가져온 사건이었다.

원래 시민 사회는 유럽에서 18~19세기에 성립한 사회를 의미했으나, 지금은 자유 민주주의를 실천하고 있는 대부분의 나라에서 신분적 구속 없이 자유롭고 평등하게 살아가는 개인들이 모여 사는 사회를 뜻한다.

시민 사회가 추구하는 가장 대표적인 민주주의의 이념은 인간의 존엄성이다. 인간의 존엄성은 사람을 가장 중요하게 생각할 뿐만 아니라, 모든 사람의 인권을 동등하게 존중

한다.

인간은 행복을 추구할 권리가 있으며, 선거권을 통해 주권을 행사하고, 불합리한 차별 대우를 받지 않아야 한다. 또 정당한 절차 없이 구속당하지 않으며, 언론 · 출판 · 집회 · 결사와 같은 기본적인 인권을 보장받는다.

시민 사회에서 국가는 이러한 시민의 권리를 적극 보장하고, 국민의 복리 증진을 위해 노력한다. 그 과정에서 국가가 하는 일은 공개되어 있고, 비판이 허용되며, 다수의 정당과 단체들이 참여하고 경쟁할 수 있는 여건이 보장되어 있다.

- 교육인적자원부, 중학교 《도덕》 2

② 파시즘의 등장

그런데 20세기 초에 들어와 자유주의적 서구 사회에서는 파시즘이라는 망령이 떠돌기 시작한다. 서구 시민 사회에서 파시즘은 1930년대에 들어와 대중들의 지지를 얻게 되었으며, 특히 이탈리아, 스페인, 독일에서 세를 확장시켰다. 독일의 파시즘 정당인 민족 사회주의당(나치스)은 1932년 민주주의적 선거에서 230개의 의석을 차지하여 제1당이 되었으며 1933년 1월 30일에는 마침내 히틀러를 수반으로 한 정부를 성립시켰다.

미국으로 망명한 프롬은 파시즘의 대두를 현대의 심각한 위기라고 보았으며 자유 민주주의 사회에서 파시즘이 창궐하게 된 원인이 무엇인지 연구해야 할 필요성을 절감하였다. 프롬은 이 문제가 독일이나 이탈리아 등의 특수한 정치 상황에서 비롯된 것이라고 생각하기보다는 근대 이후 발전되어 온 서구 자유주의 사회의 특성에 뿌리를 둔 것이라고 보았다.

어휘 다지기

봉건 제도
중세 유럽에서, 영주가 가신(가신)에게 영토를 주고, 그 대신에 군역의 의무를 부과하는 주종 관계를 기본으로 한다. 왕, 귀족, 가신, 성직자 등의 영주와 그 지배 하에 있는 농노로 구성된다.

절대주의 국가
군주에게 절대적인 권력을 부여하는 국가를 말한다.

다원 사회
개인이나 여러 집단이 기본으로 삼는 원칙이나 목적이 서로 다를 수 있음을 인정하는 사회를 말한다.

전체주의
개인의 모든 활동은 민족, 국가와 같은 전체의 존립과 발전을 위해서만 존재한다는 이념 아래 개인의 자유를 억압하는 사상이다.

3. 자유로부터 도피하는 현대인

① 자유와 개체화

프롬은 일단 근대 서구의 역사가 인간들을 구속해 온 여러 가지 질곡에서 벗어나 자유를 쟁취해 온 역사였음을 인정한다. 근대 서구인들은 먼저 과학의 발전을 통해 자연의 예속에서 탈피했고, 이어 종교와 절대주의 국가의 지배에서도 벗어났다. 하지만 그 후 서구 사회의 인간들은 좀 더 완전한 자유로까지는 나가지 못한 채 여러 가지 문제에 직면하게 됐으며 특히 파시즘의 대두는 서구인들이 신장시켜 온 자유에 어떤 문제가 있다는 사실을 확인하게 하였다.

프롬은 1920~1930년대 서구에서 파시즘이 등장한 것은 '근대 서구인들이 얻어낸 자유에 양면성'이 있기 때문이라고 말한다.

한편으로 근대 서구인은 여러 가지 구속에서 벗어나 자유를 획득하는 과정에서 스스로를 철저히 개인으로 의식하게 되었다. 자연의 예속에서 벗어나고 또 봉건 사회나 절대 왕정의 폭압에서 벗어나 인간 개개인의 권리와 자유를 확장시키는 과정은 곧 인간 개개인을 철저히 분리되고 독립된 존재로 변화시키는 과정이기도 했기 때문이다. 프롬은 이 과정을 '개체화'라고 부르는 바, 근대적 자유의 진전은 바로 이 개체화 과정과 동시에 이뤄졌다.

그런데 다른 한편으로, 근대 이전의 사회에서는 구속도 심했지만 인간들 사이에 강한 유대 관계도 존재하고 있었다. 이렇게 보면, 근대의 자유화·개체화 과정은 인간에게서 유대 관계를 앗아가는 과정이기도 했다. 그러므로 이 과정은 인간을 견디기 어려운 고립감에 빠뜨릴 가능성을 품고 있다. 산업화와 맞물려 있는 시민 사회의 형성 과정에서 개체화와 인간 고립의 문제가 어떻게 나타났는지는 다음에 제시되는 인용문 속에 쉽게 설명되어 있다.

시민 사회가 등장하기 이전의 사람들은 주로 혈연이나 지연 등을 중심으로 공동생활을 하였다. 당시 주요 산업인 농업은 생산 과정이 비교적 단순하여, 씨를 뿌리거나 열매를 거두는 작업을 가족들의 힘만으로도 어느 정도 해결할 수 있었다. 경우에 따라서 어려운 일이나 복잡한 문제가 생기면 마을 사람들이 서로 도와주기도 하였다. 그 과정에서 마을 사람들은 얼굴을 맞대고 서로 도우며, 기쁨과 슬픔을 함께 나누는 가운데 정신적으로 하나가 되어 공동체 의식을 가지게 되었다. 그래서 그들은 외부 사람들과 밀접한 관계를 가지거나 협력할 필요성을 별로 느끼지 못하였다.

그러던 것이 18세기 이후 산업 혁명이 일어나면서 서구에서는 상공업의 발달과 함께 도시가 번창하고, 이를 바탕으로 한 새로운 시민 사회가 나타나기 시작하였다. 그리고 이러한 시민 사회에서는 사람들이 이익과 손해를 따지는 이해 타산적인 생활 모습이 나타나게 되었다.

> 이렇게 이익과 손해를 분명하게 따지는 태도는 합리성을 높여 주기도 하였다. 그러나 이러한 태도는 다른 사람들을 경쟁 상대로만 보게 되며, 자신의 이익을 위해 남에게 양보하지 않는 태도를 갖게 하였다. 그래서 시민 사회에서는 혈연이나 지연 중심의 사회에서와 같은 화목한 모습은 기대하기가 어렵게 되었다.
>
> - 교육인적자원부, 중학교 《도덕》 2

그런데 프롬은 인간이 이처럼 고립감에 빠지게 되면 자신을 분리된 개체로 만드는 자유로부터 도피하고 싶어 한다고 주장한다. 인간은 모래처럼 모여 있지만 모래알처럼 서로 떨어져 있는 '군중 속의 고독'이라는 상황을 견디기 어렵게 된다. 자유가 수반하는 개체화로 인해서 고독을 느끼며 이로부터 벗어나기를 갈망하게 된다는 것이다. 그리고 이것이 바로 파시즘과 같은 권위주의·전체주의 체제를 지지하는 요인이 된다는 것이 프롬의 주장이다. 권위주의·전체주의 체제는 사실상 개인의 자유를 앗아가는 반면에 새로운 소속감과 공동체 의식을 가질 수 있게 하기 때문이다.

어휘 다지기

산업 혁명

18세기 후반부터 약 100년 동안 유럽에서 일어난 생산 기술과 그에 따른 사회 조직의 변화를 말한다. 이 산업 혁명으로 자본주의 경제가 발전하는 계기가 되었다.

② 자유의 두 가지 의미

프롬은 근대인들에게 내재된 '자유로부터의 도피 경향'을 논하는 맥락에서 자유의 두 가지 의미에 관해 말한다. 그에 따르면 자유에는 '~로부터의 자유'와 '~로의 자유'가 있다. 그런데 근대 서구인들이 오랜 과정을 거쳐 쟁취한 자유는 본질적으로 '~로부터의 자유'였으며, '~로의 자유'는 끊임없이 유보되었다. 다시 말해 우선은 강제나 억압, 착취 등에서 벗어난 상태를 뜻하는 자유가 추구되어 왔고, 이런 자유를 더 적극적으로 발휘해 나가는 것에 대해서는 늘 제한이 가해졌다는 것이다. 왜냐하면 '~로부터의 자유'는 아무리 진전되어도 자연적·사회적 조건들에 의해 항상 제약되기 마련이며, 따라서 인간은 이런 자유를 더 신장시키고 유지하려는 노력에 머물러 있을 수밖에 없었기 때문이다.

다시 말해 인간은 늘 스스로를 구속하는 자연과 전근대적 제도에 대항하는 과정, 즉 '~로부터의 자유'를 확보하는 과정에 있었으며, 이런 자유를 보장하는 효율적 제도를 만드는 데 부심하느라 '~로의 자유'를 실현하는 것까지 고민할 만한 여유가 없었다는 것이다.

그리고 이런 상황에서는 설령 일부 개인들이 '~로의 자유', 즉 적극적인 자유를 모색한다 해도 이를 실현하기가 어렵게 된다. 왜냐하면 근대 이후의 사회적 제도는 대체로 '~로부터의 자유'를 효율적으로 유지시키는 방식으로 조직되어 있을 뿐, '~로의 자유'에 대한 개개인의 소망까지 지원하는 형식과 내용을 갖고 있지는 않기 때문이다. 오히려 '~로부터의 자유'를 유지시키기 위해 복잡하게 짜인 근대적 사회 체제에서는 '~로의 자유'를 지향하는 개인의 생각이나 태도를, 현 체제를 혼란시키거나 위태롭게 할 수 있는 도전으로 받아들이곤 한다.

이처럼 근대적 시민 사회에서 개인은 비록 '~로부터의 자유'를 과거에 비해 크게 누리고 있지만 개체 상태의 고립감에서 헤어나지 못하며 또 '~로의 자유'를 실현하기도 어렵다. 그에 따라 시민 사회의 개인들은 '~로부터의 자유'와 그에 따른 개체 상태를 무거운 짐으로 느끼게 되며 고독과 무력감에서 벗어나기 위해 '자신이 의존할 수 있는 외적 권위'를 찾게 된다. 그리고 이런 도피 심리가 20세기 초의 많은 서구인들로 하여금 파시즘이라는 전체주의적·권위주의적 체제를 지지하게 했다는 것이 프롬의 주장이다. 그리고 프롬은 자유에서 도피하려는 사람들의 심리나 성향이 근대 시민 사회의 연속인 현대 사회에도 만연해 있다고 말한다.

③ 도피의 유형

프롬은 근현대 사회에서 개인들이 자유로부터 도피하는 유형에는 세 가지가 있다고 말한다. 그 세 가지란 바로 '권위주의로의 도피' '파괴성으로의 도피' 그리고 '기계적 획일성으로의 도피'이다.

첫 번째 유형인 권위주의로의 도피는 인간이 개인적 자아의 독립을 버리고 의존할 수 있는 어떤 사람이나 사물에 자신을 융합시키려는 것이다. 다시 말해, 이미 상실한 제1차적 속박(전근대의 여러 가지 공동체적 유대 관계) 대신에 새로운 '제2차적' 속박을 구하는 것이다. 즉 인간은 고독과 무력감에서 헤어나기 위해 의지할 권위를 찾는다.

두 번째 유형인 파괴성으로의 도피는 외적 세계를 파괴함으로써 그 외적 세계에 대한 무력감에서 벗어나려는 시도, 즉 자포자기적 시도를 말한다.

마지막 유형인 기계적 획일성으로의 도피는 개인이 자신의 개성과 자아를 포기하는 것을 말한다. 프롬에 따르면 현대 사회에서 대부분의 정상인은 이런 도피 방식을 취하고 있다. 현대 사회의 인간들은 스스로 자유롭다고 믿지만, 사실 이는 환상에 불과하다. 현대의 인간들은 문화적 양식에 의해 획일화된 개성을 자신의 자아로 받아들이며 다른 사람들과 동일한 상태로 순응한다. 즉 대중 속의 하나로 섞여 듦으로써 고독이나 불안에서 벗어나려 한다는 것이다.

프롬이 말하는 도피의 세 가지 유형이 구체적으로 어떤 것인지, 교과서를 통해 알아보기로 하자. 다음은 교과서에서 발췌한 내용 중 일부이다. 여기에 현대 사회의 특징과 문제점이 아주 분명하게 정리되어 있다.

우리 사회의 가장 큰 문제는 도덕의식의 약화와 인간성 상실이다. 사람들은 치열한 경쟁 사회 속에서 살아가기 위하여 수단과 방법을 가리지 않고 있으며, 비도덕적 행위를 하거나 범죄를 저질러도 죄의식을 느끼지 못할 정도로 도덕의식이 약화되었다. 사람들은 편리하고 즐거움을 주는 것들만을 좋아하게 되고, 육체적인 쾌락과 물질적인 만족을 끊임없이 추구한다. 그리고 자살, 살인 등 생명을 너무 쉽게 포기하거나 해치는 사건들이 자주 일어난다.

그다음의 도덕 문제는 다양한 개인과 집단 상호간에 대립, 갈등, 충돌하는 이기주의 문제의 등장이다. …(중략)… 현대 사회의 도덕 문제들은 단순히 개인적인 차원에서 도덕성이 부족하다고 해서 나타나는 것만은 아니다. 그렇다면 이러한 도덕 문제가 지닌 특징은 무엇일까?

첫째, 급격한 산업의 발달과 과학 기술의 진보로 인해 발생하는 부작용 때문에 나타나는 문제들이다. 지금까지 성장 위주의 무분별한 정책은 과학 기술 만능주의를 불러일으켜 도덕의식을 약화시켰다. 그 결과, 인간은 생명체의 유전자를 조작하여 생명의 가치를 훼손하는 경우까지 나타났다. 또 지나친 개발과 소비는 자연 파괴와 환경오염을 가져왔다.

둘째, 개인과 집단의 양심 문제이다. 아무리 개인적으로는 양심적인 사람이라 할지라도 집단에 속하게 되면 도덕성이 떨어지는 경우가 생긴다. 즉 개인은 집단에 소속되어 집단의 이름으로 행동하게 되고, 그 과정에서 개인적인 양심으로는 해서는 안 되는 일을 집단의 목적 달성을 위해 저지르는 경우가 적지 않다. 예를 들면, 자기 스스로 해서는 안 된다는 것을 알고 있으면서도, 회사의 이익이나 상사의 지시에 의해서 오염 물질을 무단으로 배출하는 등의 범죄 행위를 저지르는 경우가 있다.

셋째, 사회 구조의 도덕적 타락에 대한 문제이다. 우리는 법과 제도상의 허점을 이용해서 특정한 기업이나 정치 집단이 일으키는 각종 불법과 비리를 쉽게 볼 수 있다. 이러한 불법과 비리 사건은 특정한 개인의 도덕성이나 윤리 의식의 개선만으로는 해결하기 어렵다는 것을 알아야 한다.

- 교육인적자원부, 중학교 《도덕》 2

어휘 다지기

익명성
본인의 이름이 드러나지 않는 성질을 말한다.

황금만능주의
물질(돈)만 있으면 무엇이든 가능하다고 생각하는 사고방식이나 태도를 나타낸다.

도덕의식
도덕 현상에 대해서 선악과 옳고 그름을 분별하고, 옳음을 지향하여 사악함을 물리치려는 마음을 말한다.

이기주의
자기 자신의 이익만을 추구하고, 사회 일반의 이익은 염두에 두지 않으려는 태도를 일컫는 말이다.

앞의 제시문에서 언급된 교과서 글에서 '도덕의식이 약화' 되고 '불법과 비리' 가 만연하는 현상은 인간 사이의 유대가 상당히 허술해졌다는 데서 기인한다. 현대 시민 사회의 급격한 산업화 속에서 인간들의 개체화는 더 강하게 진행되며, 개인은 타인들에 인간적으로 깊은 관계를 맺기가 어렵다. 결과적으로 인간은 타인에 대한 배려 의식을 잃고 자신의 이익과 편의만을 도모하게 된다. 이때 개인이 원하는 이익과 편의는 대체로 육체적 안락이나 쾌락과 결부된 물질적인 것이다. 따라서 인간들은 다른 인간보다는 점점 더 물질적인 것, 고도 산업 사회의 과학 기술이 가져온 편리한 기계나 설비 등에 친숙함을 느끼며 더 나아가 이를 숭배하게 된다. 이는 결국 어떤 사물에 자신을 융합하려는 태도이며, 따라서 '권위주의로의 도피' 의 한 형태라 할 수 있다. 즉 물질 만능주의나 과학 기술 만능주의도 프롬이 말하는 첫 번째 도피 유형에 포함된다.

물론 이 유형에는 특정 인물에 대한 숭배도 포함된다. 오늘날에도 대중은 1930년대의 독일인들처럼 과거나 현재의 특정 정치인을 숭배하고 그 권위에 맹종하는 경향을 보인다. 또 우리 사회의 다양한 집단, 즉 정치조직이나 학교, 직장, 조직 폭력배 집단 등에서 나타나는 권위주의적 위계 체계와 이에 대한 신봉 역시 이러한 도피 유형에 속한다고 볼 수 있을 것이다.

그리고 자살이나 살인처럼 자기 자신이나 타인을 파괴하는 경우는 프롬이 말하는 도피의 두 번째 유형에 포함될 것이다. 현대 사회에서 개체로서 느끼는 고립감이 가중되고 그런 현실에 많은 불만을 갖게 된다면 자신을 포함한 개체들에 대해 큰 가치를 부여하지 못할 것이며, 파괴가 모든 문제의 해결 방식이라고 생각하게 될 수도 있는 것이다.

그리고 이런저런 집단에 묻혀 그 질서에 순응하는 것과 스스로 개체성을 망실하고 개체로서의 가치 판단을 중단시키는 태도는 프롬이 말하는 세 번째 도피 유형에 속한다.

④ 자유로부터의 도피를 막는 길

프롬은 현대 사회의 인간이 갖는 도피의 유형에 대해 설명하고, 나름의 해결 방안을 제시한다. 프롬은 현대의 인간들이 자유로부터 도피하지 않기 위해서는 인간들 사이에서 새로운 유대가 생겨나야 한다고 말한다. 즉 개인들이 서로에 대해 적극적인 연대 의식과 애정과 관심 그리고 책임 의식을 가지려고 노력해야 한다는 것이다. 그러나 현대의 사회적 조건은 이런 적극적 연대 의식과 애정, 관심, 책임감의 형성을 가로막고 있다. 따라서 현대 사회의 생활 조건, 즉 이윤만을 최고 가치로 삼고 사회적 효율성만을 강조하며 과학 기술을 맹종하게 하는 사회적 조건도 개선 내지 개혁되어야 한다는 것이 프롬의 주장이다.

어휘 다지기

연대 의식
인간들이 서로 연결되어 있음을 강하게 느끼고 어떤 사태에 대해 공동의 책임을 지려는 마음가짐을 말한다.

현대 사회의 도덕 문제는 구성원들의 공동체 의식과 연대 의식의 바탕 위에서 해결될 수 있을 것이다. 그러기 위해서는 사회 구성원들이 사회 전체의 이익을 위하여 정해진 규율과 질서에 합의해야 한다. 그리고 시민들은 개인적으로 도덕심을 갖추어야 할 뿐만 아니라 사회적·국가적으로 미비한 법과 제도를 보완하고, 부정과 비리를 근절시킬 수 있는 제도적 장치를 마련해야 한다. 그리하여 우리는 시민으로서 지켜야 할 여러 가지 규범과 조건을 필요로 하는 것이다.

- 교육인적자원부, 중학교 《도덕》 2

가 1928년에만 해도 히틀러가 이끄는 독일의 파시즘 정당인 나치당은 독일 의회에서 2.4%의 의석을 가진 군소 정당에 불과했다. 만약 당시에 전 세계적 대공황만 일어나지 않았어도 히틀러의 나치당은 독일 역사에서 군소 정당으로 기록되었을 것이다. 하지만 1930년 독일의 실업자 수는 600만 명을 넘어섰고, 특히 소시민층의 타격이 극심했다. 이처럼 경제적 위기가 증폭되자 1933년 선거에서 히틀러의 나치당은 독일 국민의 압도적 지지를 받아 제1당의 지위에 오르고 정권을 장악하게 되었다.

나 오늘날의 개인들은 '~로부터의 자유'의 부담을 참을 수 없기 때문에, 만약 소극적인 자유로부터 적극적인 자유로 진전할 수 없다면 자유로부터 도피할 수밖에 없다. 오늘날 도피의 중요한 사회적 통로는 파시즘적 국가에서 그랬던 것과 마찬가지로 지도자에게 복종하는 것이며, 또한 오늘날의 민주주의에서 유행하는 것과 같이 강제적인 순응이다. 이처럼 사회적으로 규정된 도피의 두 방식을 기술하기 이전에 나는 이러한 도피의 심리적인 메커니즘에 관해 설명해 보겠다. …(중략)…

이것은 우회로를 택하는 양상을 띠겠으나 실제로 그것은 우리의 전체 논의에서 필요한 부분이다. 사회 및 문화적인 배경이 없는 심리적인 문제를 적절히 이해할 수 없는 것과 마찬가지로 기저가 되는 심리적 메커니즘을 알지 못하고서는 사회 현상 또한 이해할 수 없다. …(중략)…

여기서 취급하려는 자유로부터의 도피의 최초 메커니즘은 인간이 개인적 자아의 독립을 버리고 그 개인에게 결여된 힘을 얻기 위해 자기 이외의 어떤 사람이나 사물에 그 자신을 융합시켜 가고자 하는 경향이다. 바꿔 말하면, ㉠상실한 제1차적인 속박 대신 새로운 '제2차적' 속박을 구하는 일이다. 이 메커니즘은 복종과 지배를 둘러싼 노력이라는 형태로 뚜렷이 나타난다. … (중략)… 우선 이런 경향에 대해 설명하고 나서, 이런 모든 것이 참을 수 없는 고독감으로부터의 도피라는 것을 해명하고자 한다.

- 에리히 프롬 《자유로부터의 도피》 중에서

다 자발적인 활동은 개인의 고립이나 무력함 때문에 어쩔 수 없이 움직이는 강제적인 활동이 아니다. 또 그것은 외부로부터 암시된 방식에 무비판적으로 적용하는 자동 순응의 활동도 아니다. 자발적인 활동은 자아의 자유로운 활동이며, 심리적 측면에서 볼 때 …(중략)… 자기 자신의 의지에 따라 움직이는 자유로운 활동이다. …(중략)… 이 같은 자발성을 위한 하나의 전제는 온전한 인격을 받아들이는 것과 '이성'과 '본성' 간의 균열을 제거하는 것이다. 왜냐하면 사람이 자기 자신의 본질적 부분을 억압하지 않고 자기 자신에게 솔직한 …(중략)… 경우에만 자발적인 활동이 가능하기 때문이다. …(중략)…

왜 자발적인 활동이 자유 문제에 대한 대답이 되는가? 우리는 앞에서 소극적 자유는 개인을 오직 고립된 존재로 만든다는 점을 고찰했는데, 고립된 존재가 세계와 맺는 관계는 흐릿하고 믿을 수 없으며, 또 그 자아도 약하며 끊임없이 위협을 받고 있다. 자발적인 활동은 자기 자신의 통일성을 희생함이 없이 고독의 공포를 극복할 수 있는 하나의 방법이다. 왜냐하면 사람은 자아를 자발적으로 실현하는 가운데 자기 자신을 새롭게 세계 - 사람이나 자연이나 자기 자신 - 와 결합시키기 때문이다. 사랑은 그런 자발성의 가장 좋은 내용이다. 사랑은 자아를 다른 인간 속에 해체시키는 것도 아니요, 다른 인간을 소유하는 것도 아니다. 사랑이란 다른 사람들을 자발적으로 긍정하는 것이며, 개인의 자아를 보존하는 기반 위에서 개인이 다른 사람들과 결합하는 것이다. 사랑의 동적인 성질은 다음과 같은 양극성 가운데 놓여 있다. 즉, 사랑은 분리를 극복하려는 욕구에서 나오며, 개체성에 도달하게 되면서도 개체를 제거하지 않는다. 일은 또 다른 내용이다. 즉 일은 고독을 피하기 위한 강제적인 활동도 아니며, 한편으로는 지배받고 다른 한편으로는 사람의 손이 만들어낸 산물에 의해 숭배되는 자연에 대한 관계도 아니다. 그것은 사람이 창조 행위를 통하여 자연과 합일하는 창조로서의 일이다.

사랑과 일에 속하는 성질은 육체적 쾌락의 만족이든지 사회의 정치 생활에의 참여이든지 간에 모든 자발적인 행동에

어휘 다지기

대공황
1929~1939년 무렵 북아메리카와 유럽을 중심으로 전 세계 산업 지역에서 광범위하게 지속된 경기 침체를 일컫는다.

소시민
중소 상공업자나 기술자, 일반 봉급생활자처럼 사회적 지위나 재산 등의 측면에서 권력자 및 자본가와 하층 노동자 사이의 중간 계층에 속하는 사람들을 말한다.

메커니즘
원래는 기계의 동작 방식이나 처리 과정을 뜻하지만 좀 더 넓은 의미에서는 생명체와 비생명체를 모두 포함하는 사물의 작용 원리나 구조를 뜻한다.

도 부합된다. 사랑은 자아의 개체성을 확인해 주며, 동시에 자아를 사람 및 자연과 연결시켜 준다. 자유에게 고유한 기본적인 분열-개체성의 탄생과 고독의 고통 -은 사람의 자발적인 행동을 통해 보다 높은 국면에서 해소된다.

- 에리히 프롬 《자유로부터의 도피》 중에서

case 1 제시문 (가)와 (나)는 20세기 초 독일에서 다수 국민이 나치즘을 지지한 이유를 다르게 밝히고 있다. 두 주장을 비교해서 간단히 설명하시오. (300자 내외)

생각 쓰기

----

case 2 제시문 (나)에서 밑줄 친 ㉠의 의미를 설명하시오. (350자 내외)

생각 쓰기

case 3 제시문 (다)의 내용을 요약하시오. (200자 내외)

생각 쓰기

case 4 제시문 (다)에 근거해서 (나)에 서술된 현대 사회의 문제점을 극복할 수 있는 방안을 제시해 보시오. (700자 내외)

생각 쓰기

아비투어 철학 논술

case 1 제시문 (가)는 전 세계적인 대공황으로 인한 경제 붕괴와 소시민층의 몰락이 독일 국민으로 하여금 나치즘을 지지한 원인이라고 설명하고 있다. 그에 비해 제시문 (나)는 좀 더 근본적인 설명을 제시한다. 이에 따르면 근대 이후 인간이 누리게 된 '~로부터의 자유'는 인간을 고립된 개체로 만들었고, 이 때문에 인간은 자신의 자유를 부담스러워하며 자신이 예속될 수 있는 강한 힘을 동경하게 된다. 20세기 초 독일에서 마침 강력한 권위주의 체제이자 사상인 나치즘이 등장하자 인간들은 자신의 '~로부터 자유'를 쉽게 내던져 버렸던 것이다.

case 2 1차적 속박이란 전근대 사회에서 가족이나 친족, 군거 집단 등 구속이 강한 공동체적 유대 관계를 말한다. 자본주의적 시민 사회가 형성되기 이전에는 이러한 1차적 속박이 강했다. 그런데 시민 사회가 형성되면서 가족은 소규모로 변하며 친족이나 군거 집단 등도 인간의 삶에서 그 중요성이 줄어들게 된다. 인간들은 점점 더 개체화되고, 개인주의는 더욱더 팽배해지는 것이다. 이러한 개체화 및 개인주의화가 인간의 개별적 자유를 증대시킨 것은 사실이다. 그러나 프롬에 따르면, 이러한 독립과 자유는 다른 한편으로 인간들로 하여금 고립감, 고독감에 시달리게 만든다. 이 때문에 인간들은 자유와 독립을 포기하더라도 그 어떤 강한 유대 관계, 즉 2차적 속박을 갈구하게 된다.

case 3 자발적 활동이란 자아의 자유로운 활동, 자신의 의지에 따라 움직이는 활동이다. 이러한 자발성은 개인의 이성과 본성, 달리 말하면 '무엇이 옳다'와 '무엇을 원한다' 사이에서 대립이 없을 때에만 가능하다. 이러한 자발적 활동은 인간에게서 고독을 없애 준다. 왜냐하면 이런 활동은 인간과 세계의 참된 결합, 즉 양자의 화합을 가능하게 하기 때문이다. 자발적 활동의 예로는 사랑과 일을 들 수 있다.

case 4 사람들이 권위적인 제도나 지도자에게 쉽게 복종하고 순응하는 것은 근본적으로 고독감 때문이다. 즉 그러한 복종과 순응은 근대 이후 '~로부터의 자유'를 누리게 된 사람들이 강력한 개체화를 견디지 못하고 뭔가 의지할 것을 찾기 때문에 나타나는 문제이다.

만약 사람들이 개체로서 누리는 그런 자유, 즉 '~로부터의 자유'를 '~로의 자유', 다시 말해 적극적인 자유로 발전시킨다면 고독감은 줄어들고, 더 이상 복종하고 순응할 무엇인가도 찾지 않게 될 것이다. 그런데 적극적 자유는 사람들의 자발적 활동에서 실현된다. 단순히 강제나 구속이 없는 상태에 머물러 있지 않고 적극적으로 자신이 원하는 바를 실현시키는 데서 적극적 자유가 실현된다는 것이다.

우리는 사랑에서 바로 그러한 자유가 존재한다는 것을 깨닫는다. 그리고 자신이 원하는 것을 꾸준한 노력과 정당한 방법에 의해 획득해 나가는 과정에서도 우리는 적극적인 자유가 무엇인지 알게 된다. 타성에 젖지 않고 끊임없이 반성하면서 '내가 진정으로 원하는 것은 무엇'이고 '사회의 불합리한 제도나 문화에 의해 내가 마치 원하는 것처럼 주입된 것은 무엇' 인지를 구별해야 한다. 그리고 자신이 진정으로 원하는 것을 얻기 위해 노력한다면, 고독감을 극복하고 더 당당한 자세로 살아갈 수 있을 것이다.

아비투어 철학 논술

철학 논술

대입 논술 고사 기출 문제 풀이

2000년도 연세대 논술 고사(자연계)에 출제된 문제는 현대 문명의 부정적인 현상에 관한 것이었다. 이 문제에서는 현대 문명이 빚어내는 부정적 현상들을 설명한 세 개의 인용문이 제시되고 있으며, 학생들은 이 제시문들을 읽고 나서 그런 부정적 현상들의 원인과 해결 방안을 논술해야 한다. 이 문제의 요구에 따라 논술 문제를 풀려면 학생들은 먼저 제시문에서 설명되는 부정적 현상들이 무엇인지 알아내야 하고, 다음으로 그 원인을 분석해야 하며, 마지막으로 그런 부정적 현상들의 해결 방안을 서술하는 세 단계의 과제 해결 과정을 거쳐야 한다.

　　이 문제에 인용된 세 개의 제시문 (가), (나), (다)는 각각 조지 리처의 《맥도날드 그리고 맥도날드화》, 호르크하이머와 아도르노의 《계몽의 변증법》, 에리히 프롬의 《자유로부터의 도피》에서 발췌한 것이다. 참고로 첫 번째 제시문의 저자 조지 리처는 미국 메릴랜드대학의 교수로 사회학자이며, 두 번째 제시문의 저자 막스 호르크하이머와 테오도르 아도르노는 독일의 철학자이자 사회학자이다. 이 두 저자는 프롬과 마찬가지로 독일에서 태어난 유대인으로 1933년 나치가 정권을 잡자 미국으로 망명한 사람들이다. 특히 호르크하이머는 현대 사회와 인간의 문제를 다양한 학문적 방법론으로 연구하는 '사회연구소'를 창설하였는데, 이 단체에서 활동한 사람들로는 아도르노, 마르쿠제, 프롬이 대표적이다. 호르크하이머와 아도르노가 공동으로 저술한 《계몽의 변증법》은 현대의 고전으로 꼽히는 명저이다. 프롬의

《자유로부터의 도피》에 관해서는 앞에서 소개하였으므로 여기서 다시 설명할 필요가 없을 것이다.

　제시문 (가)는 현대 문명사회가 추구하는 '효율성의 부정적 이면'에 관해 말하고 있다. 저자가 사례로 들고 있는 것은 맥도날드로 대표되는 패스트푸드 체인점, 샐러드 바 등의 프랜차이즈 점포들이다. 이런 사업체들은 셀프서비스 방식이 마치 소비자의 취향에 따른 자유로운 선택의 기회를 훨씬 더 많이 보장하는 것이라 선전한다. 하지만 이는 사실 소비자를 부려먹고 노동 임금을 줄여 수익을 올리려는 사업 정책에 불과하다. 그런데도 마치 소비자의 권리를 위한 것인 양 기만적인 선전을 하고 있는 것이다. 이렇게 볼 때 '우리는 당신을 위해 모든 일을 해 드립니다'라는 맥도날드의 선전 문구는 소비자에 대한 우롱인 셈이다.

　제시문 (나)는 현대 영화 산업의 산물들, 구체적으로는 만화영화가 인간의 비판적 사고 능력을 마비시키고 오로지 연출자가 의도한 대로 기계적 반응을 하게 만들며 인간 창의성의 근원인 상상력을 발휘할 기회마저 빼앗고 있다고 주장한다. 인간은 멍청하게 영화의 줄거리를 쫓아갈 뿐, 비판적인 사고의 기회를 갖지 못한다. 본래 연극, 영화 등의 공연 예술은 긴장과 이완의 반복을 본질적 구조로 가지며, 긴장된 장면에서는 몰입과 심취를, 이완된 장면에서는 공연에 대해 거리를 유지하며 비판적 태도를 취할 수 있게 하는 기능을 한다. 그러나 현대 영화 산업은 폭력성과 선정성으로 관객이

한시도 긴장을 놓치지 않게 함으로써 비판적이고 독자적인 생각을 할 틈이 없게 만든다.

마지막으로 프롬의 《자유로부터의 도피》가 인용된 제시문 (다)는 전부 읽어 보기로 하자.

다 우리 문화의 대부분은 개인 생활과 사회생활의 모든 기본적 문제에 대해서, 그리고 심리적·경제적·정치적·도덕적 문제들에 대해서 그 쟁점을 흐리게 연막 치는 기능을 수행한다. 그 연막 중의 하나는 그러한 문제들이 너무나 복잡해서 평범한 개인은 파악할 수 없다는 주장이다. 이와 반대로 개인 생활과 사회생활의 기본적 문제들은 대부분 너무나 단순하여 누구라도 쉽게 이해할 수 있다고 여겨지기도 한다. 그런데 그런 문제들은 대단히 복잡해서 오직 '전문가'만이, 그것도 그 자신의 제한된 영역에서만 이해할 수 있는 것처럼 제시된다. 이러한 현상은 실제로, 때로는 의도적으로, 사람들로 하여금 정말 중요한 문제들에 대해서 자기 자신이 스스로 생각할 수 있는 능력이 있다는 것을 불신하게 만드는 경향이 있다. 개인은 혼란스러운 자료 더미 속에 무기력하게 갇혀서 무엇을 할 것인지 어디로 가야 하는지를 전문가들이 찾아 줄 때까지 인내심을 갖고 애처롭게 기다릴 뿐이다.

(중략)

비판적 사고 능력을 마비시키는 또 다른 방식은 모든 형태의 체계적 세계상을 파괴하는 것이다. 개개의 사실은 그것이 구조화된 전체의 부분일 때 가질 수 있는 특수한 성질을 상실하고, 단순히 추상적이고 양적인 의미만을 갖는다. 각각의 사실은 단지 또 다른 사실일 따름이고, 오로지 얼마나 많이 알고 있는가만이 관심의 대상이 된다. 라디오, 영화, 신문 등은 이런 문제에 대해서 파괴적인 효과를 갖는다. 어떤 도시에 대한 폭격과 수백 명에 이르는 사람들이 죽었다는 발표에 이어 거리낌 없이 비누와 술의 광고가 나온다. 많은 것을 시사해 주는 매력적이고 신뢰감 있는 목소리로 중대한 정치적 상황에 대해서 우리에게 깊은 인상을 남긴 바로 그 아나운서가, 이번에는 그 뉴스 방송을 위해 돈을 지불한 특정 회사의 비누 품질이 좋다는 것을 청취자들에게 선전한다. 뉴스에서는 어뢰정(魚雷艇) 화면에 뒤이어 패션쇼 화면이 나타난다. 신문은 신인 여배우의 진부한 생각이나 아침 식사 버릇을 과학계나 예술계의 중대 사건을 보도할 때와 똑같은 비중으로 진지하게 전달한다. 이로 인해 우리는 자신이 들은 것과 제대로 관계를 맺지 못한다. 그리하여 우리는 둔감해지고 우리의 감정과 비판적 판단은 방해를 받으며, 결국 세상에서 벌어지고 있는 일들에 대해 밋밋하고 무관심한 태도를 갖게 된다. '자유'라는 이름 아래 삶은 모든 구조를 상실한다. 삶은 무수한 단편(斷片)들로 이루어진 것인데, 각각의 단편들은 서로 분리되어 전체로서의 의미를 갖지 못한다. 퍼즐을 풀어야 하는 어린아이처럼 개인은 단편들 속에 외롭게 남아 있다. 그러나 둘의 차이는, 어린아이는 집이 무엇인지를 알고 있어서 자기가 가지고 놀고 있는 작은 조각들에서 집의 각 부분들을 찾아낼 수 있지만, 어른은 단편들을 손에 쥐고 있으면서도 그 '전체'의 의미를 알지 못한다는 데 있다. 그는 당혹스럽고 두려워서 자기 앞에 놓인 작고 무의미한 단편들을 바라보고만 있을 뿐이다.

여기서 프롬은 현대 문화의 부정적 양상으로 크게 두 가지를 말하고 있다. 첫째는 인간이 스스로 생각하고 비판적으로 따져보는 능력을 상실하고 있다는 점이며, 둘째는 인간들이 전체의 의미를 이해하지 못하고 단편적 사실 속에 묻힌 채 비판적 판단력을 잃어 가고 있다는 점이다. 첫 번째 측면과 관련해서, 프롬은 우리 문화의 대부분이 이런 성향으로 대중을 몰아가고 있다고 비판한다.

그리하여 현대인들은 스스로 생각하려는 태도를 버리고 소수의 '전문가들'이 설정해 주는 방향으로 사고하고 행동하는 꼭두각시가 돼 가고 있다는 것이다. 두 번째 측면과 관련해서 프롬은 특히 라디오, 신문, 영화 등의 대중매체의 역기능을 말한다. 현대 문화 중에서 특히 대중 매체는 온갖 잡다한 정보들을 단편적으로 제공하지만 그것들의 연관성이나 전체의 모습은 전달하지 못한다.

그에 따라 대중은 전체적 맥락 파악의 능력을 상실하고 있다는 것이다. 이 두 가지 점은 인간이 점점 더 무기력한 수동적 존재로 전락하고 있다는 점을 공통적으로 시사하고 있다.

이상의 제시문들을 읽고 현대 문명이 빚어 내는 부정적 현상을 정리하면 다음과 같다.

- 현대 문명은 인간의 사고능력과 상상력을 마비시키며, 그 결과 인간은 주변 세계에 대한 비판 능력을 잃고 수동적인 존재로 전락하게 된다.
- 현대적 대중 매체를 중심으로 한 문화 요소들의 영향으로 대부분의 인간이 획일

적인 모습으로 변해 간다. 즉 현대 문명은 인간의 성격이나 사고방식, 생활 태도 등에서 획일주의를 부추기고 있다.

• 인간의 필요에 의해 창조된 여러 가지 사회, 경제, 정치, 문화적 제도들이 오히려 인간을 지배하는 결과가 생긴다.

이제 이러한 부정적 현상이 나타난 원인을 따져보면, 무엇보다도 근대적 시민 사회가 갖고 있는 문제성이 부각된다. 근대적 시민 사회는 고립화된 개인들이 이윤 추구를 삶의 주목적으로 삼으며 이를 위해 제도적 효율성을 무엇보다 중요하게 생각하는 사회이다. 이런 사회의 개인들은 타인을 인간으로서 중요하게 여기기보다는 자신의 이익을 위한 수단으로 삼는 경향이 있다. 프랜차이즈 사업체의 기만적 상술도 이런 맥락에서 나오는 현상이다. 또 이런 사회가 효율적으로 유지되려면 대중들에게 다양한 정보를 제공하는 것은 필요하지만 그렇다고 인간의 사고 능력과 상상력을 마비시켜선 안 된다. 대중이 비판 능력을 잃어 수동적인 존재가 되면 사회는 정체되고 올바른 발전을 이룰 수 없기 때문이다.

한편으로 시민 사회는 합리적·효율적 사고방식에 의해서 다양한 과학과 학문 그리고 기술의 발전을 가져왔다. 그리고 이런 과학, 학문, 기술을 숭배하는 결과도 낳았다. 이에 대중은 과학, 학문, 기술과 그 방면의 전문가들을 맹종하고, 또 그런 과학 기술에 의해 창조된 편리한 물건들에 의존하게 된다.

그렇다면 이런 문제의 해소를 위한 방안은 무엇일까? 이 문제들은 시민 사회가 갖는 구조적 문제점이다. 따라서 산업화된 시민 사회를 구조적으로 개혁하고 제도 자체를 개선하는 것이 필요할 것이다. 그러나 현실의 사회적 환경은 인간들로 하여금 이러한 필요성조차 느끼지 못하게끔 인간을 수동적 존재로 전락시키고 있으므로, 먼저 인간들이 서로 연대하여 현대 사회에 대한 비판적 의식부터 길러야 한다. 다수의 대중이 이런 비판적 의식을 갖게 되면 여론을 형성하여 제도와 구조 자체가 갖고 있는 문제점을 해결하려는 구체적인 실천 방식도 마련할 수 있게 될 것이다.

철학자가 들려주는 철학이야기 042

애덤 스미스가 들려주는 보이지 않는 손 이야기

Abitur

저자_ 정인회

서울대학교와 동대학원 독문학과를 졸업하고 석사 학위를 받았다. 독일 베를린 자유대학에서 철학 박사 과정을 수료했으며 번역 작업 및 연구 활동을 하고 있다.

애덤 스미스의 《국부론》

Adam Smith

애덤 스미스의 《국부론》

1776년은 미국의 독립 선언이 발표된 해이다. 영국의 식민지였던 미국은 인간의 기본권과 국민 주권의 원리를 바탕으로 독립을 선언하고 역사상 최초로 민주주의 공화국을 수립하였다. 이러한 미국의 독립 선언은 자유로운 시민의 권리를 인정하는 민주주의 혁명을 이루어 프랑스 혁명과 라틴아메리카의 독립에도 커다란 영향을 끼쳤다.

1776년은 이처럼 세계 정치에서 최초의 민주주의 정부 수립의 기초가 마련된 해이며 동시에 경제 분야에서 경제학의 기초가 마련되는 책이 출간된 해이기도 하다. 바로 애덤 스미스의《국부론》이 그것이다. 이 책의 원래 제목은 '국부의 성질과 원인에 관한 연구'로, 제목에서 알 수 있듯 국가가 부유해지는 원인과 특성을 밝히고자 했다. 즉, 국민의 부를 증가시키는 합리적인 방안을 찾으려는 것이 애덤 스미스의 주된 관심사였다.

1776년 7월 4일에 발표된 미국의 독립 선언

…(중략)… 모든 인간은 평등하게 태어났으며, 생명과 자유, 그리고 행복을 추구할 권리를 포함하여 누구도 침범할 수 없는 권리를 가진다. 바로 이러한 권리를 보장하기 위해

정부가 만들어졌다. 따라서 정부는 국민의 동의 아래 생겨난 것이다. 어떤 형태의 정부이든 이 목적에 어긋난다면, 국민은 그 정부를 개혁하거나 폐지하고 새로운 정부를 조직할 권리가 있다. …(중략)…

사상적 배경: 계몽 사상

애덤 스미스가 《국부론》을 쓸 당시 유럽에서는 근대 과학이 자리 잡기 시작하였고, 계몽 사상이 지식인들을 중심으로 점차 확산되고 있었다.

갈릴레오가 망원경을 발명해 코페르니쿠스의 지동설을 증명하였고, 뉴턴은 만유인력의 법칙을 발견해 과학 기술 발전의 근간을 세웠다. 또한 계몽 사상가들은 국가와 교회의 지시나 기존의 선입견 혹은 지배적인 관념 등에 따르지 않고 인간의 이성과 지식을 바탕으로 자율적으로 사고하고 판단하도록 가르쳤다. 계몽 사상가들은 이성에 어긋나는 미신과 전통을 비판하며 개인의 자유와 평등을 최고의 가치로 내세웠다.

독일의 철학자 칸트는 '계몽이란 인간이 자신의 잘못으로 인한 미성숙 상태에서 벗어나는 것'이며 계몽을 위해 가장 필요한 것은 '자유'라고 강조한 바 있다. 이 자유가 주어지지 않는다면 인간은 미성숙한 상태에서 벗어나기 어렵다. 자유롭게 생각하고 또 타인과 의견을 교환하는 가운데 인간은 사고의 폭을 넓히고 자율성을 살려 나갈 수 있다.

애덤 스미스도 경제 활동과 관련해 자유의 중요성을 무엇보다 강조하며 사회 전체에 부를 증가시키는 요인을 '자유'라고 보았다.

자유 방임주의와 중상주의

자유 방임주의는 개인의 경제 활동의 자유를 최대한으로 보장하고, 경제에 대한 국가의 간섭을 가능한 한 배제하려는 경제 정책을 말한다.

애덤 스미스가 《국부론》을 쓸 당시의 유럽에서는 중상주의 경제 정책이 지배적이었다. 중상주의는 수입을 줄이고 수출을 늘려 국내 산업을 보호하는 것에 중점을 둔 경제 정책이다. 즉, 해외에서 원료를 싸게 구해 국내에서 물건을 생산하고, 이 생산품을 다시 수출해 높은 이익을 올리는 것이다. 이에 따라 원료 공급지인 해외 식민지가 중요해졌고 유럽의 여러 나라는 식민지 개척을 위해 노력하게 된다. 특히 프랑스의 루이 14세 때, 당시의 재무장관 콜베르가 중심이 되어 보호주의 무역 정책을 펼쳐 경제가 크게 발전하였다. 콜베르는 나라의 부를 늘리기 위해 상업을 중시하고 보호 무역주의의 입장에서 수출 산업을 육성하여 자본을 축적하였다. 또한 국가 주도로 공장을 세우고 상품의 질도 엄격하게 관리해 가구, 실크, 고급 옷은 프랑스제가 최고의 제품으로 평가받을 수 있게 되었다.

하지만 콜베르는 수출만 장려할 뿐, 수입 상품에 대해서는 높은 관세를 매겨 물건 값을 올려 경제에 대한 국가의 규제를 지나치게 강화하였다. 이러한 중상주의 무역은 일시적으론 국가의 수입을 높일 수 있지만 장기적으로는 국가 발전에 도움이 되지 않는다. 다른 나라의 물품에 대해 높은 관세를 매겨 물건 값을 올린다면, 그 상대 국가도 마찬가지로 높은 관세를 매겨 결국은 수출에 어려움이 생길 수 있다.

이처럼 중상주의는 국가가 직접 개입해서 자국의 산업을 보호하고 육성하는 정책으로 시간이 흐르면서 경제 발전에 해로운 결과를 낳았다.

보이지 않는 손

애덤 스미스는 중상주의에 입각한 보호 무역주의를 비판하고, 각 개인의 경제 활동의 자유를 보장함으로써 '보이지 않는 손'에 의해 사회 전체의 질서와 조화를 유지하는 것이 경제 발전의 원동력이라고 주장했다.

'보이지 않는 손'이라는 말은 《국부론》에서 단 한 번 나오지만 지금은 애덤 스미스의 이름이 거론될 때면 반드시 함께 이야기될 정도로 아주 잘 알려져 있다. 이 말이 나오는 《국부론》의 구절은 다음과 같다.

모든 개인은 그가 좌우할 수 있는 모든 자본에 대해서 가장 유리한 용도를 발견하고자 끊임없이 노력하고 있다. 물론 그의 1차 관심사는 자기 자신의 이익으로 그 사회의 이익은 아니다. 그러나 그 자신의 이익 추구가 자연적 또는 오히려 필연적으로 그에게 가장 유리한 용도를 선호하게 유도하는 것이다. …(중략)… 물론, 각 개인은 사회 공공의 이익을 촉진하려고 노력하는 것이 아니며 실제로 자신이 어느 정도 사회 공공의 이익을 촉진하고 있는지도 모른다. 그가 외국의 산업보다 국내의 산업을 도와주고 싶어 하는 것은 오로지 자기 자신의 안전을 위함이고, 그가 그 산업의 생산물이 최대의 가치를 갖게 되도록 그 산업을 운영하고자 하는 것은 그 자신의 이득을 취하기 위함이다.

그리하여 그는 이 경우에도 다른 경우와 마찬가지로 보이지 않는 손(invisible hand)에 이끌려 자신이 전혀 의도하지 않았던 목적을 추구하게 되는 것이다. 그것이 그가 의도한 바가 아니라는 것은 반드시 사회에 대해 나쁜 것은 아니다. 그는 자기 자신의 이익을 추구함으로써 사회의 이익을 직접 추구했을 경우보다 더욱 유효하게 사회의 이익을 증진하는 수가 많은 것이다.

이 글에서 애덤 스미스는 개인이 자신의 이익을 추구하는 과정에서 '보이지 않는 손'의 이끌림에 의해 의도하지 않았던 사회 전체의 이익 증진에 기여할 수 있다고 주장한다. 개인이나 기업가가 자신의 이익을 위해 보다 많은 상품을 생산하게 되면 국부도 증대된다는 것이다.

개인의 이기심에서 시작되는 생산 활동은 국내 산업의 성장은 물론 해외 무역으로까지 확대된다. 따라서 무엇보다 개인과 기업이 자유롭게 자신의 이익을 추구하는 경제 활동이 보장되어야 한다.

이러한 경제 활동을 조정하는 역할을 하는 것이 바로 '보이지 않는 손'이고, 조정 수단이 바로 시장에서 형성되는 '가격'이다. 애덤 스미스는 시장에서 수요와 공급이 만나는 바로 그 지점에서 가격이 결정된다고 말한다.

개인이나 기업은 물건을 사고팔 때 가격을 고려하기 때문에 자신도 모르는 사이에 그들의 행동이 가져올 사회적 이득과 비용을 계산하게 된다. 만약 정부가 수요 공급의 변화에 따른 가격의 자유로운 움직임을 제한한다면 '보이지 않는 손'의 조정 기능을 제약하는 결과를 낳을 수 있다.

어휘 다지기

시장
상품이 교환되는 곳

수요
상품을 구입하고자 하는 욕구

수요량
구입하고자 하는 상품의 수량

공급
상품을 판매하고자 하는 욕구

공급량
판매하고자 하는 상품의 수량

수요의 법칙
가격이 오르면 수요량이 줄고 가격이 내리면 수요량이 늘어나게 되는 것을 말한다.

공급의 법칙
가격이 오르면 공급량이 늘고, 가격이 내리면 공급량이 줄어드는 것을 말한다.

애덤 스미스는 국가가 시민들의 경제 활동에 대하여 간섭하지 않는 자유방임주의가 바람직하다고 강조하였다. 즉, 국가가 간섭하지 않아도 '보이지 않는 손'이 자연스럽게 경제 활동을 조절하기 때문에, 국가 경제는 균형을 이루면서 조화롭게 운용될 수 있다는 것이다. 만약 국가가 가격을 규제하거나 세금을 부과해 시장에 개입한다면, 개인이나 기업은 원하는 물건을 사고팔 수 없고, 그만큼 경제적으로 비효율의 대가를 치르게 된다.

분업

애덤 스미스에 따르면 생산량을 증대해 한 국가를 부유하게 하는 가장 중요한 요인은 분업이며 자급 자족보다는 분업을 토대로 한 교환 경제가 더 생산성이 높다. 애덤 스미스는 분업에 대해 다음과 같이 말한다.

> 한 예로서 대단히 보잘것없는 제조업이기는 하지만 핀 제조 작업을 들어 보자. 만약 혼자서 핀을 만든다고 생각해 보자. 만약 이 일에 대해 교육을 받지도 않고 또 거기에 사용되는 기계 사용법도 알지 못하는 노동자는 제아무리 전력을 다해 일한다 해도 하루 한 개의 핀을 만드는 일도 힘들 것이다. 그런 그가 혼자 하루 20개의 핀을 만든다는 것은 상상할 수도 없는 일이다.

그러나 현재 이 일은 작업 전체가 많은 부문으로 나뉘어서 진행되고 있다. 그 과정을 살펴보면 한 사람은 철선을 늘이고, 다음 사람은 바르게 펴고, 세 번째 사람은 자르고, 네 번째 사람은 뾰족하게 만들고, 다섯 번째 사람은 핀 머리를 붙이기 위해 끝을 간다. 또한 핀의 쇠를 희고 깨끗하게 만드는 것도 또 다른 일이며, 핀을 종이에 포장하는 것까지도 하나의 작업인 것이다.

이리하여 핀 제조라는 중요한 일은 약 18종류의 작업으로 나뉘어 있어 어떤 제조 공장에서는 그러한 작업이 모두 다른 직공에 의해 이루어진다.

나는 이런 종류의 작은 공장을 본 적이 있는데, 거기에서는 겨우 열 명이 일하고 있었고, 그중 몇 사람은 두세 가지의 다른 작업을 겸하고 있었다. 그들은 하루에 약 12파운드의 핀을 제조할 수 있었다. 1파운드의 핀은 중침으로 4천 개 이상이 되므로 10명의 직공은 하루 4만8천 개 이상의 핀을 제조할 수 있었던 것이다.

핀을 만드는 작업을 혼자 할 경우 아무리 숙련된 기능공이라 해도 하루 20개 이상을 만들지 못한다. 반면 철사를 늘이고 끊고 뾰족하게 하고 머리를 붙이는 과정을 18단계로 쪼개면 1인당 하루에 4,800개까지 만들 수 있기 때문에 생산성이 240배나 향상된다.

애덤 스미스는 분업이 생산성을 높이는 이유를 다음과 같이 세 가지로 설명했다.

첫째, 제품의 생산 과정이 단순해져 노동자의 숙련도가 향상되고, 둘째, 이동 시간이 단축되어 작업 수행이 빨라지며, 셋째, 작업이 단순해져 기계가 발명되거나 개량될 가능성이 커진다는 것이다.

또한 분업은 생산성을 높일 뿐 아니라 교환을 촉진한다. 교환은 시장으로 발전하고 규모도 확대된다. 그러나 시대가 발전함에 따라 사람들은 자신이 생산하는 제품을 통해 자신의 욕망을 충족할 수 있는 가능성은 점점 줄어든다.

사람들은 '노동 생산물 중 자신의 소비를 초과하는 잉여분을 타인의 노동 생산물 중 자기가 필요로 하는 부분과 교환함으로써 자신이 가진 욕망의 대부분을 만족시킨다. 이리하여 모든 사람은 교환에 의해 생활하며 또는 어느 면에서는 상인이 된다. 이른바 사회는 상업 사회가 되는 것이다.' 라고 보고 있다.

이와 같이 노동 분업의 역사는 아주 오래되었다. 상호 교환을 위한 분업은 원시 시대부터 있어 왔던 일이었다. 애덤 스미스는 다음과 같이 구체적 사례를 들어 설명한다.

우리가 스스로에게 필요한 대부분을 서로 주고받는 것은 협의 교환 및 구입에 의해서이지만 분업을 발생시키는 것도 이와 동일한 인간의 성향인 것이다.

예컨대 사냥이나 목축하는 종족 중에서 어느 특정한 사람이 다른 누구보다 더욱 재빠르고 교묘하게 활과 화살을 만든다고 하자. 그는 자신이 만든 활과 화살을 동료들의 가축이나 사슴 고기와 교환하고, 이렇게 하는 것이 자기가 벌판에 나가서 그런 것들을 잡는 것보다도 훨씬 많은 가축이나 사슴 고기를 얻을 수 있다는 것을 알아차리게 된다. 그러므로 자기 자신의 이익에 관심을 둠으로써 활과 화살 제작이 그의 중요한 일이 되어 그는 일종의 무기 제조공이 된다.

다른 한 사람은 자기들의 작은 집이나 이동 가옥 또는 지붕을 만드는 데 탁월한 능력이 있다고 하자. 그는 이 솜씨를 발휘해 이웃 사람들을 위해 가끔 일을 해 주게 되고, 이웃 사람들은 그에게 사례로 가축이나 사슴 고기를 주게 된다. 드디어 그는 전적으로 이 일에 헌신하여 목수가 되는 것이 자신에게 더 이익이라는 것을 깨닫게 된다. 마찬가지로, 또 다른 사람은 대장장이 또는 놋쇠공이 되고, 또 다른 사람은 의복의 큰 부분을 차지하는 수피 제혁공 또는 완성공이 되는 것이다.

이리하여 사람은 누구나 그 자신의 노동 생산물 중에 자기 자신의 소비를 초과하는 잉여 부분을 다른 사람의 노동 생산물 중 그가 필요로 하는 부분과 교환할 수 있게 되고, 업종 간에도 역할 분담이 이루어져 전문화가 가능해지게 된다.

애덤 스미스는 분업의 특징에 대해 다음과 같이 말한다. 우선 분업의 정도는 시장의 크기에 의해 좌우된다. 시골에서와 도시에서 분업의 정도나 규모는 다르게 마련이다. 시골은 시장 규모가 작고, 수요의 종류도 다양하지 않다. 반면 도시에서는 시장 규모나 업종이 크고 다양하다.

분업이 원활하게 이루어지기 위해서는 수송이 편리해야 한다. 애덤 스미스는 시장이 잘 발달할 수 있는 조건을 갖춘 강 주변이나 해안 지역에서 경제가 잘 성장하는 반면, 수송이 어려운 내륙 지방의 경제는 정체된다고 보았다. 상품의 운반이 편리하면 상품의 시장도 확대된다. 경제 개발 초기에 항만이나 고속도로 등 교통과 통신 시설을 집중적으로 건설해야 하는 것도 바로 이 때문이다.

애덤 스미스가 자유 무역을 선호하는 이유는 경제 성장을 위해서는 시장의 확대가 필수적이기 때문이다. 분업의 정도도 시장 규모에 의해 좌우되므로 자유 무역은 분업의 발전은 물론이고 경제 성장에도 크게 기여한다.

절대 우위론

애덤 스미스는 자유 무역을 지지하면서 지역과 국가 사이의 분업의 장점을 강조한다. 만일 어느 지역에서 A라는 상품을 생산하는 비용이 다른 지역에서 A라는 상품을 생산하는 비용을 초과한다면, 자체 생산을 중단하고 다른 지역에서 이 A라는 상품을 수입하는 것이 바람직하다는 것이다. 이처럼 각 지역과 국가는 생산비가 적게 드는 상품의 생산을 전문화하여 거래하면 상호 이익을 얻을 수 있다. 이러한 경우의 상품을 절대 우위를 지닌다고 말한다. 절대 우위에 있는 상품의 생산에 초점을 맞추어 교역을 하면, 두 가지

상품을 모두 생산할 때보다 더 큰 이익을 얻게 된다는 것이다.

애덤 스미스는 절대 우위론에 근거한 자유무역의 경제적 이점에 대해 다음과 같이 말한다.

어느 한 국가가 특정한 산물에 대해 가지고 있는 자연적 우위가 확연히 드러나는 경우가 있다. 유리나 비닐하우스 등을 이용한다면 기후가 나쁜 스코틀랜드에서도 양질의 포도와 포도주를 생산할 수 있을 것이다. 그런데 생산 비용은 타국에서보다 약 30배나 더 들 것이다. 그러므로 만약 스코틀랜드에서 고급 와인을 생산하기 위해 외국산 포도주의 수입을 규제한다면 그게 말이나 될 법한 일인가? …(중략)…

현명한 가장이라면 밖에서 더 싸게 살 수 있는 물건을 굳이 집에서 더 많은 돈을 들여 만들지 않을 것이다. 국가도 마찬가지다. 어떤 물건을 자국에서 만드는 것보다 외국에서 더 저렴하게 공급받을 수 있다면 그것을 수입해야 한다. 그리고 자신들이 우위를 갖는 물품을 같은 방법으로 외국에 수출해야 한다.

《국부론》의 의의와 한계

자유

애덤 스미스는 경제 활동의 자유를 무엇보다 강조하였지만, 자유에도 한계가 있다는 사실을 분명하게 언급했다. 그는 개인이 자신의 이익을 추구하는 것은 정당하고 또 바람직하지만, '정의의 법'을 따라야 하며 '자유·평등·정의의 원칙에 따라 각 개인이 각자의 방식대로 자신의 이익을 추구해야 한다'고 강조했다. 따라서 애덤 스미스가 표방하는 자유는 무분별한 사리사욕 추구의 자유가 아니라 공정한 규칙이 전제된 자유이다. 애덤 스미스는 《국부론》에 앞서 발표한

어휘 다지기

독점
개인이나 하나의 단체가 다른 경쟁자를 배제하고 생산과 시장을 지배하여 이익을 독차지하는 경제 현상.

과점
몇몇 기업이 어떤 상품 시장의 대부분을 지배하는 경제 현상.

독과점
오늘날에는 독과점이란 말이 널리 사용되고 있다. 이는 한 산업이 소수의 기업에 의해 점유돼 있어 새로운 기업의 진입이 곤란한 시장 형태를 말한다.

《도덕감정론》(1759년)을 통해 '인간이 아무리 이기적이라도 본성에는 분명 연민과 동정이 존재한다. 타인의 비참을 목격하면서 행복을 누리지는 못한다' 고 말하며, 양심과도 같은 '공평한 관찰자' 의 입장에서 행동할 것을 요구한 바 있다.

이는 타인의 입장에서 자신을 객관적으로 바라보는 태도로 '역지사지' 의 정신과도 같다. 이와 같은 맥락에서 애덤 스미스는 자신을 위해서만 일하고 다른 사람을 위해서는 아무것도 하지 않는 개인이나 특정 집단의 탐욕에 대해 비판하며 이를 제한하는 법률의 필요성을 언급한다.

'사회 전체의 안정을 위협하는 몇몇 개인의 자유 행사는, 가장 자유로운 정부이든 가장 전제적인 정부이든 간에 모든 정부의 법률에 의해 제한되고 있으며 또 제한되어야만 한다.'

독점의 피해

애덤 스미스가 중상주의를 비판한 이유 중 하나는 일부 기업과 상공업자들이 정부와 결탁해 국내의 주요 사업과 국외 무역을 독점함에 따라 생기는 피해 때문이었다. 중상주의 시대의 이러한 경제 현상은 오늘날의 정경유착과 유사한 피해를 낳았다.

애덤 스미스는 독점자가 이익을 높이기 위해 공급을 제한하여 가격을 부당하게 높게 책정함으로써 국민 경제의 성장을 가로막는다고 지적한다. 이와 반대로 개인이나 기업의 선의의 경쟁은 자신의 일을 자발 능동적으로 열심히 하도록 해 제품의 질도 나아지며 시장에 제품이 싸게 공급되는 효과를 가져올 수 있다.

분업의 문제점

분업은 생산의 증대를 가져오는 장점이 있지만, 생산에 종사하는 노동자의 경우 작업의 단순화로 인해 창의력이 떨어지고 개성을 실현할 기회가 사라지게 된다. 애덤 스미스는 이러한 분업의 문제점에 대해《국부론》에서 다음과 같이 말한다.

> 분업의 발전에 따라, 노동으로 생활하는 사람들의 거의 대부분, 즉 국민들의 직업은 대개 몇 가지 단순한 직업, 종종 하나 또는 둘의 직업에 한정되어 있다. 그런데 사람들 대부분의 이해력은 그들의 일상적인 업무에 의해 필연적으로 형성된다. 영향이 항상 같거나 거의 같은, 몇 가지 단순한 작업에 일생을 소비하는 사람들은 예기치 않은 어려움을 제거하는 방법을 발견하는 데 그의 이해력을 발휘하거나 그의 창조력을 행사할 기회를

가지지 못한다. 따라서 그는 자연히 그러한 노력을 하는 습관을 잃게 되고, 일반적으로 인간으로서 가장 둔해지고 무지해진다.

그의 정신은 마비 상태에 빠져 이성적인 대화를 즐기거나 대화에 참여할 수 없을 뿐만 아니라, 너그럽고 부드럽고 고상한 어떤 감정을 가질 수 없게 된다. 따라서 사적인 생활에서 일상적인 대다수 의무에 관하여 정당한 판단을 내릴 수 없게 된다.

단순한 작업으로 자신을 계발할 기회를 갖지 못하고 창의력도 발휘할 수 없게 되는 노동자는 사회 구성원으로서의 역할도 제대로 해내지 못한다.

분업으로 인해 단순한 노동에 종사하는 노동자들은 국가의 중대사에 대해 올바른 판단도 할 수 없고 군인 생활도 제대로 해낼 수 없어 국가를 지킬 능력도 없다. 자신이 배워 온 직업 이외의 다른 일을 할 능력도 상실한다.

이에 대한 대책으로 애덤 스미스는 교육의 중요성을 강조한다. 지역별로 학교 설립을 확대하고 기초 교육을 제공하는 의무 교육을 실시할 것을 제안했다.

'국가는 아주 적은 비용으로 교육의 기회를 조장하고 촉진할 수 있으며, 심지어는 거의 모든 국민들을 대상으로 교육을 의무화할 수 있으므로, 이러한 체제는 교육에있어 가장 필수불가결한 부분이다.'

그리고 이러한 비용을 충당하기 위해 부자들에게 누진세를 부과하는 방안까지 제시하고 있다.

시장의 실패

시장은 자유 경쟁이 보장될 때, 사회가 필요로 하는 제품과 서비스를 가장 효율적인 방법으로 생산하도록 조정하고, 기술적으로도 가장 효율적인 생산 방법을 채택하도록 한다. 구체적으로 시장은 모든 상품의 가격을 결정하고 가격의 변화에 따라 각 기업에 맞는 적정 수준의 생산량을 결정한다. 뿐만 아니라 분배의 공정성이나 기술 진보면에서도 시장이 가장 효과적으로 조정한다고 보는 것이 애덤 스미스의 핵심 주장이다.

그러나 현대의 시장 경제는 애덤 스미스의 주장과는 달리 사적 이익의 과도한 추구와 그로 인한 개인 간의 소득 분배의 불평등, 실

어휘 다지기

공정 경쟁
시장 경제의 질서와 규칙을 준수하는 경쟁

불공정 경쟁
경쟁자의 수나 정보를 제한해 경쟁 과정의 투명성이 보장되지 않는 경쟁

담합
소수의 개인이나 기업이 상호간의 경쟁을 피하기 위해 공동으로 생산량을 줄이거나 가격을 올리는 행위

공공재
댐, 공원, 도로 등과 같이 여러 사람의 공동소비를 위해 생산된 재화나 서비스를 말한다.

업과 인플레이션, 독과점의 폐해, 시장 정보 및 접근 기회의 결여, 경제 성장 과정의 부산물인 환경오염, 도시의 인구 집중과 교통 혼잡 등 심각하고 시급한 문제들을 해결하는 데 있어서 시장의 기능만으로는 치유될 수 없는 한계를 보이고 있다.

이처럼 시장 내부의 여러 가지 제약으로 인해 시장의 기능이 제대로 발휘되지 못하고 있는 현상을 시장 기능의 실패 또는 시장 실패라 한다.

① 시장의 실패에 대한 대책

시장의 실패가 나타나면, 개인이나 기업의 사익 추구가 공익을 침해하는 현상이 발생한다. 따라서 우선적으로 정부가 개입하는 경우가 많다. 정부는 독과점 기업의 불공정 행위에 대해 규제를 하거나 공공재의 경우 직접 공급을 담당하기도 한다. 또한 시민 단체가 나서서 정책을 비판하고 보완책을 제시할 수도 있다.

정부의 실패

정부가 시장에 개입함으로써 시장의 실패를 개선할 수도 있지만 오히려 악화시키는 경우도 있다. 정부의 실패는 주로 정부 조직의 비효율성이나 관료 조직의 경직성 그리고 정부 활동의 불투명성 때문에 생겨난다. 정부가 특정한 정책을 펼칠 때, 정부의 각 부처 간 갈등이 생길 수도 있고, 국민 생활에 기대했던 결과가 나오지 않을 수도 있다.

아파트 가격을 비롯한 부동산 정책과 관련해 가격 인하를 목표로 정책을 펼쳐도 가격이 내리지 않는 경우가 대표적인 사례이다. 상반된 이해관계를 갖고 있는 집단들이 정치적으로 타협을 모색하는 과정에서 정책이 혼선을 빚을 가능성도 있다. 근래에 '환경이냐 개발이냐'는 쟁점을 둘러싸고 논란이 벌어지고 있는 것도 그 예다.

① 정부의 실패에 대한 대책

정부 활동의 투명성을 높여 정책을 계획하고 실행할 때 대국민 홍보를 강화하고 관련 정보를 투명하게 공개해야 한다. 정부가 지나치게 나설 경우, 이로 인해 비효율을 초래할 수 있으므로 규제를 완화해 시장과 정부가 조화를 이룰 수 있도록 정책을 펼쳐야 한다.

정치인들은 투표에 의해 선출되므로 장기적인 전망이 아닌 대중적인 인기에 영합하는 정책을 결정하기도 하고, 공무원들은 승진과 출세에 많은 관심을 가지게 되고 자신이 몸담은 조직의 번영에만 관심이 많은 것도 사실이다. 따라서 정치인과 공무원들의 윤리 의식과 책임감을 고취해야 한다.

애덤 스미스의 명언들

다른 모든 이성적인 동물들의 행복과 함께 인류의 행복은 자연의 창조주가 그들을 창조할 때 의도했던 원래의 목적이었다.

- 〈도덕 감정론〉 중에서

세상 사람들의 경멸에 비하면 다른 어떤 외부의 악도 견딜 만하다.

- 〈도덕 감정론〉 중에서

시장을 그냥 내버려두라.

- 〈국부론〉 중에서

우리가 식사할 수 있는 것은 정육점 주인, 양조장 주인, 빵집 주인의 자비에 의한 것이 아니라 자기 자신의 이익에 대한 그들의 관심 때문이다. 우리는 그들의 인간성에 호소하지 않고 그들의 이기심에 호소하며, 그들에게 우리 자신의 필요를 이야기하지 않고 그들의 이익을 이야기함으로써 공공선에 도달할 수 있다.

- 〈국부론〉에서

각 개인은 사회 공공의 이익을 촉진하려고 직접 노력하지 않고, 실제로 자신이 어느 정도 사회 공공의 이익을 촉진하고 있는지도 모른다. …(중략)… 그리하여 그는 이 경우에도 다른 경우와 마찬가지로 보이지 않는 손(invisible hand)에 이끌려 자신이 전혀 의도하지 않았던 목적을 추구하게 되는 셈이다. 그것이 그가 의도한 바가 아니라는 것은 반드시 사회에 대해 나쁜 것은 아니다. 그는 자기 자신의 이익을 추구함으로써 실제로 사회의 이익을 직접 추구했을 경우보다 더욱 유효하게 사회의 이익을 증진하는 수가 많은 것이다.

- 〈국부론〉 중에서

대부분의 구성원이 가난하고 비참한 상황에 놓여 있다면, 그 사회는 행복할 수 없으며 발전할 수도 없다.

- 〈국부론〉 중에서

같은 업종에 종사하는 사람들은 서로 만나는 일이 거의 없다. 만나더라도 그들의 대화는 소비대중을 배반하거나 가격인상을 담합하는 정도에서 끝난다.

- 〈국부론〉 중에서

《도덕 감정론》과 《국부론》을 저술한 애덤 스미스가 여기 잠들어 있다. 그는 1723년 6월 5일에 태어나 1790년 7월 17일에 사망했다.

- 애덤 스미스의 묘비 중에서

모든 개인은 그가 좌우할 수 있는 모든 자본에 대해서 가장 유리한 용도를 발견하고자 끊임없이 노력하고 있다. 물론 그의 1차 관심사는 자기 자신의 이익으로 그 사회의 이익은 아니다. 그러나 그 자신의 이익 추구가 자연적으로 또는 오히려 필연적으로 그에게 가장 유리한 용도를 선호하게 유도하는 것이다. …(중략)… 물론, 각 개인은 사회 공공의 이익을 촉진하려고 직접 노력하지 않고, 실제로 자신이 어느 정도 사회 공공의 이익을 촉진하고 있는지도 모른다. 그가 외국의 산업보다 국내의 산업을 도와주고 싶어 하는 것은 오로지 자기 자신의 안전을 위함이고, 그가 그 산업의 생산물이 최대의 가치를 갖게 되도록 그 산업을 운영하고자 하는 것은 그 자신의 이득을 취하기 위함이다. 그리하여 그는 이 경우에도 다른 경우와 마찬가지로 보이지 않는 손(invisible hand)에 이끌려 자신이 전혀 의도하지 않았던 목적을 추구하게 되는 셈이다. 그것이 그가 의도한 바가 아니라는 것은 반드시 사회에 대해 나쁜 것은 아니다. 그는 자기 자신의 이익을 추구함으로써 실제로 사회의 이익을 직접 추구했을 경우보다 더욱 유효하게 사회의 이익을 증진하는 수가 많은 것이다.

- 애덤 스미스, 《국부론》 중에서

생각 쓰기

가 하인이나 단순 노무자를 비롯한 여러 분야의 노동자들은 사회의 대다수를 점하고 있다. 대다수의 복지를 증진시키는 일을 전체에게 폐가 된다고 생각해서는 안 된다. 대부분의 구성원이 가난하고 비참한 상황에 놓여 있다면, 그 사회는 행복할 수 없으며 발전할 수도 없다. 반면 자신의 노동력으로 살아가는 사람들도 부자들만큼 잘 먹고, 잘 입고, 안락한 집에서 살 수 있는 평등한 권리가 보장된다면, 사회는 더 행복해지고 또 번영할 것이다. 노동에 대해 정당한 대가를 지불한다면 보통 사람들은 더 근면해질 것이다. 임금은 바로 근면함을 키우는 자극제이다. 근면함은 인간의 다른 본성과 마찬가지로 자극을 받는 만큼 커지게 되어 있다. 따라서 높은 임금을 받는 노동자는 그렇지 못한 동료들보다 더 적극적으로 근면하고 성실하게 일한다.

- 애덤 스미스, 《국부론》 중에서

나 최근 보건복지부의 '빈곤층 실태 조사 보고서'에 따르면 한 달 수입이 최저 생계비에 못 미치는 기초 생활 보장 수급자와 한 달 수입이 최저 생계비의 100~120%인 '차상위 계층'을 합친 빈곤층이 전 국민의 10.4%에 해당하는 494만 5,335명인 것으로 나타났다. 특히 소득이 최저 생계비에도 못 미치는 사람도 384만 5,770명(8.07%)이나 됐다.

- 일간지의 신문 기사, 중학교 《사회》 교과서 참조

생각 쓰기

case 3 제시문 (가) (나)를 참고하여 제시문 (다)의 내용에 대해 비판하시오. (600자 내외)

가 시장 메커니즘이 시장 전반에 바람직한 결과를 가져다준다고 해도 모든 사람이 균등하게 그 혜택을 받는 것은 아닙니다. 예를 들어 어느 동네에 빵집이 여러 곳 있다고 합시다. 빵집은 손님을 더 많이 끌고 매출을 올리기 위해 조금이라도 더 맛있는 빵을 그것도 저렴하게 팔아야 할 것입니다. 이것은 소비자에게 있어서는 너무나 고마운 일입니다만, 이윤을 추구해야 하는 빵집 입장에서는 힘든 일입니다.

빵집이 쉽게 이윤을 올릴 수 있는 방법은 없을까요? 제일 빠르고 쉬운 방법은 그 동네에서 빵의 판매를 독점하는 것입니다. 새로운 빵집의 진입을 막아 버리면 경쟁 상대가 없어지므로 빵의 가격도 자유롭게 책정할 수 있습니다. 혹은 빵집끼리 협정을 맺어 빵의 가격을 모두 일정하게 결정하는 방법도 있습니다. 이것을 카르텔(기업 연합)이라고 합니다. 두 가지 방법 모두 소비자에게는 불리하지요. 결국 비싸고 맛도 없는 빵을 사게 될 테니까요.

정직하게 빵집을 운영하시는 분들께는 크게 실례가 되는 예를 들었습니다만, 기업 측이 가능한 한 경쟁을 회피하고 싶다는 생각을 하는 것은 당연한 일입니다. 그리고 그 당연한 사실이 소비자에게는 피해를 줍니다.

- 오시오 다카시 《청소년 경제학 교실》 이지북

나　공정거래위원회가 담합 행위로 교복 생산 업체 '빅3'에 대해 내린 시정 명령과 과징금 부과 처분이 정당하다는 법원의 판결이 나왔다. 재판부는 '3대 교복 업체들이 학부모들에 의해 추진되던 입찰 방식인 교복 공동 구매를 막기 위해 다른 교복 업체의 입찰 참여를 방해하고 사전 합의 하에 입찰을 무산시킨 것은 공정거래법상 사업 활동 방해 공동 행위로 인정된다'고 판결했다.

- 일간지의 신문 기사, 중학교 《사회》 교과서 참조

다　거의 모든 다른 동물류에서 각각의 동물은 성숙하면 완전히 독립하며, 자연 상태에서는 다른 동물의 도움을 필요로 하지 않는다. 그러나 인간은 항상 동료의 도움을 필요로 하는데, 이것을 오직 동료의 자비로부터 기대하는 것은 불가능하다. 이렇게 하는 것보다는 오히려 자기의 이익을 위해 동료의 이기심을 자극하고 자기의 요망 사항을 들어주는 것이 그들 자신의 이익이 된다는 것을 보여 주는 것이 훨씬 낫다. 타인에게 어떤 종류의 거래를 제의하는 사람은 누구든지 그렇게 하려고 한다. 내가 원하는 것을 나에게 주면, 너는 네가 원하는 것을 가지게 될 것이라는 것이 이러한 모든 제의가 의미하는 바다. 우리가 식사할 수 있는 것은 정육점 주인, 양조장 주인, 빵집 주인의 자비에 의한 것이 아니라 자기 자신의 이익에 대한 그들의 관심 때문이다. 우리는 그들의 인간성에 호소하지 않고 그들의 이기심에 호소하며, 그들에게 우리 자신의 필요를 이야기하지 않고 그들의 이익을 이야기함으로써 공공선에 도달할 수 있다.

- 애덤 스미스, 《국부론》 중에서

case 4 제시문 (나)는 국가가 경제 활동에 개입할 때 생겨나는 문제점에 대해 언급하고 있고, 제시문 (다)는 시장 경제의 문제점을 지적하고 있다. 제시문 (가)를 참고하여 정부 개입 내지는 규제의 장점과 단점에 대한 자신의 견해를 논술하시오. (700~800자 내외)

가 어떤 형태의 정부를 선택할 것인가? 예를 들어 사회 복지를 충실히 하고 교육도 무료로 받게 해 주는 대신 세금을 많이 걷는 정부가 좋을까요? 반대로 세금을 적게 걷는 대신 행정 서비스에 그다지 충실하지 않는 정부가 좋을까요? 전자가 이른바 큰 정부, 후자가 작은 정부입니다. 큰 정부와 작은 정부에는 똑같이 좋은 점과 나쁜 점이 있어서 어느 쪽이 훌륭한지를 판단하는 것은 거의 불가능한 일입니다. 단, 1980년대 이후부터 세계적으로 큰 정부를 비판적으로 평가하며 작은 정부를 주장하는 목소리가 비교적 커지는 경향이 있습니다. 이것은 큰 정부의 폐해가 주요 선진국에서 현저하게 나타나고 있기 때문입니다.

큰 정부의 폐해로는 첫 번째로, 행정 서비스의 운영이 비효율적이라는 점을 들 수 있습니다. 기업 경영의 경우 수익이 늘지 않으면 도산해 버리기 때문에, 효율성을 높이기 위해 경영면에서 노력할 것입니다. 그러나 정부의 경우는 적자가 난다고 해도 금방 없어지는 것이 아니기 때문에 효율성을 유지, 향상하려는 노력이 적다고 볼 수 있습니다. 또한 가게를 경영하는 사람이라면 고객의 요구를 언제나 정확하게 파악할 필요가 있지만, 정부는 겉으로야 똑같은 이야기를 할지도 모르겠으나 사실 그렇게 되기 힘든 면이 있습니다.

두 번째, 이것은 우리 국민들의 문제라고 할 수 있습니다만, 행정 서비스의 향상을 바라면서도 그에 상응하는 부담이 필요하다는 점을 충분히 인식하지 않는 경향이 있습니다. 정치가도 행정 서비스의 삭감보다는 충실을 요구하는 편이 간단하기 때문에 그러한 주장을 합니다. 정치가들이 대부분 이러한 경향(이것을 '대중 영합주의(포퓰리즘)' 라고 합니다)을 갖게 되면, 행정 서비스는 언제나 재원 부족 상태가 되어 재정 수지가 악화됩니다. 현행의 행정, 재정의 구조는 너무나 복잡하기 때문에 '수익과 부담' 의 관계에 혼란이 올 수 있습니다. 그러므로 선거 후보자들은 그 관계를 무시한, 국민에게 호소하기 쉬운 주장만 펼치고 있는 것입니다.

- 오시오 다카시, 《청소년 경제학 교실》 이지북

나 개인이 방탕하거나 행동을 잘못한다고 해서 대국이 망하지는 않는다. 그러나 방만하거나 잘못된 정책 운영으로는 충분히 망할 수 있다. 대부분의 국가에서 세금과 같은 공공 수입은 비생산적인 부문의 고용을 유지하기 위해 쓰이고 있다. 국가는 사치스러운 법원과, 방대한 교회 조직의 인력을 유지하는 데 막대한 돈을 쓰고 있다. 또한 어마어마한 해군과 육군은 평시에는 아무런 생산 활동도 하지 못한다. 그렇다고 해서 전시에 뭔가 득이 되는 일을 하는 것도 아니다. 이 분야에 종사하는 인력은 아무것도 생산하지 못하기 때문에 결국 다른 사람의 노동에 기초하여 살아가는 셈이다. 만약 비생산적인 인력의 숫자가 불필요하게 늘어난다면 언젠가는 이들의 소비가 생산적인 노동자가 필요로 하는 부분까지 잠식하여 노동자들에게는 아무것도 남지 않게 될 것이다.

- 애덤 스미스, 《국부론》 중에서

다   고용주들은 소수이기 때문에 훨씬 잘 단합할 수 있다. 또한 법도 그들의 협력을 보장한다. 최소한 막지는 않는다. 반면 법은 노동자들의 단결을 막는다. 임금 삭감을 금하는 법은 없는 반면, 임금 인상을 금하는 법은 무수히 많다. 또한 이 분쟁에서 고용주들은 더 오래 버틸 수 있다. 지주, 제조업자나 상인의 경우 단 한 명의 노동자를 고용하지 않더라도 지금까지 벌어 놓았던 수입에 기초하여 1~2년은 잘 버틸 수 있다. 그러나 많은 노동자들은 1주일도 버텨 내지 못할 것이고, 극소수만이 한 달을 살아남을 것이며, 1년을 살 수 있는 사람은 거의 없을 것이다. 장기적으로는 노동자만큼이나 고용주도 노동을 필요로 할 것이다. 그러나 단기적으로 그 필요성이 대두되지는 않는다.

- 애덤 스미스, 《국부론》 중에서

생각 쓰기

case 1 　개인은 모두 자신의 이익을 위해 노력하지만 '보이지 않는 손'의 인도를 받아서 공익 증진에 기여한다. 이렇게 자신의 이익을 추구하는 과정에서 공익이 증진되는 효과는 개인이 공익을 증진하려고 의도적으로 노력했을 때보다 더 크다.

case 2 　개인의 이익 추구를 바탕으로 한 시장 경제 원칙에만 따를 경우, 빈부의 격차 문제를 해결하는 데는 한계가 있다. 제시문은 대략 국민의 10%가 빈곤층임을 밝히고 있다. 제시문 (가)에서도 사회의 구성원들이 가난하고 비참한 상황에 처해 있다면 그 사회는 행복할 수가 없다고 말하고 있다. 개인은 소질을 발휘하여 자신의 처지를 개선하려는 노력을 해야 하며, 사회와 정부는 개인들의 노력을 지원하는 방안을 마련해야 한다. 빈곤층에 대한 경제적 지원과 직업 교육 및 직장 알선을 통해 경제 활동에 참여하고 생계 문제를 해결해 나가도록 제도적 배려를 해야 한다.

case 3 　제시문 (다)는 인간의 이기심에서 나오는 이익 추구가 경제 활동의 바탕이 되며 결국 공익에도 기여한다고 말한다. 이를 위해서는 자유롭고 공정한 경쟁이 전제되어야 한다. 하지만 제시문 (가)와 (나)에 나타나듯 부당한 방법으로 이익을 추구하는 경우도 시장 경제에서 배제할 수 없다. 소수의 기업들이 상호간의 경쟁을 피해 이익을 높이는 독점과 같은 불공정 거래가 생기면 소비자 입장에서는 품질이나 가격면에서 불이익을 당한다.

따라서 무엇보다도 경제 활동의 투명성을 높이는 노력이 있어야 한다. 소비자들은 불공정 행위로 인해 피해를 입었을 경우, 자신의 정당한 권리를 지키기 위해 노력해야 하며 소비자 권익 보호를 위한 시민 운동도 전개할 필요가 있다. 기업은 합리적이고 깨끗하게 기업을 경영하며, 관련 정보를 투명하게 공개해야 한다. 정부 역시 지속적인 단속과 처벌을 강화하고, 독점 규제를 위한 법률을 공정하게 집행해야 한다.

case 4   제시문 (다)에서와 같이 유리한 입장에 있는 고용주가 사회적 약자인 노동자를 착취할 위험이 있는 경우는 정부가 개입해 노동자를 보호해야 할 필요가 있다. 정부는 공평성과 정의가 지켜지도록 국민을 이끌고 법적, 제도적 장치를 마련해야 한다. 노동자들도 노동조합 활동을 통해 자신들의 권익을 적극 주장해야 한다. 이와는 대조적으로 제시문 (나)는 정부 개입의 폐단을 지적하고 있다. 정부는 조직의 특성상 이윤을 추구하는 집단이 아니라, 공공의 이익을 추구하는 조직이다. 또한 정부는 확보된 조세 수입을 쓰는 데 초점을 맞추기 때문에 효율성이 떨어진다. 정부의 의사 결정도 경제적인 관점에서 이루어지기보다는 정치적인 타협의 결과로 나타나는 경우가 많다.

공직자에게 부여된 권위와 권한은 국민 전체를 위해 일하도록 국민에 의해 주어진 것이다. 이러한 힘을 이용하여 불공정한 결정을 한다면 억울한 피해자를 낳게 되고, 법과 질서에 대한 신뢰가 무너져서 아무도 법을 지키지 않으려는 풍조가 만연할 수 있다.

따라서 정부의 불필요한 규제와 개입은 개선하면서 시장 경제의 효율성을 살려 나가는 등 정부와 시장은 서로의 단점을 보완하면서 장점을 살려 나가는 방향으로 역할을 재정립해 나가야 한다.

철학자가 들려주는 철학이야기 043

탈레스가 들려주는 아르케 이야기

저자_오지은

고려대학교 대학원 철학과에서 석사 학위를 받았고, 현재 고려대학교 철학과 대학원에서 희랍 철학 전공으로 박사 과정 중에 있다.

탈레스에 대하여

Thales

탈레스에 대하여

1. 탈레스는 누구일까?

탈레스는 서양 철학의 창시자로 알려져 있다. 그는 기원전 624년경 이오니아 지역의 밀레토스라는 도시에서 태어났고, 기원전 547년경에 죽었다. 안타깝게도 탈레스가 직접 남겨 놓은 저술은 없다. 그러나 다행히 아리스토텔레스와 같은 후대 철학자들이 탈레스의 주장과 업적들을 전해 주었다. 따라서 그들의 저서는 탈레스 연구의 주요 텍스트로 활용되고 있다.

그는 젊은 시절 이집트와 칼데라 지방에서 견문을 넓혔고, 여기서 이집트 문화와 메소포타미아 문화를 배웠다. 그리고 그는 그리스로 돌아와 자신이 배운 것들을 심화시켜 연구하고, 기하학과 천문학이라고 일컬을 수 있는 초기 이론들을 정립하였다.

탈레스에 대한 몇 가지 일화가 있다. 어느 날 노새가 소금을 운반하는 도중 냇물에서 뒹굴어 소금을 물에 다 녹게하였다. 그리고는 짐을 가볍게 만들어 지나갔다. 탈레스는 이런 노새의 나쁜 버릇을 없애 주려고, 노새의 등에 스펀지를 실어 주었다. 그리하여 노새는 짐 무게가 엄청 무거워져 고생을 한 후로는 또다시 물에 뒹구는 행동을 하지 않았다고 한다.

탈레스가 유명해지게 된 사건은 무엇보다도 그가 일식을 예언한 일이었다. 현대 과학자들은 기원전 585년 5월 28일 밀레토스 지방에 개기 일식이 있었다는 사실을 밝혀냈다. 탈레스가 바로 이 일식을 예언한 것이다. 그는 칼데라 지방에서 유학하던 중, 일식에 주기가 있다는 사실을 배웠다. 그는 밀레토스로 돌아와 이 주기를 적용하여 기원전 585년경에 일식이 일어날 것이라고 예언함으로써 모든 사람들을 놀라게 했다. 물론 그도 이 일식이 개기 일식이라고까지는 생각하지 못했지만 말이다.

탈레스는 '이오니아학파' 또는 '밀레토스학파' '자연 철학자' 라고 불리는 사람들 중 최초의 인물이다. 기원전 7세기에서 6세기 사이에는 탈레스뿐만 아니라 아낙시만드로스(?BC 610~?BC 546)와 아낙시메네스(?BC 585~ ?BC 525)라는 철학자도 있었다.

이들은 모두 이오니아 지역의 밀레토스라는 도시에서 태어나 활동했기 때문에, '이오니아학파' 또는 '밀레토스학파' 라고 불린다. 또한 이들은 주로 자연 세계를 탐구했고, '자연 세계는 무엇으로 이루어졌는가' 에 대해 연구했다. 따라서 이들은 고대 그리스의 '자연 철학자' 라고 불리기도 한다.

2. 신화에서 철학으로

고대의 그리스 사람들은 조상들에게 신화를 전해 들음으로써 세계에 대해 이해하곤 했다. 특히 당대에는 호메로스와 헤시오도스라는 유명한 작가가 있었는데, 이들은 선조들이 나누었던 신들의 이야기를 모아서 서사시를 지었다. 그리고 이를 사람들에게 널리 알렸다. 그래서 고대 그리스 사람들은 천체의 현상과 사람들 간에 발생하는 일들을 신화와 연관시켜 생각하는 데에 익숙해져 있었다. 그들은 신들이 만물을 낳았다고 여겼다. 또한 그들은 신들이 인간의 일에도 적극적으로 개입하여 인간을 벌주기도 하고 도와주기도 한다고 믿었다.

그런데 이러한 시대를 살고 있던 탈레스는 매우 과감한 제안을 했다. 세계를 구성하고 현재의 모습으로 있게 한 것이 바로 '물'이라고 주장한 것이다.

여기서 중요한 점은 다음의 두 가지이다. 첫째, 그는 세계를 구성하는 근본 원인을 '물'이라고 했지, 바다의 신 '포세이돈'이라고 말하지 않았다는 점이다. 즉 그는 모든 것을 신화로 설명하는 전통적인 방식에서 벗어나 신의 이름을 빌리지 않은 채, 개념을 사용하여 원인을 규정했다. 둘째, 그가 뜬금없이 물을 내세운 것이 아니라 자신의 경험으로부터 근본 원인을 추론하는 사유 과정을 거쳤다는 사실이다. 즉 그는 일상에서 보고 듣고 경험하는 것에 머물지 않고, 체험하는 현상들을 사유를 통해 합리적으로 설명하려는 태도를 취했다. 이 두 가지 태도가 바로 철학의 근본이다. 이렇게 탈레스에 의해 비로소 '신화에서 철학에로의 이행'이 시작되었다.

물론 탈레스가 신화적 관점으로부터 완벽히 벗어났다고 보기는 어렵다. 예를 들면 탈레스는 대지가 물에 떠 있다고 말했는데, 호메로스의 〈일리아스〉와 헤시오도스의 〈신통기〉에도 대지의 여신과 대지의 여신을 둘러싸고 있는 바다의 신이 등장한다. 또한 탈레스가 땅이 물에 떠 있다고 생각한 것은 그가 젊은 시절 공부했던 근동 지역의 신화에서 비롯된 것이라는 주장도 있다.

그럼에도 불구하고 탈레스는 신화적 세계관에서 벗어나 철학적 사고방식을 보여 준 최초의 철학자라고 불릴 만하다. 신화적 관점에서 본다면 자연현상에 대해 '왜'라는 물음을 가질 필요가 없을 것이다. '신들이 그러한 현상을 발생시켰다'라고 답하면 그만일 터이니 말이다. 변화하는 자연현상을 신들의 이야기로 설명하려는 신화와, 스스로 묻고 답하는 과정을 통해 합리적인 설명을 모색하고자 했던 탈레스의 입장은 분명히 다르다. 탈레스를 시작으로 철학은 세계의 형성과 변화를 신화를 통해서가 아니라, 개념과 원리를 통해 설명하기 시작했다.

3. 아르케란 무엇일까?

탈레스는 '아르케란 무엇인가?' 라고 스스로에게 물었다. 여기서 '아르케' 란 만물을 구성하는 근본 물질을 말한다. 그런데 탈레스는 왜 이것을 묻게 되었을까? 그리고 이 물음이 도대체 왜 중요한 걸까?

지금도 그러하고 최초에도 그러했듯, 사람들이 지혜를 추구하는 것은 바로 경이감 때문이다. 처음에는 아포리아를 일으키는 주변적인 것들에 경이감을 느끼고, 점차 좀 더 큰 문제들에 대해 묻게 된다. 예를 들면 달과 태양의 변화에 대해, 그리고 다른 천체들에 대해, 그리고 만물의 생성에 대한 문제들이다. 아포리아에 빠지고 경이감을 갖게 된 사람은 자신의 무지함을 알게 된다. …(중략)… 따라서 인간이 무지로부터 벗어나기 위해 철학을 했다면, 그들은 앎 자체를 위해 앎을 추구한 것이지, 어떤 다른 유용성 때문에 앎을 추구한 것이 아니라는 점은 분명하다.

- 아리스토텔레스, 《형이상학》 중에서

탈레스는 일식 현상을 경험하면서 매우 놀랐다. 어느 순간 태양이 점점 사라져 가는 것처럼 보이니 이 얼마나 놀라운 일인가. 그는 이 현상을 보고 자연에 대한 경이감을 느꼈을 것이다. 또 그는 매일 뜨고 지는 태양과 달을 보았다. 그런데 '태양과 달은 왜 저렇게 뜨고 질까?'라는 물음에 그는 즉시 답할 수 없었다. 원인도 모른 채 매일 그 현상들을 보고 있었다는 사실을 깨달았을 때, 우리는 탈레스가 얼마나 당황스러워했을지 예측할 수 있다. 탈레스는 이렇게 일상적으로 겪는 일들의 원인이 무엇인지 즉시 답을 내릴 수 없다는 사실에 당황하고 난처함을 느꼈을 것이다. 바로 이러한 상태가 위의 인용문에 나오는 '아포리아'이다.

결국 탈레스로 하여금 아르케가 무엇인가라는 물음을 묻게 한 것은, 자연에 대한 경이감과 자신이 무지했다는 사실에 대한 당황스러움이었다.

그런데 일식 현상을 보고 탈레스는 '신이 노여워하고 있다'고 말하지 않았다. 그는 저 현상이 '어떤 원리로' 발생하는가 하고 물었다. 그리고는 과거에 일식이 일어났던 시기들을 목록으로 만들어 반복되는 주기를 찾아냈으며, 마침내 다음 일식의 시기를 예측하였다. 탈레스는 경이감과 아포리아의 감정을 겪고 나서 문제를 회피하지 않았던 것이다. 반대로 그는 경이감과 아포리아를 원리 탐구의 에너지로 쏟았다.

마찬가지로 그는 만물을 구성하는 근본 물질, 즉 아르케란 무엇인지에 대해 묻는다. 그가 관찰하는 것들은 태어나서 성장하기도 하고, 쇠퇴하여 사라지기도 했다. 즉, 만물은 모두 변화했다. 그런데 그는 이렇게 변화하는 것들 속에 소멸하지 않는 아르케가 있어야 한다고 생각했다. 만일 아르케까지 소멸하여 없어진다면, 다른 모든 것들이 무로부터 나온다고 말해야 할 것이다. 그러나 탈레스가 보기에 무에서 유가 나올 수는 없었다. 따라서 그는 결코 변화하지 않은 채 항상 존재하는 아르케가 있어야만 한다고 생각했던 것이다.

위의 논의로부터 확인되는 점은 다음의 두 가지이다. 첫째, 아르케란 무엇인가라는 탈레스의 물음에는 알고자 하는 지적인 욕구와 현상의 근본 원인을 찾으려는 정신이 담겨져 있다. 둘째, 탈레스는 논리적 사고를 통해 아르케의 존재를 추론했다. 그는 근거 없는 믿음에 의지해서가 아니라, 합리적 사고를 통해 아르케에 대해 접근하고 있었던 것이다.

결국 탈레스의 물음은 철학 발생의 문을 최초로 열었다는 점에서 의미심장하다. 탈레스가 고대 그리스 철학의 선구자, 나아가 서양 철학의 창시자라고 평가되는 이유가 바로 여기에 있다.

4. 아르케는 물이다

탈레스는 아르케가 물이라고 주장했다. 왜 그는 아르케로 물을 꼽았던 것일까? 안타깝게도 탈레스가 물을 아르케로 지목한 정확한 이유는 찾아볼 수 없다. 그런데 우리는 아리스토텔레스가 전해 주는 이야기를 통해 그 이유를 추측해 볼 수 있다. 아리스토텔레스는 모든 음식물들과 씨앗에 수분이 있고 열도 수분으로부터 나온다는 점을 통해, 탈레스가 존재하는 모든 것은 물을 포함한다는 결론을 내린 것 같다고 말한다. 이러한 이유로 탈레스는 물을 모든 존재의 근본 원인으로 보았다는 것이다.

또 다른 이유도 추측해 보자. 그가 살던 사회에서 주된 생존 수단은 농업이었다. 농업에서는 물이 필수적인 자원인 만큼 물의 가치는 매우 중요시되었을 것이다. 또한 인간뿐 아니라 모든 생명체에 수분이 있고, 수분이 빠져나가면 죽는다는 사실을 깨달으면서 그가 물을 생명의 근원이라고 보았을 수도 있다.

물론 탈레스는 아르케가 물이라는 것을 정당화하거나 증명하지는 않았다. 그럼에도 불구하고 여전히 중요한 점은, 그가 변화하는 세계에서 변화하지 않는 근본 원인을 찾으려고 처음 시도했다는 사실이다.

한편, 그가 말하는 물이 우리가 실제로 마시거나 손을 담글 수 있는 구체적인 물을 의미할까? 위에 나타난 것처럼 탈레스가 아르케를 물이라고 주장하기에 이른 것은 구체적인 물에 대한 경험 때문이었을 것이다. 그런데 그는 구체적인 물로부터 한 걸음 더 나아가, 그것을 개념화시켰다. 즉 물을 생명의 원인으로, 모든 것들을 존재하게 해 주는 근본 원인으로 설정했다.

5. 구체적 경험에서 보편적 원리로

탈레스는 '원은 지름에 의해서 이등분된다' '등변 삼각형의 두 밑각의 크기는 같다' '두 직선이 교차할 때, 그 맞꼭지각의 크기는 같다' 는 원리를 정립하였다. 그래서 이 원리들을 '탈레스의 정리' 라고 부른다.

그는 천체를 연구하여 작은곰자리를 발견하고, 기하학적 원리를 사용해 피라미드의 높이를 측정했으며, 기원전 585년 일식을 예언한 것으로도 유명하다. 또한 그는 이집트에서 나일강이 정기적으로 범람하는 것을 체험하고, 나일강 범람의 원인에 대해 해명했다고 알려져 있다. 현재와 같은 발달된 관찰 도구들이 없었던 시대에 탈레스가 위와 같은 기하학적 법칙들을 알아냈다는 것은 감탄할 만한 일이다. 후에 그는 그리스로 돌아와 자신이 이집트와 바빌로니아 지역에서 배우고 체험한 것들을 이론화시켰다.

그의 과학적 업적은 직·간접적으로 당대의 기술 발전에 긍정적인 영향을 미쳤다. 예컨대, 곰자리의 발견은 뱃사람들이 길을 잃지 않고 항해할 수 있게 해 주었다. 또한 암초와 암초 사이의 거리를 측정하여 뱃사람들이 암초에 부딪히지 않고 무사히 항해할 수 있게 해 주었다.

여기서 중요한 점은, 그가 구체적 경험을 기반으로 수학적이고 기하학적인 '원리' 로 나아가는 방식을 취했다는 사실이다. 그가 사용했던 것은 땅

위에 나무 막대기로 그린 구체적인 삼각형이나 원이었을 것이다. 그러나 그가 정립한 수학적 법칙은 '이 삼각형' '저 원'이 아니라, 삼각형과 원이 가지는 원리적 특성에 대한 것이었다. 또한 그는 밤하늘에 떠 있는 별들을 단순히 반짝이는 어떤 것으로 보는 데에 그치지 않고, 공간적 대상으로 보았다. 마찬가지로 나일 강 범람의 현상에 대해서는 지리적 조건을 참조하여 원리로써 설명했다. 즉 그는 구체적 대상을 추상화시켜 원리적으로 파악한 것이다. 이렇게 구체적 경험 자료로부터 보편적 원리를 추론해내는 것, 이것이 바로 철학적 방법이다.

사실 우리들은 앞서 말한 지식들의 대부분을 이미 알고 있다. 그러면 탈레스의 업적을 높이 평가할 만한 특별한 이유가 있을까? 만일 그가 위와 같은 원리를 정립하지 않았다면 기하학과 천문학이 현재 수준으로 발전할 수 있었을까? 학문은 어느 한 순간 등장하는 것이 아니다. 그것은 성과의 역사적 축적이다. 또 우리가 이미 다 알고 있는 것이라고 하더라도 그것을 논리적인 명제로 정립시킬 수 없다면 과연 우리가 그것을 제대로 알고 있다고 말할 수 있을까?

"철학은 만인이 다 알고 있다고 여기는 것, 암묵적으로 알고 있는 것을 보다 명시적으로 기술(記述)하려는 지적 탐구 노력이라고 하겠다."

— 고등학교 《철학》 교과서 참조

이미 알고 있다고 생각했지만 막상 설명하려고 했을 때 확실히 말할 수 없었던 경험을 대부분 가지고 있을 것이다. 이는 단순히 표현력이 없어서가 아니라, 대상을 명확히 알고 있지 않기 때문이다. 탈레스는 사람들이 가지고 있었던 모호한 선(先)이해를 확실한 앎으로 발전시키고자 했다. 또한 그의 주장으로부터 인간이 경험적 자료들을 바탕으로 논리적인 사유를 전개한 초기 형태를 발견할 수 있으니, 이는 분명 높이 평가될 만하다.

6. 합리적으로 생각하고 말하기

기원전 7~6세기에 탈레스와 함께 활동했던 다른 철학자들도 있었다. 이들 중 아낙시만드로스와 아낙시메네스에 대해 간략히 살펴보자. 이들의 철학적 입장을 이해함으로써 탈레스가 이후의 철학에 어떤 영향을 미쳤는지 알게 될 것이다. 나아가 철학이 어떠한 방식으로 발전되어 가는지도 파악할 수 있을 것이다.

탈레스는 아르케를 '물'이라고 했다. 그런데 아낙시만드로스는 아르케를 '무한정자'라고 주장했다. 또한 아낙시메네스는 아르케를 '공기'라고 했다. 이들은 왜 이전의 철학자가 주장한 아르케를 받아들이지 않고, 새로운 아르케를 제안했을까?

우선 아낙시만드로스는 '만일 대지가 물 위에 떠 있다면 물을 받치고 있는 것은 무엇인가' '만일 아르케가 물이라면 물과 대립되는 불이 어떻게 생겨날 수 있었을까'라고 물었다. 즉 아낙시만드로스는 탈레스의 주장으로 설명해낼 수 없는 점들을 논리적인 측면에서 지적했다. 그리고 스스로 더욱 설득력 있는 원인을 제시하고자 아르케는 '무한정자'라고 주장한다. 무한정자란 아무런 성질도 없는 것이다. 예를 들면, 물은 이미 축축한 성질을 가지고 있다. 아낙시만드로스가 보기에, 물처럼 이미 특정 성질을 가지고 있는 것은 반대의 성질을 가진 다른 것들을 설명할 수 없었다. 따라서 아낙시만드로스는 아르케란 아무런 성질도 갖지 않는 것, 즉 '무한정자'이어야만 한다고 보았다.

그런데 아낙시메네스는 탈레스와 아낙시만드로스의 주장 모두에 이의를 제기한다. 그는 '물은 지나치게 뚜렷한 성질을 가지고 있고, 무한정자는 지나치게 추상적이다'라고 지적한다. 그리하여 아낙시메네스는 아르케를 공기라고 주장한다. 그는 모든 생명체들이 호흡을 통해 생명을 보존하고, 호흡을 못하면 죽는다는 점에 주목했다. 또한 그는 만물을 구성한다고 볼 수 있을 만큼 풍부한 양의 공기가 대기 중에 존재한다는 점에 착안했다. 또 그가 보기에, 공기는 물보다는 덜 구체적이고 무한정자에 비해서는 덜 추상적이었다. 따라서 공기는 물체들을 구성한다고 볼 수 있을 만한 적절한 후보라고 평가되었다. 이러한 이유로 아낙시메네스는 공기로부터 모든 것이 생겨난다고 주장하였다.

여기서 중요한 점은, 아낙시만드로스가 탈레스의 주장을 비판적으로 검토하면서 좀 더 합당한 원인을 찾으려고 했다는 점이다. 마찬가지로 아낙시메네스 역시 이전 이론들의 설명적 한계를 극복하려 했다. 탈레스에서 아낙시만드로스로, 그리고 아낙시메네스로 이어지면서 보다 더 합리적인 이론을 제시해야 한다는 생각이 강화된 것이다.

이것이 바로 철학의 발달 과정이 갖는 특징이다. 사실 우리의 입장에서 보면 아르케가 물, 무한정자, 공기라는 이들의 주장은 터무니없어 보인다. 그렇지만 주목해야 할 점은 이들이 아르케를 무엇으로 놓았느냐가 아니다. 그것은 설득력을 보다 많이 갖춘 이론을 제시하려고 했던 이들의 자세이다.

현재에도 철학자들은 서로 모여서 자신의 이론을 발표하고 다른 사람들과 토론해 봄으로써 자신의 이론을 수정하기도 하고 더 발전시키기도 한다. 실제로 그리스의 아테네에는 많은 철학자들이 모여들어 비판적인 토론을 활발히 했다. 이를 통해 그들은 좀 더 합리적으로 사고하려고 했고, 좀 더 좋은 이론을 찾기 위해 노력했다. 이천육백 년이라는 세월 동안 이와 유사한 과정을 모든 철학자들이 거쳐 왔다. 철학자들끼리 실제로 만날 수 없다고 하더라도 다른 철학자들의 생각을 책을 통해 확인하고, 책을 통해 대화했던 것이다. 이러한 방식으로 철학이 발전할 수 있었던 것은 탈레스가 만물의 아르케를 주장함으로써 철학의 토대를 마련해 주었기 때문이다.

비판적 토론이란 무조건 상대방을 비난하는 것이 아니다. 그것은 서로의 주장이 어떤 점에서 옳고 어떤 점에서 틀린지 따져보는 것이다. 검토의 기준으로 상대방의 주장이 이치에 맞는지, 논리적인지, 일관성이 있는지, 그리고 경험과도 일치하는지 등을 들 수 있다. 만일 각자의 주장에 충돌하는 부분이 있다면, 그 문제를 어떻게 해결해야 할지 함께 생각하며 고민해야 한다. 단, 상대방의 말이 틀렸다고 주장하려면 왜 틀렸는지 그 논거를 반드시 제시해야 한다. 이러한 토론의 과정에서 상대방의 오류를 지적해 줄 수 있고 자신의 오류도 지적받을 수도 있다. 이렇게 하기 위해서는 열린 자세로 상대방의 의견을 경청하고 자신의 생각이 잘못되었음을 인정할 줄도 알아야 할 것이다.

1강_ 관점의 전환: 신화에서 철학으로

가 "그날은 리디아와 메디아라는 두 나라가 전쟁을 하고 있었는데, 일식을 지켜본 두 나라의 대장들은 자기들이 오랫동안 전쟁을 해서 신의 노여움을 산 것이 틀림없다며 싸움을 그만두고 각자 자기 나라로 되돌아갔다는구나."

교수 아저씨가 덧붙여 설명을 해 주셨다.

"정말요? 재밌네요. 호호."

엄마도 이제 탈레스에 대해 관심이 많아진 모양이다.

"탈레스 이전에는 우주에 대해서 신화로만 설명했는데, 탈레스는 태양의 궤도를 처음 규정하고 태양의 크기와 달의 크기도 설명했습니다. 또 1년이 365일인 것도 생각해냈지요."

- 《탈레스가 들려주는 아르케 이야기》 중에서

나 "엄마, 옛날 사람들은 태양신인 헬리오스가 마차를 타고 하늘로 올라갔다 내려오는 것이 태양의 하루라고 믿었대요. 그런데 탈레스는 헬리오스의 태양 마차가 거짓이라고 처음 말한 사람이에요. 신기하지요?"

수연이가 손으로 부채질을 하며 말했다.

"그래? 탈레스는 무척 앞서간 사람이구나. 정말 칭송 받을 만하네."

엄마도 고개를 끄덕이며 맞장구쳤다. 수연이가 철학에 관심을 갖는 것이 대견스러웠다.

"탈레스는 칼데아 사람들로부터 과학을 배웠거든요. 그때 일식과 월식에 대해서도 배웠고, 그게 주기적으로 나타난다는 것도 알았대요. 그래서 밀레토스에서 있었던 일식도 예언을 했지요."

수연이가 그동안 공부한 것을 엄마에게 막 설명해 주고 싶어 했다.

"우와, 우리 수연이 정말 보통이 아니네. 그래서?"

엄마가 수연이에게 바짝 붙으며 물었다.

"대낮인데도 태양이 갑자기 빛을 잃고, 난데없이 밤이 찾아올 것이라고 예언했대요. 실제로 기원전 585년 5월 28일 밀레토스에서는 일식이 있었어요. 그것은 바빌로니아의 천문학적 지식에 의한 것이었는데, 사람들은 처음에는 탈레스보고 미쳤다고 했는데, 5월 28일 낮에 정말로 태양이 차츰 어두워지더니 마침내 완전히 빛을 잃고 캄캄한 밤이 되고 하늘에는 별이 반짝였지요. 그래서 그를 예언자라고 하며 아주 깜짝 놀랐던 거지요."

- 《탈레스가 들려주는 아르케 이야기》 중에서

글쓰기 이전에 생각하기

　문제에서는 신화적 방법과 탈레스의 방법의 '차이'를 논술하라고 요구했다. 문제에 답할 때 신경 써야 할 점은 다음의 두 가지이다. 첫째, 양자의 차이점을 명확히 대조해야 한다는 점이다. 둘째, 왜 다른지 그 이유를 제시문에서 뽑아내어 덧붙여 주어야 한다는 점이다. 논거도 제시하지 않은 채 무조건 '다르다'고 주장하기만 하는 글은 설득력이 없다.

생각 쓰기

2강_ 철학적 물음 던지기

case **2-1** 다음 제시문을 읽고, '만물을 구성하는 근본 물질이 무엇일까?' 라는 탈레스의 물음이 철학적으로 중요한 의미를 갖는 이유에 대해 서술하시오.

가 탈레스는 스스로 질문을 던졌지. 만물의 아르케가 무엇인가라고 말이야. 참, 아르케가 뭐냐고? 아르케는 바로 '근원' 이라는 뜻이란다. 아무튼 그는 지구를 무한한 대양 위에 떠 있는 편평한 판이라고 생각하고, 만물이 생존하기 위한 필수적인 요소가 바로 물이라고 생각해냈어.''

"그건 맞는 말이네요. 물이 없으면 어떻게 살아요? 헤헤.''

"이 세계는 여러 가지 물질의 모습으로 보이지만 모두 물이 변화한 모습이라고 믿었던 거야.''

"재미있는 생각이네요. 그럼 나무도 공기도 바람도 흙도 산도 모두 원래는 물이었다는 말이죠?''

"그래, 하하. 우리 수연이 꼭 꼬마 철학자 같구나. 하여간 그래서 탈레스를 서양 철학의 시조라고 하는 거야.''

- 《탈레스가 들려주는 아르케 이야기》 중에서

나 사람은 '왜?' 라고 질문할 줄 아는 존재이다. 인간은 사물이나 현상의 원인에 대해 '왜'

라는 물음을 묻고 난 다음, 그리고 다시 원인의 원인을 캐어 올라가서 마침내 궁극적 원인에 도달하고 싶어 한다. 이것이 바로 철학의 근본정신인 지혜의 사랑이며, 애지(愛智) 활동이다.

- 고등학교 《철학》 교과서 참조

글쓰기 이전에 생각하기

본 문제의 관심사는 탈레스가 왜 아르케를 물이라고 했는지가 아니다. 문제가 요구하는 것은 아르케가 무엇인가라는 '물음'이 갖는 의미이다. 따라서 논술할 때, '아르케는 물이다'라는 주장을 구체적으로 설명하는 데에 많은 분량을 할애해서는 안 된다. 문제의 취지에 어긋나는 답변을 하지 않으려면 먼저 문제에서 요구하는 것이 무엇인지 확인하자.

생각 쓰기

----

case **2-2** '원인'에 대한 물음은 자연 세계에 대한 탐구의 영역에만 한정되지 않는다. 사회적인 현상에 대해서도 우리는 '원인이 무엇인가'라는 동일한 질문을 던질 수 있다. 다음의 제시문을 읽고, 제시문의 필자가 가진 핵심적인 문제가 무엇인지 서술한 뒤, 이러한 문제 제기의 철학적 의미를 평가하시오.

분데스 언덕에 올라 보면 경치가 기가 막힌다. 아래 강이 아래로 보이고 위로는 알프스 산이 보인다. 바로 지금 한 사람이 이곳에 서서 무심코 호주머니를 비우면서 울고 있다. 아무 이유 없이 친구들이 그를 따돌린 것이다. 이제는 아무에게서도 전화가 오지 않고 술집에서 만나 저녁이나 맥주를 함께 나눌 사람도 없다. 아무도 그를 자기 집으로 초대하지 않는다. 20년 동안 그는 친구들에게 이상적인 친구가 되어, 넓은 아량과 관심을 보이면서 다정다감하게 대해 줬는데. 무슨 일이 일어난 걸까? 지금으로부터 일주일 뒤에 이 언덕에서 바로 이 사람은 실없이 아무나 보고 욕지거리를 퍼붓고 냄새나는 옷을 입고 다니며 인색하게 굴고 라우펜 거리에 있는 자기 집으로 아무도 찾아오지 못하게 하기 시작한다. 어느 쪽이 원인이고 어느 쪽이 결과이며, 어느 쪽이 과거이고 어느 쪽이 미래일까?

취리히에서는 최근에 엄한 법률이 의회에서 통과됐다. 일반인에게는 권총을 팔 수 없다는 것이다. 은행과 증권 거래서는 감사를 받아야 하며, 리마트 강으로 배를 타고 들어오건 셀나우 선으로 기차를 타고 오건 취리히로 들어오는 방문객들은 밀수품 수색을 받아야 한다. 경찰력은 두 배로 늘어났다. 이 같은 강경한 법률이 시행된 지 한 달이 지났을 때 취리히는 사상 최악의 범죄에 몸서리를 친다. 벌건 대낮에 바인 광장에서 사람들이 살해당하고, 미술관에서는 그럼을 도둑맞으며, 뮌스터호프 교회 안에서는 사람들이 술을 마신다. 이런 범죄행위는 시간적으로 엉뚱한 곳에 자리 잡고 있는 것은 아닐까? 아니면 새 법률이 반작용이 아니라 작용에 해당하는 것일까?

- 앨런 라이트맨, 《아인슈타인의 꿈》 중에서

글쓰기 이전에 생각하기

제시문에는 두 가지 사례가 나타나 있다. 이 두 가지 사례의 지엽적인 내용까지 일일이 적다 보면 글이 늘어지게 마련이다. 중요한 것은 사례를 통해 필자가 말하고자 했던 바가 무엇인가이다. 사례에 대해 친절하게 설명하는 것은 논술에서 필요하지 않다. 논제와 관련이 있는 부분만을 취해 간략히 서술해야 한다.

생각 쓰기

생각 쓰기

3강_ 순수한 지적 욕구에서 비롯되는 학문 활동

case **3** 제시문 (가)와 (나)에는 탈레스와 데모크리토스의 학문 자세가 나타나 있다. 이들이 왜 학문 활동에 전념했는지를 서술한 뒤, 이들의 태도를 제시문 (다)에 근거하여 평가하시오.

가 　마치 철학은 아무 쓸모도 없다는 듯 (사람들이) 탈레스를 가난 때문에 비난하자, 그는 천체 연구를 통해 올리브의 풍작이 있을 것임을 알아내고는, 아직 겨울이었는데도 약간의 자금을 모아서 그것을 밀레토스와 키오스에 있는 모든 올리브 짜는 기계의 보증금으로 지불했는데, 아무도 관심을 가지지 않았기 때문에 값싸게 임대받았다고 한다. 적절한 시기가 왔을 때 많은 올리브 짜는 기계가 동시에 그리고 갑자기 필요하게 되자, 그는 그것들을 자신이 바라는 조건으로 임대해 주어서 큰 돈을 모았고, 그래서 철학자들이 마음만 먹으면 쉽게 부자가 될 수 있지만, 그것이 그들의 진지한 관심사가 아니라는 점을 보여 주었다고 한다.

- 아리스토텔레스, 《정치학》 중에서

나 　그들의 말에 따르면 (데모크리토스 자신은) 페르시아의 왕국을 갖기보다 오히려 하나의 원인 설명을 찾아내기를 원한다고 말했다.

- 에우세비오스의 《복음의 준비》에 인용된 디오니시우스의 《자연에 관하여》

철학의 어원은 고대 그리스어 '필로소피아(philosophia)'이다. 이 말은 '사랑한다', '좋아한다'라는 뜻을 가진 접두사 '필로(philo)'와 지혜라고 번역되는 '소피아(sophia)'의 합성어이므로 '지혜를 사랑하는 것'이 된다. 철학은 그 어원으로 보아서는 애지(愛智) 또는 '애지의 탐구 활동'을 뜻한다. 헤로도토스(Herodotos)의 《역사》에는 '지혜를 사랑하여'라고 해서 동사형으로 '필로소페인(philosophein)'이라는 표현도 나와 있다. 여기서 '필로소페인'이 뜻하는 바는 '지혜를 사랑한다' 이외에도 '알고 싶어서' '견문을 넓히고 싶어서' 등으로 풀이할 수 있다. 그러므로 당장의 이해관계나 효용을 떠나서 널리 사물을 통찰하거나 순수한 지식욕으로 탐구하는 태도 또는 지적 탐구 활동이라고 할 수 있다.

- 고등학교 《철학》 교과서 참조

글쓰기 이전에 생각하기

문제 출제자가 여러 개의 인용문을 제시했을 때는 반드시 이유가 있다. 그 이유는 다음의 세 가지 중 하나이다. ① 각 제시문에 나타난 관점이 동일하거나 ② 관점이 대립되거나 ③ 관점이 한편으로는 같고 다른 한편으로는 다르기 때문이다. 바로 이 부분을 포착해내야 한다. 이를 위해 각 제시문에 나타난 관점을 비교하고 대조하면서, 각각의 제시문의 '관계'를 생각해야 한다. 본 문제는 ①에 해당된다.

4강_ 자연현상의 근본 원인을 찾아서

case 4-1 제시문 (가)와 (나)는 각각 탈레스와 데모크리토스의 학문 활동에 대한 서술이다. 두 철학자가 공통으로 취했던 학문 방식을 서술하시오.

탈레스는 에테시아 바람이 나일강의 수량을 상승시키는 까닭을 그것이 이집트 쪽으로 정면으로 불어 갈 때 마주 보고 밀려가는 바다가 부풀어 올라 강의 유출을 저지하기 때문이라고 생각한다.

- 아에티오스, 《학설 모음집》 중에서

㉠ 일반적으로 (사물의 생성 소멸과 운동 변화에 관한 모든 문제들에 관해서) 데모크리토스 이외의 그 어떤 사람도 피상적인 것 이상으로 깊이 고찰하지 않았다. 그는 모든 문제에 대해 고찰했으며, 그 당시에 이미 고찰 방식에서 아주 남달랐던 것 같다.

- 아리스토텔레스, 《생성 소멸론》 중에서

㉡ 데모크리토스는 운은 어느 무엇의 원인도 아니라고 말한다. 예를 들면, 보물 발견의 원인은 어떤 이가 땅을 파거나 올리브 나무를 심었다는 것이다. 그리고 그는 대머리 남자의 머리가 갈라져 보이는 원인을 찾았다. 독수리가 거북이를 떨구어서 그 거북이의 딱지가 그 대머리 남

자의 머리를 갈라져 보이게 했다는 것이다.

- 심플리키오스, 《아리스토텔레스의 '자연학'에 대한 주석》 중에서

글쓰기 이전에 생각하기

각각의 제시문에서 공통점을 뽑아 내도록 한다. 탈레스와 데모크리토스 모두 주변에서 겪는 현상들을 놓치지 않고 진지하게 관찰했다. 또 이들은 현상의 배후에 놓인 원인이 무엇인지 밝혀내려고 과학적으로 사고했다. 이들이 원인을 추론해 내는 방법에 주목하도록 한다.

생각 쓰기

(제시문 (나)에서 플라톤은 소크라테스의 입을 빌려 '모든 보이는 것들의 근본 원인은 빛이다' 라고 말한다. 여기서 빛이란 좋음 자체, 즉 좋음의 이데아를 비유적으로 표현한 것이다. 단, 여기에서는 좋음의 이데아는 논외로 하고, 플라톤이 모든 보이는 것들의 원인을 '빛' 이라고 주장했다는 점에만 주목하기로 한다.)

가 　최초의 철학자들 중 대부분의 사람들이 질료적 근원이 모든 것의 유일한 근원이라고 생각했다. 왜냐하면 존재하는 모든 것이 그것으로 이루어지고, 그것에서 처음 생겨났다가 마침내 그것에로 되돌아가기 때문이다. 비록 존재하는 것들의 상태는 변화하지만, 그 본질은 영속하기 때문에, 그들은 이것을 원소이자 근원이라고 주장한다. 이러한 이유로 그들은 어떤 것도 생겨나거나 소멸하지 않는다고 믿는다. 왜냐하면 이런 본연의 것은 언제나 보존된다고 생각하기 때문이다. …(중략)… 탈레스는 그런 철학의 창시자로서 (근원을) 물이라고 말하는데…….

- 아리스토텔레스, 《형이상학》 중에서

나 　동굴 안에 죄수들이 동굴 안쪽의 벽면만 볼 수 있도록 결박되어 있다. 그들은 실물들을 직접 볼 수 없고, 벽에 투영되는 실물의 그림자들만 볼 수 있다. 만일 죄수 한 명이 동굴 바깥쪽으로 나와 실물들을 보게 된다면, 처음에 그는 눈부심 때문에 고통스러워 할 것이고 실물들을 제대로 볼 수도 없을 것이다. 따라서 처음에 그 죄수는 빛 자체(좋음의 이데아)를 제대로 보지 못하고 눈이 아파서 달아나려 할 것이다. 또한 누군가가 이 사람에게 이전에는 그가 엉터리를 보았지만 이제는 실재에 좀 더 가까이 와 있다고 말한다면, 그는 당혹해하며 이전에 보았던 벽면의 그림자를 더 진실한 것으로 믿으려 할 것이다.

소크라테스 그 죄수가 높은 곳의 것들을 보게 되려면, 익숙해져야 한다고 생각하네. 처음에는 그림자들을 제일 쉽게 보게 될 것이고, 그다음으로는 물속에 비친 사람들이나 다른 것들의 상을 보게 될 것일세. 실물들은 그다음에나 보게 될 걸세. 또한 이것들에서 더 나아가, 밤에 별빛과 달빛을 봄으로써 하늘에 있는 것들과 하늘 자체를 더 쉽게 관찰하게 될 걸세. 낮에 해와 햇빛을 봄으로써 그것들을 관찰하는 것보다도 말일세.

글라우콘 어찌 그렇지 않겠습니까?

…(중략)…

소크라테스 다음으로 이제 그는 태양에 대해서 벌써 다음과 같은 결론을 내릴 걸세. 즉, 계절과 세월을 가져다주며 보이는 영역에 있는 모든 것을 다스리며 또 어떤 면에서는 그를 포함한 동료들이 보았던 모든 것의 원인이 되는 것이 바로 이것이라고 말일세.

- 플라톤, 《국가》 중에서

글쓰기 이전에 생각하기

제시문 (가)는 다소 어렵게 느껴질 수 있다. 모르는 개념이나 생소한 용어가 많이 나오기 때문이다. 그러나 걱정하지 않아도 된다. 문제를 풀기 위해 제시문의 모든 내용을 완전히 알아야 할 필요는 없다. 문제에서 요구하는 바를 서술할 수 있을 정도로 큰 줄거리만을 파악하면 된다. 탈레스가 변화하는 것들의 이면에 변화하지 않는 근원이 있다고 보고 그것이 무엇인지 알아내려 했다는 사실과 제시문 (나)를 연관시키는 것이 중요하다. 이 정도로만 감을 잡았다면, 큰 어려움 없이 이 글을 쓸 수 있을 것이다.

어휘 다지기

데모크리토스(?BC 460~ ?BC 370)

데모크리토스는 고대 그리스 자연 철학자 중 한 명으로, 트라키아 지방의 압데라 지역에서 태어났다. 데모크리토스는 원자론자로 유명하다. 사실 원자론은 그의 스승 레우키포스에 의해 처음으로 제시되었다. 데모크리토스는 스승의 이론을 더 다듬고 심화시켜 제안했던 것이다. 데모크리토스는 '세계는 원자와 허공으로 이루어진다'고 주장한다. 여기서 '원자'란 만물의 기본 단위로서, 더 이상 쪼개질 수 없는 것을 말한다. 무한한 수의 원자들이 무한한 허공을 통해 영원히 운동한다. 그런데 원자들의 형태와 크기가 서로 다르기 때문에 원자들은 여기저기로 운동하면서 서로 충돌한다. 그런데 데모크리토스는 서로 닮은 형태의 원자들이 운동하다가 서로 얽혀 뭉치기도 한다고 주장한다. 이렇게 서로 얽혀 뭉친 원자들이 흙을 이루고 바다를 이루며, 결국 현 세계를 형성했다는 것이다. 이와 같은 데모크리토스의 이론은 이후 에피쿠로스라는 철학자에 의해 비판적으로 수용되기에 이른다.

동굴의 비유

플라톤은 '보이는 현상'과 '보이지 않는 것으로서의 실재(진리, 존재, 이데아)'에 대한 논의를 다음의 세 가지 비유를 통해 전개하였다. 선분의 비유, 태양의 비유, 동굴의 비유가 그것이다. 여기에서는 '동굴의 비유'가 의미하는 바에 대해 좀 더 구체적으로 살펴보기로 한다.

그림자는 실재가 아니라 실재의 모상이다. 실재는 빛이다. 그림자를 존재하게 하는 원인이 바로 빛이기 때문이다. 이 비유를 통해 플라톤은 가시계에 존재하는 것들은 실재가 아니라 실재의 모상일 뿐이므로, 가지계에 존재하는 실재를 파악해야 한다고 주장한다. 동굴의 벽에 비친 그림자만을 바라보고 있던 죄수가 빛을 보기 위해서는 동굴 밖으로 나와야 한다. 플라톤은 동굴 밖으로 나와 빛을 보려고 하는 자세를 일컬어 '영혼의 전향'이라고 표현한다. 가시계로부터 가지계로 영혼을 돌려야만 영혼이 실재를 제대로 파악할 수 있다는 것이다. 이것은 보이는 것에만 매몰되어 있지 말고, 보이지 않는 근본 원인을 탐구하도록 사고를 전환시키라는 의미이다.

그런데 흥미롭게도 플라톤은 동굴 밖으로 나와 빛을 본 사람은 다시 동굴 안으로 들어가야 한다고 말한다. 왜냐하면 다른 동료들은 아직도 동굴 안에서 자신들이 보고 있는 그림자를 실재라고 생각할 것이기 때문에 이들을 설득시키고 깨우쳐 주어야 한다는 것이다. 이는 현명한 지자라면 다른 사람들로 하여금 올바른 사고와 올바른 행동을 할 수 있도록 이끌어야 함을 의미한다.

생각 쓰기

5강_ 만물을 구성하는 근본 물질: 물

> **case 5** 탈레스는 만물을 구성하는 근본 물질, 즉 아르케를 '물'이라고 보았다. 아래의 제시문을 읽고, 탈레스가 왜 아르케를 '물'이라고 주장했는지, 그 이유를 정리하시오.

가 "그런데 탈레스는 왜 만물의 근원을 물이라고 주장하게 되었을까요? 정말 신기해요!"

그때 수연이가 다시 질문을 하니 아저씨는 엉거주춤했던 엉덩이를 다시 의자에 앉혔다.

"이 아저씨도 그게 궁금해서 계속 탈레스에 관해서 연구하고 있단다. 내 생각에는, 그가 많은 나라들을 두루 돌아다녔다는 걸 종합해 볼 때 아마도 당시의 주된 산업이 농업이었으니 물의 소중함과 그것의 절대적인 영향을 깨달았던 게 아닐까 추측한단다. 물을 모든 생물이 갖고 있는 것이면서, 생성과 소멸의 원인이라고 느낀 것 같다는 거지."

-《탈레스가 들려주는 아르케 이야기》 중에서

나 "탈레스는 왜 하필이면 물이라고 했을까?"

미리도 고개를 갸웃하며 말했다.

"탈레스는 물이 곧 생명이라고 생각했대. 물이 생명의 근원이자 모든 것의 시작이라고 말이야."

수연이는 청계천의 흐르는 물속을 가만히 들여다보며 대답했다.

"그건 맞는 말 같아. 식물도 물 때문에 살잖아. 사람도 마찬가지고. 다 죽어가던 벤자민 화분이 물을 잘 먹고 살아나는 걸 우리 눈으로 똑똑히 봤다니까."

영미가 눈을 동그랗게 뜨고 확신에 찬 듯 말했다.

"탈레스는 페르시아와 이집트에서 메마른 땅을 보았어. 메마른 땅에서는 아무것도 자라지 못한다는 걸 알았지. 그래서 탈레스는 물이야말로 생명을 살리는 힘을 가졌다고 생각한 거야. 그렇게 생각한다면, 물이야말로 생명을 움직이게 하는 최초의 물질이라고 할 수 있겠다."

- 《탈레스가 들려주는 아르케 이야기》 중에서

다 탈레스는 그런 철학의 창시자로서 근원을 물이라고 말하는데(그래서 그는 땅이 물 위에 떠 있다고 제안했다), 그는 아마도 모든 것의 자양분이 축축하다는 것과 열 자체가 물에서 생긴다는 것, 그리고 물에 의해 모든 것이 생존한다는 것(모든 것이 어떤 것에서 생겨날 때 바로 그 어떤 것이 모든 것의 근원이다)을 보고서 이런 생각을 가졌을 것이다. 또한 모든 씨앗은 축축한 본성을 갖는다는 점과 물은 축축한 것들의 본성의 근원이라는 점으로부터 그러한 생각을 갖게 되었을 것이다.

- 아리스토텔레스, 《형이상학》 중에서

글쓰기 이전에 생각하기

  문제도 어렵지 않고, 제시문도 명확하다. 각 제시문에서 탈레스가 아르케로서 물을 주장했다고 볼 수 있는 근거들을 추려서 정리해 주면 된다. 반드시 제시문 (가), (나), (다)의 순서대로 나열해야 할 필요는 없다. 세 가지 제시문에 나타난 근거 중 중복되거나 유사한 부분을 발견했다면, 이들을 하나의 항목으로 정리하는 것이 좋다. 그렇게 하면 좀 더 깔끔하게 글을 쓸 수 있을 것이다.

생각 쓰기

6강_ 이오니아학파의 자연철학으로부터 드러나는 철학의 특징

case 6-1 제시문 (가)에는 탈레스와 거의 동시대에 활동했던 아낙시만드로스와 아낙시메네스의 주장이 나타나 있다. 탈레스에서 아낙시만드로스, 그리고 아낙시메네스로 이어진 아르케관(觀)의 변화를 간략히 요약한 후, 이를 제시문 (나)의 관점에서 평가하시오.

가

아낙시만드로스 탈레스의 주장은 틀렸다. 탈레스는 땅이 물 위에 떠 있다고 말하는데, 그렇다면 물을 받치고 있는 것은 무엇이란 말이냐? 또한 만물을 구성하는 근본 물질은 물이 아니다. 만일 탈레스 말대로 아르케가 물이라면, 불은 어떻게 설명할 것인가? 물은 축축한데, 불은 축축하지 않다. 게다가 물을 끼얹으면 불은 꺼져 버린다. 그렇다면 물과 불은 대립되는 것이 분명하다. 한쪽 때문에 다른 한쪽이 죽어 버리니 말이다. 도대체 물이 자신과 대립되는 불을 어떻게 형성하겠는가? 그러니까 아르케는 축축함이나 건조함이라는 성질도, 뜨거움이나 차가움이라는 성질도 없는 것이어야 한다. 즉, 아르케는 애초에 아무런 규정도 갖지 않는 것이어야 한다. 따라서 아르케는 무한정자이다. 세계의 모든 것들은 바로 이 무한정자가 구성하는 것이다.

아낙시메네스 아낙시만드로스는 탈레스의 잘못을 잘 지적했다. 내가 보기에도 물은 만물을 구성하는 근본 물질이 아니다. 그런데 탈레스도 틀렸지만, 아낙시만드로스의 주장도 올바르지 않다. 도대체 무한정자라는 것이 무엇인가? 아무런 성질도 없고 아무런 규정도 없는 것이 지금 내가 만지고 있는 이 딱딱한 돌을 구성한다니, 이것이 말이 되는가? 아낙시만드로스는 세상에 존재하지도 않는 헛된 것을 아르케라고 주장하고 있다. 아르케는 공기이다. 탈레스가 말한 물은 지나치게 구체적이고, 아낙시만드로스가 주장한 무한정자는 지나치게 추상적이다. 그런데 공기는 이 둘의 단점을 가장 잘 보완해 주니, 아르케로서 적격이다. 대기 중에는 만물을 구성했다고 볼 수 있을 만큼 무한한 양의 공기가 존재하지 않는가? 더욱이 공기는 무한정자에 비해서는 어느 정도 구체적인 성질을 가지고 있고, 눈에 보이고 마시기도 하는 물보다는 덜 구체적이니, 이만큼 적합한 후보가 어디에 있는가? 공기가 희박해지면 불이 생겨나고, 촘촘해지면 바람이 생겨나며, 더 촘촘해지면 흙이 된다. 공기가 점점 더 촘촘해져서 결국 이런 돌도 생겨나는 것이다.

나 진리 탐구의 도정에서 좀처럼 종착점이란 있을 수 없다. 그렇기 때문에 독일의 철학자 야스퍼스는 인간을 '도상(途上)에 있는 존재'라고 하였다. 그는 철학의 본성이 지(知)의 탐구이지, 지(知)의 소유가 아님을 강조했다. 그리고 철학은 "독단, 즉 형식화된 결정에 안주해 버림으로써 완전히 지식에 그친다면 자신을 배반하는 것이 된다. 철학하는 것은 도상에 있는 것이다. 철학에서의 물음은 해답보다 본질적이며, 하나의 물음은 새로운 물음이 된다"라고 말했다. 철학은 물음과 해답, 문제 제기와 그 문제 해결의 탐구 활동이다.

- 고등학교 《철학》 교과서 참조

글쓰기 이전에 생각하기

논제에서 제시문 (가)에 나타난 아르케관의 변화를 제시문 (나)를 기준으로 평가하라고 요구했다. 즉 논제는 독해의 기준을 제시문 (나)로 지정해 주었다. 이렇게 논제에서 논의의 기준을 미리 정해 준 경우에는 기준이 되는 제시문을 먼저 읽자. 제시문 (나)를 먼저 읽어 본다면 제시문 (가)의 내용을 어떤 관점에서 이해해야 할지 방향이 잡힐 것이다. 따라서 독해가 수월해질 뿐 아니라 독해 시간도 단축할 수 있다.

제시문 (나)에는 '야스퍼스'라는 낯선 이름이 등장한다. 그런데 이 인물은 본인만 모르는 것이 아니라, 다른 학생들도 모른다. 제시문 (가)의 '무한정자'와 같은 개념도 마찬가지이다. 이런 개념은 아무도 모른다. 그러니 걱정할 필요가 전혀 없다. 더욱이 야스퍼스가 뭐라고 주장했는지, 무한정자가 무엇을 의미하는지, 제시문에 친절히 나타나 있다. 평가자가 눈여겨보는 것은 논술자의 배경 지식이 아니다. 그것은 논술자가 생소한 용어나 이론을 '제시문의 보충 설명과 문맥을 통해' 제대로 이해했는가 하는 것이다.

가

그래서 나, 소크라테스는 다음과 같이 말을 꺼내기 시작했네.

"프로타고라스여, 이해해 주시오. 당신과 문답을 하는 것은, 언제나 풀리지 않고 막다른 골목에 들어서 있는 문제에 대해서 자세히 생각해 보고 싶어 하는 마음 때문이오. 다른 뜻은 전혀 없다오. 나는 다음과 같은 호메로스의 말이 옳다고 생각한다오.

두 사람이 함께 길을 걸으면

한 사람이 앞을 알 수 있나니.

사실 이렇게 할 때에만 우리는 사람의 모든 것, 온갖 행동, 말, 생각 등을 잘 이끌어 나갈 수 있소. 그렇지 않고 홀로라면, 설령 알 수 있다고 하더라도, 사람은 자기 생각을 말하고 확인할 상대를 구하고 그러한 상대를 발견하기까지 계속 찾아다녀야 하는 것이라오."

- 플라톤 《프로타고라스》 중에서

나

무엇보다도 합리적인 대화와 토론이 이루어지는 것을 방해하는 요소는 자신의 입장만이 절대 진리라고 확신한 나머지 자신의 입장을 절대로 버릴 수 없다는 독선적 태도이다.

대화나 토론이 합리적인 과정에 따라 상대방의 입장을 비판하고 나의 입장을 설득시키려는 설득적인 대화 내지는 비판적인 논의로 발전하기 위해서는, 모든 참여자가 나의 입장만이 아닌 상대방의 입장도 참일 수 있다는 생각을 전제로 하지 않으면 안 된다.

물론 비판과 설득은 나의 주장이 옳고, 상대방의 입장이 잘못되었다는 믿음에서 이루어지기는 하지만, 그러한 믿음을 가지는 것은 상대방도 마찬가지이다. 그러므로 토론의 결과 실제로 상대방의 입장이 옳은 것으로 드러날 수도 있다는 지적으로 열린 자세를 갖지 않는 한, 그와 같은 믿음은 그에 대한 일체의 비판을 허용하지 않는 독선적 믿음으로 흐를 수밖에 없다.

- 고등학교 《철학》 교과서 참조

글쓰기 이전에 생각하기

각 제시문에 비판적 토론이 필요한 이유와 토론할 때 요구되는 자세가 명확히 나와 있으니, 어렵지 않게 글을 쓸 수 있을 것이다. 논제에서 요구하는 두 가지 사항에 대해 서술하되, 이를 하나의 글로 자연스럽게 연결시켜야 한다.

스스로 따져 묻기

　고대 그리스의 철학자 중 많은 이들이 자신의 스승을 통해 학문의 기초를 배우면서도 스승의 이론을 비판하고 더 나은 이론을 제시하였다. 아낙시만드로스의 제자인 아낙시메네스의 경우가 이에 속했다. 플라톤의 제자인 아리스토텔레스의 경우도 마찬가지이다. 라파엘로의 '아테네 학당'이라는 벽화를 보면, 플라톤은 손을 들어 하늘을 가리키고 있고 아리스토텔레스는 땅을 가리키고 있다. 아리스토텔레스는 사변을 중시하는 스승의 이론을 논박하며 경험을 중시해야 한다고 주장했던 것이다.

　어떻게 감히 스승의 이론을 부정할 수 있을까라는 의구심이 들 수도 있다. 물론 스승은 학문에 연륜이 깊고 제자에게 가르침을 주었으니, 스승으로서 존경받아야 할 이유가 있다. 그러나 진리를 추구하는 사람이라는 기준으로 본다면, 스승과 제자는 평등하다. 제자의 이론이 탁월하다면, 스승된 자는 단지 자기 제자라는 이유 때문에 그의 이론을 배격하지는 않을 것이다. 고대 그리스에서부터 학문의 발전은 청출어람의 형태를 띠어 왔다. 그러니 우리 자신도 평소에 학습하는 것들에 대해 비판적으로 생각해 보고, 더 좋은 해답은 없을지 고민하는 자세를 가져야 한다.

어휘 다지기

아낙시만드로스(?BC 610~?BC 546)

그리스의 밀레토스 지역에서 태어난 아낙시만드로스는 탈레스의 제자였다. 그는 탈레스로부터 만물을 연구하는 태도에 대해 익혔지만, 자신이 스승보다 한 걸음 더 나아가고자 했다. 그래서 그는 만물을 구성하는 근본 물질은 물이 아니라 '무한정자'라고 주장했다. 무한정자는 모든 대립되는 성질들이 잠재적 형태로 융해되어 있는 거대한 덩어리이다. 그에 의하면, 바로 이 무한정자로부터 온랭, 건습과 같은 모든 대립되는 성질들 또는 대립되는 성질들을 함유하고 있는 물질들이 분리되어 나왔다고 한다.

아낙시메네스(?BC 585~?BC 528)

아낙시메네스는 아낙시만드로스의 제자였다. 그는 만물의 아르케를 '공기'라고 주장했다. 그는 모든 생명체들이 공기를 호흡함으로써 살 수 있다는 점에 착안하여, 공기를 생명의 근원으로 보았다. 아낙시만드로스가 무한자로부터 대립되는 성질들이 '분리되어 나왔다'고 추상적으로 설명하고 넘어가 버린 반면, 아낙시메네스는 '농축'과 '희박'이라는 변화의 원리를 제시하기에 이른다. 공기가 희박해지면 바람이 형성되고, 반대로 공기가 농축되면 안개나 물과 같은 액체가 형성된다는 것이다. 더 농축되면 흙이나 돌과 같은 고체가 형성된다. 이렇게 아낙시메네스는 현상의 다양한 변화를 농축과 희박이라는 '밀도 차이'로 설명함으로써, 보다 더 과학적인 원리를 모색했다.

야스퍼스(1883~1969)

독일의 철학자로, '실존주의'라 불리는 철학적 입장의 형성에 기여했다. 그는 두 차례의 세계대전을 체험한 인물이었다. 전쟁의 시대를 살았던 자신의 체험을 바탕으로, 그는 추상적 사변에 몰두하는 철학이 진정한 철학일 수 없음을 주장한다. 그는 철학으로 하여금 인간의 유한성과 인간의 불안 및 고뇌에 주목하게 했으니, 철학의 대상과 성격을 과감히 변화시킨 철학자라고 하겠다. 그는 부인이 유태인이라는 이유로 교직에서 부당하게 쫓겨났지만, 제2차 세계대전 이후 복귀하여 철학 활동에 전념했다.

생각 쓰기

7강_ 비판과 토론 문화의 사회적 의미

case **7** 스파르타는 고대 그리스의 도시 국가 중 하나로, 군사 강국을 추구하였다. 다음 제시문을 읽고, 스파르타의 군사 문화를 '비판과 토론의 문화'와 연관시켜 평가 하시오.

스파르타의 생활 방식은 스파르타 군대를 최강의 상태로 유지하는 데에 집중되어 있었다. 남자 아이들은 일곱 살이 될 때까지만 자기 집에서 살 수 있었다. 7세 이후에는 공동체 막사에 들어가서 서른 살이 될 때까지 생활해야 했다. 그들은 운동, 사냥, 무기를 사용한 훈련 등으로 거의 매일을 보냈다. 또한 나이 든 사람들이 주재하는 공동 식사 때에는 영웅담과 무용담을 들으면서 스파르타의 가치를 몸에 익혔다.

젊은이들에게 전투 중인 군인의 힘든 생활을 미리 대비시키는 것이었기 때문에 훈련 기준은 무척 엄격했다. 가령, 그들은 자기 마음대로 말하는 것이 허용되지 않았다. 영어 단어 'laconic' 은 '말수가 적은'의 뜻인데, 그리스 어 'laconian'에서 온 것이다. …(중략)… 스파르타의 젊은 이들은 이런 '공동 식사' 집단에서 수많은 시간을 보내기 때문에, 스파르타 사회의 가치를 부지불식간에 체득하게 된다.

그곳에서 그들은 나이 든 남자를 '아버지'라고 부른다. 그들의 일차적 충성심은 생부(生父)에게 있는 것이 아니라 집단에 있다는 것을 강조하기 위해서이다. 그곳에서 그들은 자기보다 나이 많은 남자의 총아로 선택된다. 그리하여 선배들에 대한 애정의 유대를 강화하고, 그 선배의 곁에서 함께 행군하면서 죽을 각오로 전투에 임하는 것이다. 거기서 그들은 가혹한 군대 생활을 가볍게 여기는 버릇을 들이는 것이다.

간단히 말해서 '공동 식사' 집단은 스파르타 청소년의 학교인 동시에 대체 가정이다. 이 남자들 집단은 그가 성년이 되면 주요한 사회적 환경을 구성한다. 그 집단의 기능은 스파르타 남자들의 명예로운 직업의 요구 사항과 일치되는 가치들을 체득하고 유지하도록 하려는 것이다. 다시 말하면, 명령에 절대 복종하는 군인을 만들어 내려는 것이다. …(중략)… 스파르타의 국가적 안녕은 이 노예화된 그리스 인들에 대한 조직적인 착취에 의존하고 있었기 때문에, 그 정치적·사회적 제도는 당연히 완고한 군국주의와 보수주의를 지향하게 되었다. 스파르타에서는 변화가 곧 위험을 의미하는 것이었다.

- 토머스 R. 마틴, 《고대 그리스의 역사》 중에서

글쓰기 이전에 생각하기

제시문은 스파르타 군사 집단에서의 생활에 대해 묘사하고 있다. 제시문의 내용 중 '논제와 관련된' 중요한 부분을 골라 내야 한다. 예컨대, 공동 식사라는 생활을 통해 스파르타의 젊은이들이 어떠한 태도를 강요받고 있는지 생각해야 한다.

중요한 점은 이들이 자신의 생각을 소신껏 말할 수 없다는 것, 그리고 명령에 절대 복종해야 했다는 것이다. 이러한 여건 하에서 비판과 토론의 문화가 형성될 수 없다는 점을 쉽게 예측할 수 있을 것이다.

생각 쓰기

어휘 다지기

스파르타

고대 그리스의 도시 국가 중 하나로, 펠로폰네소스 반도 남부 지역에 위치했다. 특히 스파르타는 군사 강국을 지향하던 도시 국가였다. 또한 스파르타는 소수의 통치자에 의해 지배되었는데, 이러한 정치 체제를 '과두정'이라고 부른다. 스파르타의 모든 구성원들은 이들 소수 통치자의 정책 결정에 적극적으로 협조해야 했다. 다른 그리스 인들은 스파르타 인들이 법을 철저하게 준수하는 태도를 칭찬했지만, 스파르타의 과두정과 강압적 제도에 대해서는 일반적으로 비판적인 생각을 갖고 있었다.

프로타고라스(?B.C. 485~?B.C. 414)

프로타고라스는 고대 그리스의 철학자들 중, 소피스트라 일컬어지는 사람들 중 한 명이다. 우선 소피스트에 대해 살펴보자. 잘 알려져 있듯이, 플라톤은 감각을 불신하고 사유를 중시했으며, 오직 사유를 통해 이데아를 탐구해야 한다는 입장을 취했다. 그러나 소피스트들은 이러한 플라톤의 입장에 대대적으로 항의하고 나섰다. 소피스트란 위와 같은 플라톤주의에 반대하며, 사변보다 감각을 중시하고, 절대적 진리의 존재에 대해 의문을 품었던 기원전 5세기 무렵의 철학자들을 일컫는다.

왜 소피스트들이 감각 경험을 중시하고 객관적 진리의 존재에 대해 의심하게 되었을까? 당시 아테네는 식민지로 삼았던 주변 지역과 경제적·문화적인 교류를 활발히 했는데, 이로 인해 철학자들 역시 타 지역의 다양한 문화와 제도 등을 체험했다. 이러한 체험을 통해 소피스트들은 각 도시 국가마다 법률과 제도, 문화 등이 다르다는 것을 알게 되었을 것이다. 따라서 그들은 법이 절대적인 것이 아니라 국가마다 다르고, 법이 시민들의 계약의 산물이라는 관점을 형성하게 되었을 것이다. 이러한 관점에서 논의를 발전시켜, 소피스트들은 사람마다 진리를 다르게 규정하기 때문에 절대적인 진리란 존재하지 않는다는 '진리 상대주의'를 제안했다.

프로타고라스 역시 위와 같은 소피스트들 중 한 명이다. 그는 남이탈리아 지역에 있는 투리오이라는 아테네 식민지에 파견되어, 그 지역의 법규를 직접 제정했다고 한다. 프로타고라스는 이러한 체험을 바탕으로, 법이 나라마다 다르고 인간에 의해 제정되는 것이니만큼 절대적인 법이란 없다고 생각했을 것이다. 이러한 생각을 자신의 철학에 적용시켜 "인간이 만물의 척도이다"라는 '인간척도설'을 주창했다. 단, 프로타고라스가 정말 절대적 진리를 부정했는지에 대해서는 논란의 여지가 있다. 여기서는 소피스트들이 대체로 진리 상대주의를 표방하면서 플라톤에 대항했고, 이러한 논쟁에 프로타고라스도 참여했다는 정도만 알아 두기로 한다.

생각 쓰기

아비투어
철학 논술

예시 답안

case 1-1 신화적 방법은 천체 현상을 신들의 마음이나 행동으로 설명한다. 예를 들어 일식 현상은 인간들의 의롭지 않은 행위를 지켜보던 신들의 노여움으로 인해 일어난 것이라고 해석한다. 또 태양이 뜨고 지는 것은 태양신인 헬리오스가 마차를 타고 하늘로 올라갔다 내려오는 것이라고 해석한다.

반면 탈레스는 일식 현상을 과학적인 시각에서 설명한다. 그는 일식 현상이 일어나는 주기가 있다고 보고, 그 주기를 밝혀냈다. 따라서 그는 자신이 정립한 원칙에 입각하여 언제 일식이 일어날지 예측할 수 있었던 것이다. 또 그는 태양이 지고 뜨는 현상을 태양이 궤도를 따라 운동하는 것으로 설명했다.

신화적 방법은 현상에 대한 원리적 탐구 없이 모든 것들을 신의 의지로 돌려 버린다. 신화적 관점에서 세계의 현상을 대할 때, 인간은 풍부한 사유 활동을 할 수 없게 된다. 왜냐하면 '모든 것은 신이 일으킨 것이다'라고 답하면 그만이기 때문이다. 반면 탈레스는 자연의 변화가 어떤 원리로 이루어지는지에 대해 사고함으로써, 그 근본 원리와 법칙을 발견하려고 노력했다. 이러한 탈레스의 방법은 이성적 사유를 통해 현상의 원리를 찾아내려고 하는 과학적 방법이라고 할 수 있다.

case 2-1 탈레스는 여러 가지 물질로 이루어진 세계를 탐구하며, 그것들을 구성한 근본 원인이 무엇인지 고민했다. 즉, 그는 현 세계가 왜 이런 모습을 띠고 있는지 물었고, 그 궁극적인 원인을 찾으려 했던 것이다. 제시문 (나)에 의하면 철학의 근본은 현상의 원인을 묻고 그 답을 찾아가는 과정, 즉 지혜를 사랑하고 태도이다. 탈레스 역시 지혜를 추구하는 면모를 보였다. 그는 현상들을 경험하면서 현상의 배후에 놓인 궁극적인 원인에 대한 물음을 던지고 그 답을 찾으려고 노력했다. 탈레스가 서양 철학의 선구자라고 불리는 이유도 여기에서 찾을 수 있다. 그는 신이 모든 것을 낳았다는 고정관념에서 벗어나, 최초로 신화 밖의 원인에 대해 고민하고 답을 내리고자 했다.

case 2-2 제시문의 필자는 시간적으로 먼저 일어난 일과 나중에 일어난 일의 인과관계에 대해 묻고 있다.

첫째, 친구들에게 다정다감하게 대했던 한 사람이 친구를 모두 잃게 된 사건이 제시되었다. 여기서 필자는 그가 거리낄 만한 행색을 하고 다녔기 때문에 친구들을 잃은 것인지, 아니면 친구들을 잃었기 때문에 거리낄 만한 행색을 하고 다니게 된 것인지 묻고 있다. 만일 그가 친구를 잃기 전부터 올바르지 못한 행색을 하고 다녔다면, 겉으로는 아무리 친절하게 대했다고 하더라도 친구들은 그를 좋게 평가하지 않았었을 것이다. 그렇다면 그가 결국 파탄 지경에 이르게 된 원인은 그를 따돌린 친구가 아니라, 가식적이었던 자기 자신이었을 것이다.

둘째, 그는 엄격한 법률이 통과된 후, 법률이 통과되기 전보다 사회 범죄가 훨씬 더 늘어나고 사람들의 비도덕적 행태가 속출하는 현상을 보여 주었다. 여기서 그는 사람들의 범죄 행위 때문에 총기 매매 금지 법안이 나온 것인지, 아니면 총기 매매 금지 법안이 사람들의 범죄 행위를 야기한 것인지 묻고 있다. 총기 매매 금지법이 나온 초기의 원인은 사람들의 범죄 행위였지만, 이후에 그 법이 사회 범죄를 더욱 증가시켰다. 결국 어떤 원인의 결과가 또 다른 결과의 원인이 될 수 있다는 것이다.

제시문의 필자가 말하고자 한 바는, 무엇이 원인이고 무엇이 결과인지는 현상들을 더 세밀히 탐구한 뒤 규정해야 한다는 점이다. 이렇게 진정한 원인이 무엇인지 묻는 태도를 가진다면 표면적으로 드러난 것만으로 성급히 원인과 결과를 진단해 버리는 오류를 범하지 않을 수 있을 것이다. 세계에 대한 보다 정확하고 합리적인 설명을 찾기 위해 스스로 문제를 제기하고 있다는 점에서, 제시문의 필자는 철학적 자세를 취하고 있다고 할 수 있다.

case 3 탈레스의 학문 활동은 순수한 지적 호기심에 연유하는 것으로서, 실리 추구라는 목적을 위한 수단이 아니었다. 물론 탈레스는 자신이 밝혀낸 과학적 지식을 다른 목적으로 사용할 수도 있었다. 예를 들어 천체 현상을 연구하여 알아낸 원리를 상업적으로 이용할 수도 있었다. 그러나 탈레스가 학문 활동에 전념했던 이유는 돈을 벌기 위해서가 아니었다. 그는 현상들의 근본 원리가 무엇인지 알아내고 싶어서 연구했던 것이다.

데모크리토스 역시 마찬가지이다. 그는 페르시아 왕국의 소유와 같은 이익을 바라지 않았다. 그는 오직 세계에 대한 원인을 밝혀내고자 하는 순수한 동기에서 학문 활동을 했다.

제시문 (다)에 의하면, 철학은 이해관계나 효용을 위한 학문이 아니다. 철학은 순수한 지적 욕구로 인해 지혜를 추구하는 학문이다. 탈레스와 데모크리토스 역시 학문하는 즐거움 자체를 위해, 그리고 알고자 하는 지적인 욕구 때문에 진리를 탐구했는데, 이것이야말로 철학적인 태도라고 할 수 있다.

case 4-1 탈레스와 데모크리토스는 현실 속에서 겪는 많은 사례들을 단지 일회적 경험에 머무르지 않게 하고 세밀히 관찰했다. 그리고 현상의 근본 원인을 찾고자 노력했다. 예를 들어 탈레스는 나일 강의 범람 원인을 바람의 방향과 그로 인한 강 흐름의 저지에서 찾았다. 또 데모크리토스는 우리가 운이라고 말하는 사건들은 사실 운이 아니라고 주장했다. 그는 운처럼 보이는 사건의 진짜 원인이 무엇인지 연구했다.

개별적 사건들을 단순히 나열하는 데에 그치는 것과 그 사건들의 인과관계를 밝혀내려고 연구하는 것에는 명백한 차이가 존재한다. 후자가 바로 탈레스와 데모크리토스의 자세였다. 이들은 경험하는 현상들을 무반성적으로 수용하지 않았고, 비판적이고 냉철한 사고를 통해 현상의 원인을 찾는 과학적인 방법을 취했다.

case 4-2 플라톤에 의하면, 우리가 그림자를 볼 수 있는 이유는 빛이 있기 때문이다. 마찬가지로 모든 것들이 존재함을 우리에게 보일 수 있는 것도 빛 때문이다. 즉 진정한 원인은 보이는 것들이 아니라, 그것을 보여 주게 하는 빛이다. 따라서 우리가 그림자에 대해 아무리 이야기해 보았자, 그것은 진실을 이야기하는 것이 아니다. 진실은 빛 자체이기 때문이다.

물론 빛 자체를 보기는 어려울 것이다. 마찬가지로 만물의 근본 원인을 제대로 찾아내기는 어려울 것이다. 그러나 플라톤은 높은 것들을 보는 훈련을 반복하고 여기에 익숙해질 것을 강조한다. 사고 훈련을 통해, 만물의 근본 원인을 탐구하는 과정이 점차 수월해질 것이라는 의미이다.

플라톤이 강조한 이러한 탐구 자세는 탈레스에게서도 찾아볼 수 있다. 탈레스는 항상 변화하는 것들을 체험했다. 그는 매일 뜨고 지는 태양과 달을 보았고, 생거나 성장했다가 쇠퇴하여 소멸하는 많은 것들을 보았다. 그런데 탈레스는 현상 너머 더 높은 곳에 있는 원인을 찾고자 했다. 즉 그는 변화하는 것들을 존재할 수 있게 하는 불변의 것을 찾고자 고민했던 것이다.

또한 탈레스가 말하는 물은 실제로 마실 수도 있고, 손을 담글 수도 있는 구체적인 물이 아니다. 물론 그는 그러한 구체적 물을 자료로 삼아 연구했지만, 오히려 그것을 넘어서려고 했다. 그는 보이는 구체적인 것들로부터 추상화된 개념을 이끌어 내었다. 즉 그는 물을 생명의 원인으로, 모든 것들을 존재하게 해 주는 근본 원인으로 규정했던 것이다.

비록 플라톤은 모든 보이는 것들의 원인을 '빛'이라고 하였고 탈레스는 만물의 원인을 '물'이라고 하였지만, 이들의 기본적인 탐구 자세는 동일하다. 왜냐하면 이들은 보이는 것들과 현상들을 일방적으로 받아들이지 않고, 그러한 현상들의 근본 원인이 무엇인지 더 높은 곳에 있는 원리와 원인을 찾기 위해 사유했기 때문이다.

case 5 탈레스는 만물을 구성하는 근본 물질을 물이라고 주장했는데, 이 주장의 이유를 다음과 같이 추론해 볼 수 있다. 첫째, 당시의 주된 산업이 농업이었기 때문에 탈레스는 물의 절대적인 가치를 깨닫게 되었을 것이다. 둘째, 모든 씨앗이 수분을 머금고 있고 모든 생물들에 물이 있다는 점을 보고, 물이 모든 것들에 포함되어 있다고 생각했을 것이다. 셋째, 생물에서 물이 빠져나가면 생물이 죽게 되는 것과 메마른 땅에서는 아무것도 자라지 못하는 것을 보고, 물이 생성과 소멸의 원인이라고 생각하게 되었을 것이다.

case 6-1 제시문 (나)는 철학의 고유한 특성으로 앎을 추구하는 부단한 탐구 과정을 지적하고 있다. 즉, 철학은 보다 더 나은 대답을 얻기 위해 계속해서 물음을 던지고 답을 찾아내고자 노력하는 학문인 것이다. 이와 같이 기존 이론에 안주하지 않고 끊임없이 진리를 추구하는 자세가 제시문 (가)에 잘 나타난다.

탈레스가 아르케를 물이라고 규정한 뒤, 아낙시만드로스는 아르케가 무한정자라고 말했고, 이어서 아낙시메네스는 아르케를 공기라고 주장했다. 그런데 이들은 단순히 자신의 아르케를 일방적으로 주장하는 데에 그치지 않았다. 이들 각각은 기존의 아르케로는 설명할 수 없는 지점을 발견하고 이에 대해 논리적으로 문제를 제기했다. 이들은 기존 이론에 대한 논박의 근거들을 제시함으로써 기존 이론을 비판하였으며, 보다 더 설득력 있는 아르케를 찾고자 노력했다. 이러한 모습에서 우리는 철학자들이 가지는 비판적인 문제의식과 앎을 추구하는 열정을 발견할 수 있다.

아낙시메네스의 이론은 이후 또 다른 철학자에 의해 논박되었을 것이라 예상할 수 있다. 그 결과, 아르케를 좀 더 합리적으로 설명할 수 있는 이론이 제시되었을 것이다. 나아가 이러한 탐구 활동은 끊임없이 계속되었을 것이다. 왜냐하면 철학은 앎을 추구하는 끊임없는 활동이지, 완전한 앎의 소유로써 종결되는 것이 아니기 때문이다.

case 6-2 제시문 (가)에서 소크라테스는 자신의 생각이 합당한지를 반드시 타인과의 대화를 통해 확인해야 한다고 말한다. 왜냐하면 타인과의 대화가 이루어질 때 비로소 올바른 행동과 말, 생각 등을 잘 이끌어 나갈 수 있기 때문이다. 예컨대, 자신이 혼자 생각할 때에는 답을 내리지 못했던 문제를 타인과 토론함으로써 해결할 수 있기 때문이다.

그런데 이러한 비판적 토론이 올바르게 이루어지려면 상대방의 주장을 존중하는 열린 자세가 필요하다. 제시문 (나)에 의하면, 자신의 생각만이 전적으로 옳다고 보고 타인의 주장을 무조건 그르다고 전제하는 것은 독선적 태도이다. 이러한 독선적 태도로는 상대방을 설득시킬 수 없을 뿐만 아니라, 자기 스스로도 발전하지 못할 것이다. 왜냐하면 그는 상대방의 말을 듣지도 않은 채 자신의 말만 하다가 돌아갈 것이므로 문답을 나누기 전과 나누고 난 뒤에 그의 생각에는 아무 변화도 없을 것이기 때문이다. 토론의 결과 자신이 틀렸고 상대방이 옳다는 사실이 드러날 수도 있으니, 항상 겸손한 마음으로 상대방의 의견에 귀 기울일 줄 알아야 하겠다.

case 7 스파르타의 청년들은 어린 나이에서부터 공동체 막사에 들어가 단체 생활을 해야 했다. 그런데 이들은 공동체의 선배들과 함께 생활하면서 자신의 의견을 자유롭게 말할 수 없었다. 이들은 오로지 집단의 선배들이 시키는 대로 천편일률적으로 행동해야 했고, 그곳에서 인정되는 가치를 일방적으로 수용해야 했다. 이러한 상황에서 스파르타의 젊은이들은 왜 그러한 가치를 준수해야 하는가라고 물을 수 없었을 것이다. 또한 스파르타 인들은 비판적 의식을 상실할 수밖에 없었을 것이다. 왜냐하면 강압적 상황에 익숙해지다 보면, 비판적으로 생각하고 문제를 제기할 수 있는 능력 자체가 퇴화되기 때문이다. 따라서 군대 문화가 발달되었던 스파르타에서는 비판과 토론의 문화가 형성되기 힘들었을 것이다.

물론 스파르타의 군대 문화는 국가의 질서를 확립시키고 시민들을 효과적으로 통제할 수는 있었을 것이다. 왜냐하면 국가의 중요한 일이 발생했을 때, 스파르타 사람들은 신속히 조직되고 단합했기 때문이다. 그럼에도 불구하고 스파르타 인들이 행복했다고 볼 수는 없다. 시민들 각자는 국가의 일들에 대해 자신의 의견을 자유롭게 개진하지 못한 채 통치자에 절대 복종해야 했기 때문이다. 이로부터 자유로운 비판과 토론의 문화가 개인의 행복과 나아가 사회의 발전에 있어서 얼마나 중요한 의미를 갖는지 알 수 있다.

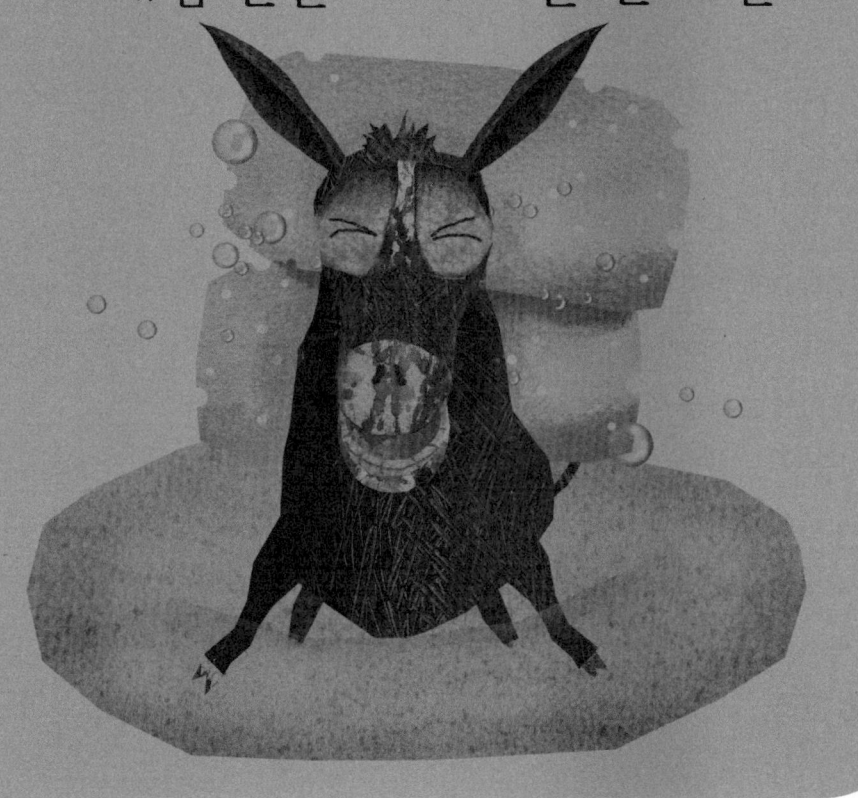

아비투어
철학 논술

대입 논술 고사 기출 문제 풀이

탈레스와 아낙시만드로스, 그리고 아낙시메네스는 각자 이전 철학자가 내놓은 이론의 한계를 지적했다. 그리고 그 한계를 해결하고 보완해 나가기 위해 자신의 고유한 이론을 제시하기에 이르렀다. 이것이 바로 철학을 비롯한 모든 학문이 전개되는 방식이다. 그런데 위와 같은 학문 활동이 이루어지기 위해서는 무엇보다도 기존 이론의 오류를 지적하는 날카로운 안목을 가져야 한다.

이를 위해 2005년 서울대 수시 모집에서 출제되었던 면접 문제를 소개한다. 다음에 제시되는 문제를 풀어 봄으로써 기존 이론의 문제점을 포착하는 연습을 해 보자. 논제 풀이를 보지 말고, 충분한 시간을 들여 고민해 보고, 이를 자기 테스트의 기회로 삼기 바란다. 처음에는 시간이 많이 걸릴 수 있으나 시간에 쫓기지 말고 문제를 꼼꼼히 읽어 보고 논리적으로 생각해 보도록 한다. 이와 유사한 문제를 통해 되풀이하여 연습하다 보면 자기도 모르는 사이에 문제를 해결하는 시간이 단축될 것이다.

다음의 논제에는 스미스 박사가 제시한 주장이 소개되었다. 논제는 이 주장의 논리적 문제를 지적하라고 요구하고 있다. 우선 논제가 요구한 대로, 박사의 주장이 가지는 오류를 지적한다. 이후 문제를 좀 더 확장시켜 스미스 박사의 주장의 한계를 극복할 수 있는 새로운 이론을 학생들 스스로 제시해 보자.

스미스 박사는 백인을 대상으로 아이큐와 유전의 관계를 조사해 보고 집단 내 개인 간 아이큐 차이의 상당 부분이 유전적 소양에 의해 초래된다는 것을 밝혀 냈다. 만일 스미스 박사가 자신의 발견을 근거로 흑인과 백인 집단 간의 아이큐 평균 차이가 상당 부분 흑백인 간 유전적 차이에 의한 것이라는 주장을 한다면 스미스 박사의 주장이 가질 수 있는 논리적 문제는 무엇인가? (가급적 그림을 이용해 설명하라.)

글쓰기 이전에 생각하기

'유전적 요인이 아이큐에 상당한 영향을 미친다' 는 견해가 가질 수 있는 논리적 문제를 '주어진 그림을 사용하여' 설명해야 한다. 문제 풀이의 관건은 다음의 두 가지이다. 첫째, 문제와 그림이 연결되는 지점을 찾아내는 것이다. 둘째, 그림이 의미하는 바를 명확히 서술해 주어야 한다는 것이다.

문제 풀이 그림은 경작하는 사람이 어떤 태도로 씨앗을 관리하느냐에 따라 경작의 결과가 달라질 수 있음을 보여 준다. 여기서 두 사람이 뿌린 씨앗은 동일했다. 따라서 경작의 초기 조건은 같았다. 그런데 한 사람은 경작에 소홀했기 때문에 밭이 황폐해졌고, 다른 한 사람은 정성껏 관리했기 때문에 좋은 결과를 얻어냈다. 이로부터 경작의 초기 조건이 같다고 하더라도, 경작하는 방식과 노력에 따라 결과가 달라질 수 있음을 알 수 있다.

　이를 스미스 박사의 결론과 연관시켜 보자. 흑인과 백인의 아이큐가 다른 원인은 유전적 원인에 있지 않고, 서로 다른 성장 과정에 있을 수 있다. 즉, 흑인 집단과 백인 집단이 아이큐에 있어 차이를 보이는 것은 이들을 돌봐주고 교육해 준 사람들의 차이 또는 교육 여건이나 사회적 여건의 차이 때문일 수 있다.

　그러나 스미스 박사는 아이큐의 차이를 초래한 다른 원인들이 존재하지 않는지 확인해 보지도 않고, 그 원인을 유전적 요인이라고 성급하게 결론지었다. 따라서 그의 주장은 타당하지 않다.

어휘 다지기

후건 긍정의 오류

후건 긍정의 오류란, 'P이면 Q이다. 그런데 Q이다. 따라서 P이다'라는 형식의 추론을 말한다. 이러한 추론은 타당하지 않다. 왜냐하면 P가 아닌 P'가 Q를 야기했을 수도 있기 때문이다.

스미스 박사의 추론이 후건 긍정의 오류에 해당한다. 우선 스미스 박사의 가설은 '유전적 원인이 아이큐의 많은 부분을 결정한다'이다. 그런데 그는 흑인 집단의 평균 아이큐와 백인 집단의 평균 아이큐를 비교해 본 후, 후자가 높았음을 확인했다. 결국 그는 '평균 아이큐의 차이는 유전적 원인에서 비롯된다'는 결론을 도출한다.

이 논리를 단순화하면 다음과 같다: '유전적으로 다르면 아이큐가 다르다. 그런데 아이큐가 다르다. 따라서 유전적으로 다르다.'

이는 전형적인 후건 긍정의 오류이다. 'P이면 Q이다'가 참이라고 해서 'P'이면 Q이다'라는 명제가 반드시 거짓이 되는 것은 아니기 때문이다. Q라는 동일한 결과를 발생시킬 수 있는 원인이 P(유전적 요인)가 아닌 P'(학습 여건 등)일 수 있기 때문이다. 따라서 스미스 박사의 추론은 타당하지 않다.

철학자가 들려주는 철학이야기 **044**

토머스 쿤이 들려주는 패러다임 이야기

저자_최지윤

고려대학교 철학과 박사 과정을 수료하였고, 어린이철학연구소 강사로 교재 집필을 했으며, 현재 대진대학교에 출강하고 있다. 저서로는 《아비투어 철학 논술: 쇼펜하우어가 들려주는 의지 이야기》《아비투어 철학 논술: 벤담이 들려주는 최대 다수의 최대 행복 이야기》《아비투어 철학 논술: 홉스가 들려주는 리바이어던 이야기》 등이 있다.

토머스 쿤을 만나다

고전 펼치기

일상에서 만나는 쿤의 패러다임

Thomas Khun

토머스 쿤을 만나다

1. 토머스 쿤은 어떤 인물일까?

토머스 쿤(Thomas Kuhn, 1922~1996)은 하버드 대학에서 박사 학위를 받았고, 여러 해 동안 프린스턴대학에서 학생들을 가르쳤으며, 죽기 전까지 MIT에 있었다. 그는 코페르니쿠스 혁명과 양자역학의 기원에 관한 중요한 역사적 연구에 기여하였다. 그의 저작인 《과학혁명의 구조》는 과학의 역사적 발전에 있어서 패러다임의 역할에 주의를 기울였다.

《과학혁명의 구조》의 서문에서 서술했듯이, 쿤은 화학자이면서 과학사에도 조예가 깊었던 모교의 제임스 코넌트 총장이 개설한 비자연과학 계열 대상의 자연과학 개론 강의를 돕게 되면서, 과학의 역사적 측면에 관하여 깊은 흥미를 느끼기 시작한다. 과학사에 대한 쿤의 관심은 1948년 하버드대학 '신진 연구원' 기간과 1951년 하버드대학 교양 과정 및 과학사의 강사와 조교수 경력을 거치면서 과학 사상의 혁명적 변화들에 대한 깊은 이해로 이어진다. 그리하여 십여 년간의 철학, 심리학, 언어학, 사회학적 분야의 폭넓은 독서와 토론을 통해 그의 과학혁명의 이론은 점차 형태를 갖추게 된다.

그의 저서인 《코페르니쿠스 혁명The Copernican Revolution》으로 학문적 역량을 널리 인정받게 된 쿤은 1956년 버클리대학으로 옮겨서 과학사(科學史) 과정의 개설을 주도하게 된다. 그리고 2년 뒤 스탠퍼드대학의 행동 과학 고등 연구 센터에서 사회과학자들과 생활한 것을 계기로 패러다임이라는 개념을 창안하기에 이른다. 그 시절 그는 사회과학자들 사이에서 그 분야의 주제나 방법의 본질에 관한 공공연한 논란이 빈번한 것에 충격을 받았다. 그리고 자연과학자들의 과학 활동에서 그런 종류의 근본적 문제들에 관한 논란이 덜하다는 사실과의 차이를 바로 과학 연구에서 패러다임의 역할이라고 인식하게 된 것이다.

'패러다임' 이란 언어 학습에서 사용되는 '모범사례(exemplar' 라는 뜻의 단어이다. 과학 지식의 발전 이론에 이 용어가 도입된 것은 어느 측면에서는 언어학의 영향을 보여 주는 셈이 다. 쿤의 견해에 따르면, 학생들이 과학 교육에서 습득하게 되는 것은 흔히 논쟁을 불러일으키게 마련인 과학적 개념의 정의라기보다는 오히려 용어들이 사용된 예들을 푸는 표준 방법들을 통해서이다. 그리고 실제 과학에서도 이를 바탕으로 전문적인 과학 연구가 수행된다는 것에 주목함으로써, '패러다임' 을 창안하게 되었다. 이런 방식으로 그에게 떠오른 패러다임이라는 개념은 그의 저서인 《과학혁명의 구조》 집필에 중심 요소가 되었고, 이에 따라 과학사를 바라보는 그의 새로운 시각이 기술되기에 이른다.

2. 쿤의 사상은 어떤 배경에서 나왔나?

합리주의자들은 학설을 통해 모든 개인의 이성 작용의 능력을 강조하였고, 과학의 성장을 개개인의 이성 작용의 산물이라고 보았다. 개개인의 과학자들의 경험에 기초한 논리적 이론이 누적되어 과학적 지식의 발전과 함께 그 지식과 그 지식이 서술하는 실재와의 대응을 점차적으로 확대시킨다고 보았던 것이다. 이러한 과학 방법론에 대한 합리주의적 해석은 과학이 점진적으로 진보한다는 자유주의적 이상을 반영하고 있었다.

과학자들은 현상들을 서술하고 설명할 때 그들 자신이 고안한 특정한 이론을 이용한다. 그런데 특정한 일련의 자료들과 정합되는 단 하나의 올바른 이론 혹은 가장 근거 있는 이론이 있다는 생각은 의문의 여지가 많다. 과학 이론의 논리적 비결정성이라는 문제를 합리주의자들은 거부하지 않는다. 오히려 그들은 자신들이 과학 이론을 다루는 방식대로 합리주의를 올바른 것이라고 보기 때문에 그것이 당면하는 문제들은 결국 해결될 것이라고 믿는다. 그러나 쿤은 과학 이론의 기반이 어떤 다른 근거 위에서 안정된 것이 아닌가 하는 의문을 제기한다. 쿤은 기존의 생산적 과학 분야에서 대부분의 기간 동안 연구 활동이 전형적으로 어떤 모습으로 진행되어 왔는가를 탐구하였다. 그리하여 일반적으로 과학적 연구가 안정된 어떤 구체적인 과학의 성과를 정밀화하고 확정시키는 데 거의 전적으로 몰두해 있다는 결론에 도달한다. 이런 종류의 안정된 업적은 단일한 과학상의 문제만을 해결하거나 조야하고 불완전하게 해결되는 데 그칠 수도 있다. 그러나 그것은 현재의 조건에 따라 선택되는 것이 아니라 미래의 전망에 따라 선택되는 것이다. 한 과학적 업적이 지닌 위력이란 실제로는 미래의 연구 활동의 근거를 제공할 수 있다는 데 있다.

쿤은 이렇듯 실질적으로 과학자들의 연구 활동이 어떻게 이루어져 왔으며, 어떻게 변화되어 왔는가에 주목하고 이전의 합리주의자들이 바라보는 과학 이론의 누적적인 발전 과정을 반박하는 자신의 연구를 발전시킨다.

3. 《과학혁명의 구조》의 핵심

몰라볼 정도로 확 바뀌는 것을 흔히 개혁 혹은 혁명이라고 한다. 정치 개혁이니 군사 혁명이니 하는 말로 '혁명'은 우리에게 익숙하다. 그런데 지식을 가장 엄밀하게 탐구하는 과학은 늘 신중하게 수행되었기 때문에 과학에서 '혁명'이란 표현은 어색해 보인다. 과학은 오랜 역사를 통해 꾸준히 완성시켜 나가는 것처럼 여겨지기 때문에 지속적으로 발전한다는 표현이 더 어울릴 것이다. 하지만 과학철학자 토머스 쿤은 과학의 발전도 하나의 체계가 조금씩 수정과 보완을 거듭하며 완성되어 가는 것이 아니라, 마치 혁명이 일어난 것처럼 전혀 다른 체계로 교체되는 과정이라고 주장한다.

기존의 과학이 여러 가지 문제를 해결하기에 모자람이 없는 동안에는 그것을 '정상 과학'이라는 이름의 진리 체계로 여기며, 정상 과학을 이루는 공통의 규칙을 비롯한 사고의 틀 전체를 '패러다임'이라고 부른다.

그런데 언제나 그랬듯이 정상 과학의 수정, 보완으로는 해결할 수 없는 새로운 문제가 발생한다. 그런 심각한 문제에 이른 상태를 '정상 과학의 위기'라고 한다. 과학이 이 위기를 벗어나 발전을 이루는 것은 패러다임을 기존의 것과는 전혀 다른 것으로 교체하여 새로운 정상 과학을 이룸으로써 가능해진다. 이렇게 바뀌는 것을 '혁명적인 과정'이라고 부른다. 과학 혁명은 한 패러다임 내의 과학이 모순으로 부글부글 끓다가 위기에 닥쳐 뉴턴이나 아인슈타인 같은 혁명가에 의해 새로운 패러다임으로 전환하는 과정이다. 그 흐름을 요약하면 다음과 같다.

옛 과학→패러다임 출현→정상 과학→위기→혁명→경쟁적 패러다임 출현→새 정상 과학

4. 쿤이 미친 영향

'패러다임' 은 토머스 쿤의 이론에 설득력을 더해 주는 핵심적 개념이다. 오늘날 이 말은 처음 생겨난 과학 이론에만 한정되지 않고 사회학, 정치학, 경제학, 언어학, 심지어는 일상생활에 이르기까지 널리 쓰이고 있다. 이전의 관습이나 제도, 방식을 단번에 깨뜨리고 급격하게 새로운 것을 세우는 현대의 모든 분야를 표현할 때 '패러다임' 이란 말을 쓴다. 현대의 학문과 사회에 대해 이야기할 때 '패러다임' 이란 말을 사용하지 않을 수 없게 되었으니, '패러다임' 이라는 말을 사용하는 것이 바로 하나의 '패러다임' 이 되었다고 볼 수도 있다.

과학사를 바라보는 쿤의 새로운 해석 방식은 과학을 누적적인 발전 과정으로 보았던 이전의 시각에 혁명을 불러일으켰으며, 과학사와 과학철학 연구자들뿐만 아니라 사회 전반적으로 엄청난 반향을 불러일으켰다. 그가 《과학혁명의 구조》라는 책을 출간한 지 얼마 지나지 않아서 쿤의 견해를 주제로 한 학회가 여러 곳에서 열렸다는 사실만으로도 그 파장이 얼마나 강력했는지를 짐작할 수 있다.

고전 펼치기

1. 패러다임

쿤에 의하면, 성숙되지 않은 과학은 경쟁하는 여러 학파들 사이에 합의가 존재하지 않는다고 한다. 그런 이유로 이런 상황에서는 각각의 연구 전통에 따라서 다양한 문제들에 대한 다양한 형태의 답이 시도된다. 그러다가 한 학파의 구성원들이 매료당할 만큼 혁신적인 답이 나왔다면 그 후부터 그 학파의 연구 방향이 전체 연구 분야를 주도하게 된다. 이때 연구할 가치가 있는 주제와 그 주제에 대한 해법이 가져야 할 특징, 표준적인 연구 방법 등을 제시해 주는 것이 바로 패러다임(paradigm)이다.

패러다임은 크게 둘로 나눌 수 있다. '모범사례(exemplar)'와 과학 연구 과정에서 배경적 믿음의 체계를 제공해 주는 '전문 분야 기반(disciplinary matrix)'이 그것이다. 모범사례는 교과서에 자주 등장하는 연습 문제나, 특정 연구 분야에서 잘 알려져 있는 고전적 문제와 그에 대한 표준적인 해법이 해당된다. 모범사례를 공부하면서 연구자들은 어떤 것들이 자신의 패러다임 하에서 풀 만한 가치가 있는 문제로 간주되는지, 어떤 형식의 답이 그러한 문제에 대한 답으로 여겨지는지를 배우게 된다. 전문 분야 기반은 한 패러다임이 가지고 있는 인식론적; 형이상학적 가정이나, 이론이 가져야 하는 바람직한 특징들(예를 들어 단순성, 생산성 등)을 포괄한다. 정리하면 어떤 과학 영역의 전문 과학자 공동체를 지배하고, 그 구성원 사이에 공유되는 '사물을 보는 방법, 문제를 삼는 방법, 문제를 푸는 방법' 의 총체를 패러다임이라고 한다.

2. 정상 과학

쿤은 정상 과학을 단일한 또는 그 이상의 과거의 과학적 업적, 즉 어떤 특정한 과학자 공동체가 그들의 앞으로의 활동을 위한 기초를 제공하는 것으로서 상당 기간 동안 인정하는 그러한 업적에 굳건히 기초해 있는 연구 활동이라고 한다. 정상 과학은 패러다임에 바탕을 둔 연구이면서 패러다임을 위해 봉사한다. 패러다임이 있기 이전의 과학은 여러 가지 학설이 분분해서 어지럽기 짝이 없다. 일단 패러다임이 확립되면 그 혼란이 정리되지만 정상 과학은 완성된 과학이라고 할 수 없다. 남은 문제들을 해결하는 일종의 소탕 작전이 필요하게 되는데, 이것이 이른바 수수께끼 풀이이다. 이것은 패러다임을 다듬고 연마하는 작업으로서 사실 수집, 기구 사용, 상수 결정, 이론의 정식화 등이 있다. 이런 과정을 통해 정상 과학은 점점 확고해진다.

　정상 과학에서 패러다임은 결코 순전히 논리적인 고려에서 인정되는 것은 아니다. 언제나 그 패러다임을 지지하는 증거가 있는가 하면, 그것에 의문을 제기하는 증거가 있게 마련이며, 그에 대한 찬성 논의가 있으면 반대 논의도 항상 그와 함께 있다. 패러다임이 연구 활동에 이용되는 것은 동의에 의한 것이지 따라야만 하는 정당성 때문은 아니다. 그리고 그 패러다임을 사용하는 연구는 그것을 가정하고 있을 뿐이지 그것을 정당화시키려 하지 않는다. 정상 과학에서 패러다임은 판단되거나 검증받지 않는다. 그것은 그 자체가 판단의 기초인 것이다. 패러다임이 이용될 때 자연에 대한 우리의 지식은 증가한다. 패러다임이 성공적으로 사용되지 못했다면 그것은 단지 과학자들의 능력이 훌륭하지 못하다거나 그들이 사용하는 기구들이 부적절하다거나 아니면 관찰이나 실험의 조건을 혼란시키는 어떤 알지 못하는 요인이 있다는 것만을 말할 수 있을 뿐이다. 패러다임은 연구 활동의 평가를 위한 규약적인 기초 역할을 하는 것이다. 정상 과학은 동의에 의존하지, 논리적인 강제에 의존하지 않는다. 지각, 실행, 판단 등에서 이루어지는 고도의 합의가 공유된 패러다임을 기초로 하는 반면 공유된 규칙들 없이도 지속될 수 있다는 사실이야말로 정상 과학을 가능하게 하는 것이다.

3. 과학혁명

어떤 단계에서 정상 과학에 이상 현상이 생기고 새로운 것이 불가피하게 나온다. 이것은 새로운 과학적 발견으로 발전한다. 이상 현상이 계속 발생하면 정상 과학의 위기가 닥치게 된다. 위기와 함께 새로운 이론들이 쏟아져 나오고 비슷한 이론들이 난립한다. 이러는 동안 이상을 좀 더 잘 설명할 수 있는 새 패러다임이 출현하고 낡은 패러다임과 경쟁을 벌인다. 경쟁하는 패러다임은 전적으로 통약 불가능, 즉 비교 불가능한 것은 아니다. 어떤 특정한 문제가 주어졌을 때, 두 패러다임은 허용될 수 있는 대답의 유형에 있어서 서로 다를 수도 있다.

이때 대안적 패러다임이 인상적인 문제 풀이의 성공 사례를 통해 유능한 학문 후속 세대를 끌어들이는 데 성공하면 새로운 정상 과학이 탄생하게 되고, 이를 '과학혁명(scientific revolution)'이라고 한다. 예를 들어 천동설로는 설명할 수 없는 지구의 공전 현상은 천동설을 개선해서 해결되는 것이 아니고, 천동설을 버리고 그와 전혀 다른 체계인 지동설을 받아들여야 해결 가능했던 것처럼 말이다. 고전역학이 양자역학으로 대체되는 과정에서 흑체복사에 대한 연구로 양자역학의 성립에 단초를 제공했으면서도, 죽을 때까지 고전역학을 지키고자 노력했던 막스 플랑크는 기존 학설인 고전역학을 지지하는 노쇠한 세대가 모두 죽고 새로운 학설인 양자역학을 지지하는 세대가 학계의 주류를 형성하는 방식으로 과학혁명이 일어났다고 이야기하곤 했다. 이런 식으로 패러다임이 교체되는 것을 그의 이름을 따서 '플랑크 원리(Planck's Principle)'라고 부른다.

과학혁명에서 중요한 점은 기존의 패러다임에 남아 있는 사람들과 새로운 패러다임에 합류하는 사람들 모두가 대부분 나름대로 근거 있는 선택을 한다는 것이다. 이는 아무리 변칙 사례가 많다고 하더라도 기존의 패러다임이 혁신적인 시도로 '재기'에 성공하는 일이 종종 가능하기 때문에, 기존 패러다임을 반드시 포기해야 하는 특정 시점이 있을 수 없기 때문이다. 주의할 것은 과거의 패러다임을 과감히 버리고 새로운 패러다임으로 교체하는 과학자들은 그것이 더 완벽하거나 합리적이어서가 아니라 새 패러다임의 미적 단순함 또는 아름다움과 같은 과학 외적인 요인에 끌렸기 때문인 경우가 많다는 사실이다. 쿤에 의하면 패러다임의 교체는 점진적이고 논리적인 선택이 아니라 오히려 종교적 '개종'과 유사하다. 따라서 과학혁명 시기에는 철학적, 제도적, 사상적 요소들이 이론 선택에 중요한 역할을 한다. 이런 이유 때문에 쿤은 과학의 합리성을 무시한 상대주의자이며, 과학 이론의 선택 과정을 비합리적인 것으로 만들어 버렸다는 비난을 받기도 한다.

4. 패러다임 사이의 통약 불가능성

쿤의 과학관의 혁신적인 특징 중 하나는 전통적인 과학관의 기본적인 믿음 중 하나인 '과학 지식의 축적적인 성장'에 타격을 가했다는 것이다. 쿤에 의하면 서로 경쟁하는 패러다임은 일반적으로 통약 불가능(incommensurate)하다. 다시 말해, 한 패러다임의 개념이나 연구 업적이 다른 패러다임으로 완전하게 번역되는 것이 불가능하며, 같은 잣대로는 두 패러다임을 비교할 수 없다는 뜻이다. 이런 특징이 나타나는 이유는 패러다임이 단순히 '주어진' 문제들을 어떻게 풀 것인가에 대한 다른 방법론만을 제시하고 있는 것이 아니라, 자연 현상을 이해하는 방식, 그런 이해에 바탕을 두고 문제를 구성하는 방식, 문제에 대한 해답의 형태 등에 대한 보다 근본적인 수준에서의 다른 믿음에 기반을 두고 있기 때문이다. 이런 이유로 서로 경쟁하는 패러다임 사이에서는, 한 패러다임에서 매우 중요하게 생각되는 문제가 다른 패러다임에서는 문제로조차 취급되지 않는 상황이 종종 발생한다.

예를 들어 병을 고치는 치료법에는 크게 두 가지가 있다. 드러난 증상을 직접 치료하는 대증 요법과 그 원인을 없애거나 개선하는 원인 요법, 실제로 공존하고 있는 이 두 가지 치료 패러다임은 같은 잣대로는 우열을 가릴 수 없다. 쿤이 든 사례를 통해 살펴보면, 근대에 들어 뉴턴의 과학 패러다임이 등장하면서 아리스토텔레스의 과학 패러다임은 사라졌지만, 두 과학 패러다임 역시 같은 잣대로는 비교할 수 없다. 뉴턴 패러다임이 '상대적으로' 우수해서 아리스토텔레스의 체계가 사라진 것이 아니고, 다만 아리스토텔레스 체계로는 해결할 수 없는 위기를 뉴턴 체계가 성공적으로 해결했던 것이다. 따라서 패러다임 간에는 합리적인 의사소통이 실질적으로 불가능하며 어느 것이 우월하다고 비교할 수도 없다.

이런 이유로 과학혁명의 시기를 거쳐서 기존의 패러다임과 새롭게 대체하는 패러다임 사이에는 그 설명 능력에 있어서 완벽하게 축적적인 관계가 성립하지 않는다. 많은 경우 기존의 패러다임이 풀 수 있었던 여러 문제들을 새로운 패러다임이 그와는 다른 방식으로 풀어내고 나아가 지금까지 있은 적 없었던 문제들까지 더 풀어내는 것이 사실이다. 하지만 기존의 패러다임에서는 풀 수 있었던 문제들을 새로운 패러다임에서는 문제로조차 인정되지 않거나 풀 수 없는 문제가 되는 상황이 일어나기도 한다.

쿤은 과학의 발전이 완벽한 진리를 향해서 한 발자국씩 접근한다는 전통적인 과학의 진보 개념을 부정하고 있다. 그래서 쿤의 철학에는 자연과학이 '자연에 존재하는' 절대 진리를 발견한다는 소박한 생각을 부정하는 상대주의적 요소가 있다고 할 수 있다. 왜냐하면 쿤은 과학자들의 연구를 결정하는 패러다임을 과학자 공동체에서 만들어낸 것이지, 자연에 실재하는 것이 아니라고 보았기 때문이다. 이런 점들 때문에 쿤의 과학관은 과학의 발전 과정을 패러다임에 의존해서만 이해할 수 있고 패러다임을 가로질러서는 이해할 수 없게 만들었다고 비판받기도 한다.

일상에서 만나는 쿤의 패러다임

1. 패러다임 전환의 사례들

① 천동설과 지동설

태양, 달, 다른 행성과 별들이 지구를 중심으로 돈다고 생각하는 천동설이 기존의 패러다임이었는데, 천동설로 설명되지 않는 연주 시차 등의 현상이 나타나자 새로운 패러다임 즉 지동설이 등장하였다. 천동설을 믿던 당시 사람들은 모두 천동설적인 사고를 했었지만, 지동설을 받아들인 혁명적인 사람들은 지구가 돈다는 것을 아무렇지 않게 받아들일 수 있었다. 지금 우리는 지동설이 옳다고 믿고 있으므로 현대는 지동설이란 패러다임으로 설명이 되는 정상 과학 단계라고 볼 수 있다.

② 고전역학과 양자역학

뉴턴역학이라 불리는 고전역학은 뉴턴이 지은 《자연철학의 수학적 원리》 즉, 《프린키피아》에서 집대성되었다. 뉴턴의 고전역학은 그동안 전혀 별개로 생각된 지표면 상의 운동과 천체의 운동을 하나의 방정식으로 통합할 수 있었다는 데 그 의의가 있다.

고전역학은 보통 우리 주변에서 볼 수 있는 거시적인 현상들을 다루는 데엔 큰 무리가 없다. 그래서 300년이 지난 지금에서도 뉴턴의 만유인력의 법칙이나 가속도의 법칙 등은 예측력이 우수하다. 심지어 뉴턴의 추종자 중 '라플라스'라는 사람은 "어떤 물체의 현재 상태가 완벽하게 알려지고 또한 그 자료를 처리할 만한 계산 능력이 주어진다면 우리는 그 물체의 미래 상태를 완벽하게 예측할 수 있다"라는 말을 하기도 한다. 이것을 바로 '라플라스의 악마'라고 부른다.

고전역학이 큰 위기를 맞이한 것은 1900년대 막스 플랑크의 흑체복사이론과 아인슈타인의 상대성이론이 등장하면서부터이다. 이중 양자역학의 포문을 연 것이 바로 흑체복사이론이다. 흑체복사란 어떤 물체를 가열하였을 때 전자기파가 발생하는 현상이다. 이때 발생하는 전자기파의 진동수에 대한 세기에 사람들이 관심을 갖게 되었다. 그중 레일리와 진스에 의해서 복사 곡선을 예측하는 방정식이 만들어진다. 이 방정식은 고전역학에 바탕을 두고 있었는데, 방정식에 의하면 자외선 지역에서는 그 세기가 무한대가

되는 이른바 '자외선파탄'에 이르게 된다. 이때 막스 플랑크는 에너지는 특정한 최소 단위의 정수배인 값만을 취할 수 있다는 개념을 바탕으로 복사곡선을 완벽히 예측하였다. 이 식이 바로 E=hf(h는 플랑크상수)이다. 고전역학의 경우 에너지는 연속적이라는 주장을 하고 있었지만, 양자역학에서는 모든 에너지는 불연속적이라고 주장하였다.

또한 아인슈타인은 '광자'라는 개념을 도입하여 광전 효과를 완벽히 설명하였다. 결국 빛 또한 입자라는 사실이 밝혀졌다. 오늘날 빛은 관측 도구에 따라서 파동과 입자 모두로 존재할 수 있다고 여겨진다.

거시적인 차원을 다룬 고전역학에 비해 양자역학은 미시적인 세계, 즉 원자의 세계에 눈을 돌린다. 특정 원소에 에너지를 가했을 때 나오는 전자기파 스펙트럼의 위치를 예측하는 방정식을 만든 사람은 바로 닐스 보어이다. 보어는 전자의 궤도는 특정 상수의 정수배만을 취한다는 생각을 기초로 해서 방정식을 유도했다. 이후 제자인 하이젠베르크는 불확정성 원리를 통해서 입자의 운동량과 속도는 동시에 정확히 측정할 수 없다는 것을 보여 주었다. 또한 슈뢰딩거는 어떠한 입자의 위치도 정확히 측정될 수 없으며 우리는 오직 입자가 그 장소에 있을 확률만을 알 수 있다는 이론을 펼쳤다. 결국 뉴턴이 고전역학에서 탄생한 모든 것을 예측할 수 있다는 라플라스의 악마는 하이젠베르크와 슈뢰딩거에 의한 모든 것은 확률로만 알 수 있다는 비결정론으로 인해 물러나게 된다.

③ 플로지스톤설과 산소 이론

'물질이 탄다는 것은 무엇인가' 이는 18세기의 화학자들의 최고 관심사였다. 이에 대해 18세기 초에 나온 이론이 보일 이후의 몇몇 학자의 생각을 종합한 플로지스톤설이다. 슈탈(Stahl, 1660~1734)은 플로지스톤을 가지고 연소, 호흡, 금속의 산화를 모두 일관성 있게 설명할 수 있었다. 이러한 슈탈의 연구는 한 세기 동안 연소에 관한 정확한 이론으로 받아들여졌다.

그러나 플로지스톤설에는 한 가지 이상한 부분이 있었고 그것이 점점 문제로 인식되기에 이르렀다. 그것은 금속이 연소할 때 질량이 증가한다는 사실이다. 화학자들은 이에 대한 연구를 거듭하였고 블랙은 플로지스톤설의 첫 공격으로 물질이 타는 과정에서 탄산가스를 발견하였다.

프리스틀리(Joseph Priestley, 1733~1804)는 산소를 발견하게 되었고 이 산소에 대한 중요성을 인식한 사람은 라부아지에(Antoine Laurent Lavoisier, 1743~1794)였다. 연소의 문제에 관해 연구를 계속해 오던 그는 가연성 물질에 플로지스톤이 들어 있다는 가설은 잘못이며 연소란 산소와 급격한 결합일 뿐임을 주장하고 나선 것이다. 그럼으로써 플로지스톤이란 신비스런 물질은 존재하지 않는 허구임이 드러났고 라부아지에의 생각은 학자들의 인정을 받게 되어 현재의 연소 이론으로 자리 잡은 것이다.

2. 생각거리

● '과학혁명' 에서 혁명이라고 불릴 만한 구체적인 이론의 교체 과정을 예로 들고, 어떤 점에서 혁명적이라고 할 수 있는지 서술하시오.

● 쿤의 '패러다임' 개념을 설명하고 이를 확장해 우리 사회의 문제들에 적용하여 예를 들어 설명하시오.

● '관찰' 과 '실험' 의 객관성을 보장할 근거가 있는지의 여부에 대한 자신의 생각을 서술하시오.

● 과학적 탐구 방법이 여타 학문에 비해 갖는 우월성이 있다고 생각하는 지에 대한 자신의 입장을 밝혀 보시오.

● '패러다임의 통약 불가능성' 이 의미하는 바가 무엇인지 구체적인 예를 들어가며 서술하시오.

논술 문제

1강_ 쿤의 과학사 탐구 방식

case 1 제시문 (가)에서 말하는 '햄버거'의 사례로부터 알 수 있는 것을 정리해 보고, 이 경우를 제시문 (나)의 경우에 적용해 본다면 어떤 식이 되어야 할지를 예측하여 서술하시오. (500자 내외)

가　　우리에게는 패스트푸드로 널리 알려져 있는 햄버거(hamburger)는 원래 독일의 항구도시 함부르크에 사는 사람을(함부르거: Hamburg+er) 의미했다. 함부르크에는 고기와 야채를 다져서 구워 먹는 독특한 방식의 스테이크가 일종의 그 도시의 토속 음식이었는데, 어쩌다 보니 우리가 흔히 햄버거 스테이크라고 부르는 그 음식이 전 세계적으로 널리 퍼지면서 원래는 함부르크 사람을 뜻하던 '함부르거'가 이 음식을 지칭하는 용어로 사용되게 되었다. 그러다가 좀 더 시간이 흘러 이 '함부르거'를 빵 사이에 다른 야채와 소스를 곁들여 끼워 먹게 되고 그 음식을 영어식으로 부르면서 현재 우리가 알고 있는 햄버거가 된 것이다.

　　자, 이제 누군가가 16세기 독일 문헌을 읽다가 'Hamburger가 토지를 구입했다'라는 문장을 발견했다고 가정해 보자. 만약 이것을 "(우리가 패스트푸드로 먹는) 햄버거가 토지를 구입했다"로 읽으면 전혀 무의미한 헛소리로 읽힐 것이고, 그 구절을 쓴 저자의 정신 상태를 의심하게 될 것이다. 하지만 이 문장을 '함부르크 시민 한 사람이 토지를 구입했다'로 읽으면 그 뜻을 명료하게 이해할 수 있게 된다.

나 　아리스토텔레스는 고대 그리스의 철학자이자 생물학자이며 물리학자이다. 아리스토 텔레스는 '진공'은 존재하지 않는다고 주장했다. 그런데 현대 실험과학자들에게 이 말은 단순 히 '헛소리'에 불과한 것으로 들린다. 현대 실험과학의 여러 분야에서 진공은 존재가 의심스럽 기는커녕 매우 익숙한 연구 대상이다.

　진공에서의 실험은 실험 상황에서 보고 싶은 현상 이외의 간섭을 줄여 주기 때문에 극저온 현상이나, 공기 중에서 잘 보이지 않는 미세한 효과를 보고 싶을 때 자주 이용된다. 그러므로 현대 과학자들에게 '진공'이 존재하지 않는다는 주장은 논란의 여지없이 경험적으로 틀린 주 장이다.

글쓰기 이전에 생각하기

　논제에서 요구하는 사항은 제시문 (가)에서의 사례가 함축하는 바를 정확히 기술하라는 것이다. 제시문 (가)에서의 사례는 우리가 흔히 고전을 접하면서 겪 게 되는 혼란이다.

　당시 그 단어가 사용되었던 맥락을 이해한다면 문장을 올바로 해석해낼 수 있 다. 제시문 (나)는 아리스토텔레스의 진공 개념에 대한 설명이다. 오늘날 과학적 상 식에 따르면 아리스토텔레스의 이론은 틀린 이론이라고 해야 할 것이다. 논제에서 요구하는 것은 이를 (가)에서의 해법처럼 적용함으로써 파악해 보라는 것이다.

즉 아리스토텔레스의 "진공은 존재하지 않는다"라는 주장에 적용하여, 이를 의미 있는 것으로 이해하기 위해서는 어떤 방식이 될 수 있는지를 예측해 보라는 요구이다.

어휘 다지기

아리스토텔레스(Aristoteles, BC 384~BC 322)
고대 그리스의 철학자이며 플라톤의 제자이다. 스승인 플라톤이 초감각적인 이데아의 세계를 존중한 것에 대해, 아리스토텔레스는 인간에게 가까운, 감각되는 자연물을 존중하고 이를 지배하는 원인들의 인식을 구하는 현실주의 입장을 취하였다. 아리스토텔레스는 리케이온의 원장으로 재직하며 교육과 강론뿐만 아니라 그의 주요 사상들을 발전시켰다. 이곳에서 여러 과학의 분류에 대한 그의 생각과 시도들, 그리고 새로운 논리학, 철학과 과학의 모든 주요 분야에 대한 그의 사상들을 펼쳐 보였다.

정합성(整合性)
'정합성'은 논리에서 쓰이는 말로 '무(無)모순성'으로 바꿔 쓸 수 있다. 다시 말해 어떤 체계나 이론의 내부에 모순이 없는 것을 뜻한다. 이론을 이루는 각 문장들끼리 모순되지 않고 그 일관성을 유지하고 있다는 뜻으로 볼 수도 있다.

생각 쓰기

2강_ 정상 과학 활동

case 2 제시문 (가)를 통해 나타난 아리스토텔레스의 사례에서 쿤의 과학사 연구 방법이 강조하는 바를 분석하시오. 또한 제시문 (나)를 참고하여 정상 과학에 이르기까지의 패러다임의 확립에 대해 서술하시오. (1000자 내외)

가 토마스 쿤은 과학사를 연구하는 데 있어 독특한 방식의 읽기를 강조한다. 쿤 자신이 아리스토텔레스의 저술을 읽는 과정에서 성립한 이 방법론은, 과거 과학자의 저술을 읽을 때 현재의 시각을 그대로 적용해서는 이해하기 어려운 경우가 많다는 문제의식에서 출발한다. 쿤은 단순히 그들이 틀렸다거나 어리석다고 평가할 것이 아니라 현재 우리가 받아들이는 체계나 이론들과 다른 방식으로 이해될 수 있다고 보았다.

예를 들어 아리스토텔레스는 "진공은 존재하지 않는다"라고 주장한다. 쿤이 보기에 아리스토텔레스에게 있어 이 주장은 단순한 '경험적' 주장이 아니다. 다시 말해서 아리스토텔레스에게 진공 개념은 그의 자연철학 전반에 걸친 다른 개념들과 연결되어 있어서, 아리스토텔레스의 철학 체계를 완전히 바꾸지 않으면 진공을 인정하기 어렵다.

아리스토텔레스의 운동이론에 따르면 운동이란 '위치'를 바꾸는 것을 말한다. 그런데 운동은 위치의 변화이므로, 운동은 공간 안에 위치를 점유하는 '상태'를 바꾸는 것을 말하는데, 이런 상태 변화는 반드시 원인이 있어야 한다. 예를 들어 지구상에서 물체를 일정한 속도로 던지면 결국에는 속도가 느려져 정지하게 되는데 이는 그 물체가 통과하는 매질의 밀도가 저항력이라는 원인으로 작용하기 때문이다. 즉, 던짐이라는 초기 원인이 물체의 초기 속도라는 결과를 가져왔다면, 매질의 밀도라는 다음 원인은 결국 정지라는 결과를 가져온 것이다.

아리스토텔레스는 물체의 속도가 매질의 밀도에 반비례한다는 공식을 정량적 분석으로 제시했다. (즉 $v \propto 1/d$:v는 물체의 속도, d는 물체가 운동하는 매질의 밀도) 그런데 진공에서는 밀도가 0이므로 속도는 무한대(1/0)가 된다. 무한대의 속도란 순식간에 무한한 거리를 갈 수 있음을 말하므로 자연 세계에서는 일어날 수 없다. 따라서 진공은 존재할 수 없다는 결론이 나온다.

게다가 아리스토텔레스의 이론에 따르면 진공은 사방팔방이 모두 균질하기 때문에 어떤 방향도 다른 방향보다 선호될 수 없으므로 위치 변화를 줄 원인이 존재할 수 없게 된다. 즉, 진공의 각각의 위치를 구별해 줄 어떤 자연적 원인도 존재하지 않고 그런 이유로 진공에서는 어떤 운동도 가능하지 않다는 결론이 이끌어진다. 그런데 어떤 운동도 가능하지 않다는 것은 불합리하므로 진공은 존재하지 않는다는 것이다.

이처럼 현대 독자들에게는 전혀 말이 안 되는 것처럼 보이거나 명백한 경험적 사실을 부정하는 듯이 보이는 과거 과학자들의 주장들도 그 주장이 포함된 이론 체계를 살펴보면 나름대로 짜임새 있게 설명될 수 있다. 이런 교훈을 얻은 토머스 쿤은 과거의 과학을 연구할 때는 현대 과학의 기준에서 과거의 과학자들이 얼마나 '맞는' 이야기를 하는가에 논의를 집중할 것이 아니라 오히려 도저히 이해할 수 없는 구절들로부터 분석을 시작하라고 권한다. 과학사를 바라보는 쿤의 '도저히 이해할 수 없는 구절을 어떻게 이해할 수 있게 만들 것인가'의 방식은 현재 과학사 연구 방법의 근본이 되었다.

나 패러다임은 전문가들 그룹이 훨씬 성공적이라는 이유로 인해 그 지위를 획득한다. 그러나 보다 성공적이라는 말은 단일한 문제에 대해서 완벽하게 성공적이라든가 또는 많은 문제에 대해서 상당히 성공적임을 의미하지 않는다. 하나의 패러다임의 성공-운동에 관한 아리스토텔레스의 해석, 행성의 위치에 대한 프톨레마이오스의 계산, 라부아지에의 천평 이용, 또는 전자기장에 대한 맥스웰의 수학화- 은 당초에는 주로 아직 불완전한 예제들에서 발견될 수 있는 성공의 약속일 따름이다. 정상 과학은 그런 약속의 실제화를 통해서 이루어지는데, 그것은 패러다임이 특히 시사적이라고 제시하는 그런 사실들에 대한 지식을 확장시키고 그런 사실들과 패러다임의 예측 사이에 일치 정도를 증진시키면서 그리고 패러다임 자체를 더욱 명료화시킴으로써 달성된다.

- 토머스 쿤, 《과학혁명의 구조》 중에서

글쓰기 이전에 생각하기

제시문 (가)에서 아리스토텔레스의 진공 개념에 대한 쿤의 읽기 방식이 강조하는 바가 무엇인지를 잘 분석해 봐야 할 것이다. 단순히 옳고 그름을 가리는 것이 아니라 쿤이 고전을 읽는 데 있어 무엇이 중요하다고 보고 있는지를 짐작해 내야 한다. 제시문 (나)에서 한 패러다임이 선택되는 과정을 나타내고 있다. 이를 통해 패러다임의 확립 과정에 대해 알 수 있는 바를 잘 분석해 내야 할 것이다.

생각 쓰기

어휘 다지기

프톨레마이오스 체계

서양에서의 우주관 연구는 플라톤과 아리스토텔레스에 의해서 집대성되었고 프톨레마이오스에 의해서 완성되게 이른다. 이는 지구는 우주의 중심에서 움직이지 않으며, 그 둘레를 달·태양·5행성(行星)이 각기 고유의 천구를 타고 공전한다고 하는 우주관이다. 그리스인의 사상은 우주를 전지전능한 자가 만들어 낸 것이라 믿었으며, 완전하기 때문에 천체는 둥글고, 고귀하기 때문에 지구는 중심을 차지하며, 조화되어 있기 때문에 운동은 등속(等速)이라고 전제했다. 이 사조는 피타고라스나 플라톤을 잇는 주류이며, 지구 구형설(球形說)이나 지구 중심설은 여기에 뿌리를 두고 있다.

맥스웰(James Clerk Maxwell, 1831~1879)

맥스웰은 영국의 물리학자로, 캐번디시연구소 개설과 함께 소장이 되었다. 그는 전자기학에서 장(場)의 개념을 집대성하는 업적을 남겼다. 패러데이의 고찰에서 출발하여 유체역학적 모델을 써서 수학적 이론을 완성하고, 유명한 전자기장의 기초 방정식인 맥스웰 방정식(전자기 방정식)을 도출하여 그것으로 전자기파의 존재를 증명했다. 전자기파의 전파 속도가 광속도와 같고, 전자기파가 횡파라는 사실도 밝힘으로써 빛의 전자기파설의 기초를 세웠다(1873). 기체의 분자 운동에 관한 연구도 그가 남긴 빛나는 업적이다. 그는 당시까지의 분자의 평균 속도 대신 분자 속도의 분포를 생각하며 속도 분포 법칙을 만들고, 그 확률적 개념을 시사함으로써 통계역학의 기초를 닦았다(맥스웰-볼츠만의 분포 법칙). 기체의 점성률에서는 분자의 평균 자유 행로의 개념을 도입하기도 하였다.

3강_ 관찰의 객관성 vs 관찰의 이론 의존성

case **3-1** 〈사례 1〉, 〈사례 2〉와 제시문 (가), (나)를 비교해 보고 과학적 지식의 바탕을 이루는 관찰의 성격에 대해 분석하시오. 그리고 이로부터 과학적 지식의 객관성에 대해 비교되는 두 가지 입장을 서술해 보시오. (500자 내외)

사례1

 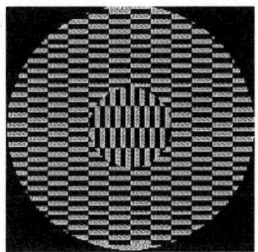

사례2　입자 물리학자는 실험 사진에서 기껏해야 예쁜 모양으로 우아하게 휘어진 여러 나선 형태만을 볼 수 있는 다른 사람들과 달리 입자 물리학자는 각각의 형태에 대응하는 소립자의 종류와 그들 사이의 상호 작용 그리고 그로부터 유추할 수 있는 중요한 실험적 함축을 읽어 낼 수 있다. 또 미생물학자는 꼬물꼬물한 반점들 사이에서 먼지와 원생동물을 구별해 내고 고생물학자는 돌에 새겨진 흔적에서 오래전에 살았던 생물들을 판별해 낸다.

과학자들은 어떻게 이런 일을 할 수 있는가? 그것은 그들이 훈련이나 연구 과정에서 기존에 받아들여지고 있는 여러 사실이나 이론의 도움을 받기 때문이다. 배경 이론과 수용된 사실을 지속적으로 적용해 봄으로써 일반인들에 대해 가지고 있는 '전문성'을 획득한다. 과학자들의 전문성이란 그들이 과학 지식을 단순히 '알고' 있다는 데 그치는 것이 아니라 그 지식을 적용하여 자연 현상을 적절하게 '관찰할' 수 있다는 데 있는 것이다.

가 자연은 목적을 가지고 모든 것을 만들었다. 그리고 인간을 만든 목적은 인간이 과학을 통해 자연을 이해하도록 하기 위해서이다. 따라서 인간이 그의 감각 기관을 통해 얻은 모든 지식과 과학이 시작에서부터 거짓이 되어야만 하도록 인간과 감각 기관이 만들어졌다고 생각하는 것은 자연과 어긋난다.

- *아리스토텔레스, 《감각 지각 이론》 중에서*

나 지각할 수 있는 대상에 대한 감각 기관의 지각은 항상 참되다. 왜냐하면 하나의 일반 법칙으로서 자연의 능력은 그 능력에 맞는 활동을 하는 경우에는 실패하지 않기 때문이다. 만일 자연의 능력이 실패한다면, 그것은 어떤 혼란이나 다른 어떤 요소 때문이다. 따라서 오직 극소수의 경우에만 감각은 적절한 대상에 대해서 정확하지 않은 판단을 내린다. 그리고 어떤 신체 기관의 결함을 통해서 정확하지 않은 판단을 내린다. 예를 들면 발열로 사람들이 아플 때는 단것도 쓴맛이 난다. 왜냐하면 혀가 잘못되었기 때문이다.

글쓰기 이전에 생각하기

제시문 (나)는 과학이, 신뢰할 수 있는 객관적인 관찰로부터 출발하고 이러한 기초로부터 과학적 지식을 구성하는 법칙과 이론을 타당하게 이끌어낸다면 그 결과로 나온 과학적 지식은 객관적인 지식임을 말하고 있다. 제시문 (가)는 (나)와 달리 과학적 지식의 객관성을 의심할 수 있게 하는 사례이다. 과학적 지식의 기초인 관찰에서 이미 관찰자의 주관이 개입될 수밖에 없고 그가 어떠한 배경 지식을 갖고 있느냐에 의존할 수밖에 없기 때문이다. 이러한 관찰의 이론 의존성은 과학적 지식의 객관성을 의심할 수 있게 한다.

어휘 다지기

토마스 아퀴나스(Thomas Aquinas, 1225~1274)

토마스 아퀴나스는 이탈리아의 로카세카에서 태어났다. 그는 처음에 나폴리대학에 입학했으나 설교 및 학문연구를 사명으로 하는 도미니코회(會)에 들어가 파리와 쾰른에서 공부해 사제(司祭)가 되었다. 1252년 파리대학 신학부에서 성서 연구를 하였고, 1257년 신학 교수가 되었다. 1259년 이후 약 10년간 이탈리아 각지에서 신학을 연구하고 가르쳤으며, 1268~1272년 재차 파리대학에서 교편을 잡은 후 나폴리로 옮겼다. 1274년 리옹 공의회(公議會)에 가던 도중 포사노바의 시토회 수도원에서 병사하였다. 그는 신학에 입문한 이후 아리스토텔레스 연구에 몰두하였다. 그러나 그의 철학은 아리스토텔레스 철학의 반복도, 전적으로 그리스도교에 중점을 둔 것도 아니며, 오히려 아우구스티누스와 안셀무스를 거쳐서 형성된 그리스도교 철학을 독창적으로 발전시킨 것이다. 그는 철저한 경험적 방법과 신학적 사변(思辨)을 양립시켰는데, 이와 같이 독자적인 종합을 가능하게 한 것은 창조(創造)의 가르침에 뿌리박은 존재(存在)의 형이상학이었다. 그는 거의 모든 학문 영역에서 비길 데 없는 종합화를 이룩함으로써 중세 사상의 완성자가 되었지만, 동시에 그가 신(神) 중심의 입장을 유지하면서도 인간의 상대적 자율(相對的自律)을 확립한 일은 곧 신앙과 신학을 배제하는 인간 중심적·세속적인 근대 사상을 낳는 운동의 기점이 되었다. 그는 엄밀한 의미에서 최초의 근대인(近代人)이며, 그 영향은 그의 이름을 붙인 학파를 훨씬 초월하여 현대 사상 전역에 미치고 있다.

가 　통찰력 깊은 어느 과학사학자는 최근 패러다임 변화에 의한 과학의 재편성에서의 고전적 사례를 고찰하면서, 그런 변화는 '지팡이의 다른 쪽 끝을 집어 올리는 것'으로서, 그것은 '똑같은 자료 더미를 이전처럼 다루되 그것들에게 종전과는 다른 테두리를 부여함으로써 서로서로 새로운 관련 체계 속에 놓이도록 함'이 포함되는 과정이라고 묘사한 바 있다. 과학적 진보의 이런 측면에 주목했던 다른 이들은 그런 변화는 시각적 게슈탈트(visual gestalt)에서의 변화와 비슷하다고 강조했다. 처음에는 한 마리의 새로 보였던 종이 위의 표시가 이제는 영양(羚羊)으로 보인다든가 또는 그 반대로 되는 것이다. 그런 비유 관계는 자칫 잘못 이해되기 쉽다. 과학자들은 어떤 사물을 다른 그 무엇으로 보지는 않는다. 오히려 과학자들은 그것을 볼 따름이다. 우리는 이미 앞에서 프리스틀리가 산소를 플로지스톤이 빠진 공기로 보았다고 말하는 것에 의해서 야기된 문제들을 몇몇 검토한 바 있다. 게다가 과학자는 보는 방식 사이에서 앞뒤로 오락가락하는 게슈탈트 피실험자의 자유를 누리지 못한다. 그럼에도 불구하고 게슈탈트 전환은, 특히 요즈음에는 매우 친숙한 까닭에, 전면적인 패러다임 변동에서 무엇이 일어나는가를 보여 주는 유용한 기본 원형이 된다.

나 　실제로 성숙된 과학의 전문가가 아닌 사람들은 패러다임이 이런 유형의 정리 작업을 얼마나 많이 처리하는가를 거의 모르는 형편이며, 그 수행에서 그런 활동이 얼마나 매력적인 것인가도 거의 느끼지 못한다. 그리고 이런 점들은 이해해야 할 필요가 있다. 마무리 작업은 대부분 과학자가 그들 생애를 통해서 종사하게 되는 일이다. 그런 것들이 바로 여기서 내가 정상 과학이라고 부르는 것을 구성한다. 역사적으로든 또는 현대의 연구 실험실에서든 간에, 자세히 잘 검토해 보면 이런 활동은 패러다임이 제공하는 미리 짜여지고 상당히 고정된 상자 속으로 자연을 밀어 넣은 시도인 것처럼 보인다. 정상 과학의 목적의 어느 부분도 현상의 새로운 종류에 대해서 환기시키려는 것은 아니다. 실제로는 그 상자에 들어맞지 않을 현상들은 전혀 보이지 않는 경우가 많다. 과학자들은 새로운 이론의 창안을 목적으로 하지도 않으며 다른 과학자들에 의해서 창안된 것을 받아들이려고도 하지 않는 것이 일반적이다. 오히려 정상 과학적 연구는 패러다임이 이미 제공한 그러한 현상과 이론을 명료화하는 것을 지향한다.

- 토머스 쿤, 《과학혁명의 구조》 중에서

다 철학에서 존재론의 주 부류를 형성해 온 실재론자들에게 세계는 인간의 정신에 의존하는 것이 아니다. 즉 인간의 정신과 독립적으로 객관적으로 존재하는 것이 세계이고 세계는 정신의 구성물이 아니다. 그래서 인간이 세계를 간주하고 규정하는 내용은 세계가 어떤 것인지에 영향을 미치지 않는다. 오히려 인간이 간주하는 내용이 세계에 의해서 결정된다. 우리가 한 대상을 나무라고 간주했는데 실은 나무가 아닌 돌이었다면 우리의 인식 내용은 오류였다고 보아야 하며, 그것이 오류임을 결정 짓는 것은 인간과 독립된 대상이다. 즉 세계가 인간의 간주함에 의존하는 것이 아니라 인간의 간주함이 세계에 의존하는 것이다.

글쓰기 이전에 생각하기

제시문 (다)에 나타난 함축이 무엇인지를 정확히 분석해야 제시문 (가), (나)를 적용해 비판적으로 검토해 볼 수 있을 것이다. (다)에서는 세계가 과연 인간의 정신에 의존하는 것인지, 아니면 인간 정신과 독립적으로 존재하는 것인지의 여부를 다루고 있다. 그리고 이에 대해 실재론적인 입장을 펼치고 있다. (가)와 (나)는 패러다임 전환과 확립된 패러다임 내에서 이루어지는 과학 활동을 다루고 있다.

생각 쓰기

어휘 다지기

게슈탈트 전환(gestalt shift)

게슈탈트라는 말은 형태나 모양을 의미하는 독일어 명사에서 유래했다. 영상 인식의 게슈탈트 이론은 독일의 심리학자 막스 베르트하이머(Max Wertheimer)가 1910년 여름 기차 여행을 하는 동안 영감을 얻어서 주장하게 된 것이다. 그는 기차의 불투명한 벽과 창문 프레임이 부분적으로 자신의 시야를 가리고 있는 데도 바깥 경치를 볼 수 있다는 것을 깨달았다. 그는 눈이 단순하게 모든 영상 자극을 받아들이고 뇌는 이러한 감각을 일관된 이미지로 정리한 것으로 결론을 내렸다. 게슈탈트 전환이란 이러한 형태 전환을 뜻한다.

실재론(實在論, realism)

인식론의 사고방식으로 의식, 주관과 독립된 객관적 존재를 인정하고 그것을 올바른 인식의 목적 또는 기준으로 삼는 입장이다. 여기서는 세계가 인간의 의식, 주관과 독립되어 존재한다는 의미로 사용되었다.

4강_ 과학 이론의 보존 vs 폐기

case **4** 다음 제시문을 살펴보고, 실제 과학 활동에서 과학 이론의 보존과 폐기 과정이 어떻게 이루어지고 있는 것인지에 대해 서술하시오. (1000자 내외)

가 태양계의 일곱 번째 행성인 천왕성의 궤도는 뉴턴역학을 연구하는 학자들을 오랫동안 괴롭혀 온 난제였다. 문제는 천왕성의 궤도가 뉴턴역학의 예측과 명백하게 어긋난다는 점이 천체 관측 기술이 발전할수록 더욱더 분명해졌던 것이다. 뉴턴도 이 사실을 알고 있었지만 당시 망원경으로는 천왕성 궤도를 충분한 정확도로 결정할 수 없었기에 측정 기술의 발전을 통해 뉴턴역학과 천왕성의 궤도가 조화로운 것으로 판명 나기를 기대해 볼 수 있었다.

하지만 19세기가 되자 그런 기대는 전혀 근거가 없다는 점이 분명해졌고, 많은 과학자들이 천왕성 궤도라는 분명한 반증 사례에 근거하여 뉴턴역학을 다른 역학 체계로 바꾸어야 한다고 주장했다. 몇몇 학자들은 두 물체 사이 거리의 제곱에 반비례하는 뉴턴의 만유인력 개념을 살짝 수정해서 두 물체 사이의 거리의 제곱보다 살짝 큰 크기에 반비례하는 인력으로 바꾸려는 시도를 해 보기도 했다. 그러나 뉴턴역학이 그때까지 이룩했던 눈부신 성공에 깊이 빠져 있었던 대다수의 물리학자들은 이런 '경험적 사실' 따위에 쉽게 항복할 수는 없었다.

그래서 1844년에 영국의 애덤스와 1846년에 프랑스의 르베리에가 각각 독립적으로 이 문제를 다음과 같은 '황당한(?)' 방법으로 해결했다. 그때까지 알려진 뉴턴역학의 예측과 천왕성의 실제 궤도 사이의 차이를 정확하게 상쇄시킬 수 있도록, 저 하늘 너머에 적당한 질량을 가진 행성 하나가 적당한 위치에 하나 존재한다고 주장했던 것이다. 물론 그러한 예측이 나오기 전까지 이런 행성은 발견되지도 않았고 그런 행성이 존재하리라는 어떤 경험적 증거도 없었다. 이 두 사람의 행동은 상식적 과학관으로 볼 때는 억지에 가까운 것이었다. 얼마 지나지 않아 이 두 사람이 예측했던 장소와 매우 가까운 곳에서 해왕성이 발견되었고 과학자들은 뉴턴역학의 승리라며 축배를 들었다.

나 과학자들은 신념을 잃기 시작하고 이어서 다른 대안을 궁리하기 시작할지 모르나, 그렇다고 해서 그들을 위기로 몰고 간 그 패러다임을 폐기하지 않는다. 다시 말해서 과학철학적 어의상으로는 그 의미가 성립되는 것임에도 불구하고, 그들은 이상 현상들을 반증 사례로 여기지는 않는다. 부분적으로 이런 일반화는 단순히 앞에서 제시한 그리고 더 넓게 이제부터 제시하려고 하는 실례에 근거하여, 역사적 사실로부터 얻어지는 서술이다. 이것들은 우리가 패러다임의 포기에 관해서 후에 검토할 내용이 보다 완전히 드러낼 것이 무엇인가를 시사한다. 일단 하나의 과학 이론이 패러다임의 위치를 확보하게 되면, 그 이론은 그 위치를 차지할 만한 다른 후보 이론이 나타난 경우에 한해서 쓸모없는 것이 된다. 과학 발전에 관한 역사적 고찰로 드러난 과정은 그 어느 것도 자연과의 직접 비교에 의해서 허위 증명을 하는 방법론적 틀을 닮은 적이 지금까지 없었다. 그렇다고 해서 과학자들이 과학 이론을 폐기하지 않는다는 것을 의미하거나, 또는 과학자들이 이론을 폐기하는 과정에 그런 경험과 실험이 필수적이지 않음을 의미하는 것은 아니다. 그러나 그것은 -궁극적으로 핵심적 요점이 될 것인데-과학자로 하여금 기존의 수용된 이론을 거부하도록 이끄는 판단의 행위가 항상 그 이론과 세계와의 비교 이상의 것에 근거를 둔다는 것을 의미한다. 하나의 패러다임을 거부하는 결단은 언제나 그와 동시에 다른 것을 수용하는 결단이 되며, 그 결정까지로 이끌어 가는 판단은 패러다임과 자연의 비교 그리고 패러다임끼리의 비교 두 가지를 포함한다.

- 토머스 쿤, 《과학혁명의 구조》 중에서

글쓰기 이전에 생각하기

제시문 (가)에 나타난 사례를 통해 실제로 과학 이론이 보존되는 과정이 어떻게 이루어지고 있는지를 살펴볼 수 있다. 반증 사례에 직면한 패러다임은 바로 폐기되는 것이 아니다. 제시문 (가)는 뉴턴역학이라는 패러다임을 수정하고 보완하면서 정상 과학으로의 안정 궤도에 올라서는 과정을 잘 나타내고 있다. 제시문 (나)에서는 이러한 과학자의 활동이 전적으로 자연 세계와의 대응 관계에 의한 객관적인 작업임을 의심하게 한다. 반증 사례를 반증 사례로 받아들이느냐의 여부는 단순히 이론 내적으로만 결정되는 것은 아님을 알 수 있다.

어휘 다지기

해왕성의 발견

허셜이 1781년 토성 궤도 밖에서 천왕성을 발견한 뒤 많은 천문학자들은 태양계 어디엔가 또 다른 행성이 존재할지도 모른다는 의문을 갖기 시작했다. 1843년 당시 23세였던 영국의 케임브리지대학에서 수학을 전공하고 있던 애덤스(Adams)는 졸업에 즈음해서 미지의 행성이 존재할 것이라고 주장을 제기했다. 애덤스는 이 미지의 행성에 관한 질량과 궤도를 계산한 결과 2년 후인 1845년 10월, 드디어 양(羊)자리 근처에 행성이 있을 거라는 확신을 얻었다. 그러나 그가 아직 알려지지 않은 어린 학생이라는 이유로 그의 의견은 영국의 왕립 천문학자들에 의해 묵살되었다. 한편 몇 달 후인 1845년 12월 프랑스에서는 과학자인 르베리에(Leverrier)가 똑같은 생각으로 계산한 결과 아담스와 같은 결론을 얻고 과학 잡지에 발표했다. 이 소식을 접한 영국의 왕립 천문학자들은 그때서야 그 문제를 심각하게 받아들여 관측에 들어갔으나 양(羊)자리에 대한 성도(星圖)가 없었다. 그래서 준비하는 동안 르베리에는 이미 독일의 베를린 천문대에 있던 갈레(Galle)에게 탐사를 요청했다. 마침 성도를 가지고 있던 갈레는 관측을 시작한 첫날인 1846년 9월 23일 밤 구름 한 점 없는 하늘에서 8등급의 별을 발견하였다. 이것은 행성이었다. 이 행성은 애덤스와 르브리에가 계산한 바로 그 자리 근처에 위치하고 있었다. 당시 경쟁 국가였던 영국과 프랑스 사이에는 이 해왕성의 발견의 공로에 대해 치열한 논쟁이 오갔지만 결국 해왕성 발견이라는 최대 업적은 애덤스와 르베리에에게 함께 돌아갔다.

case 1 과거의 문헌을 읽을 때 우리는 종종 현재 익숙한 용어들이 과거에는 미세하게라도 다른 의미나 뉘앙스를 가질 수 있다는 것을 알 수 있다. 제시문 (가)의 사례는 일상적인 용어를 다루고 있으므로 그 뜻을 파악하기 위해 과거에 그 단어가 어떻게 사용되었는지 맥락을 읽어 내야 한다. 그런데 그런 경우를 과학자들의 저술에서 발견했을 때, 어떻게 설명해야 할까? 일단 제시문 (나)처럼 그 과학자의 저술이 틀렸다고 보지 않는다면 당시 맥락에서는 옳은 사용이었다고 생각하고, 그것을 설명할 수 있는 다른 방법론을 찾아야 할 것이다. 아리스토텔레스의 이론도 아마 당시에는 통용되었던 과학 이론이었을 것이다. 즉 아리스토텔레스의 체계 안에서 '진공'이란 개념이 어떻게 사용되고 있고, 어떻게 정합적으로 지지될 수 있는가를 따져 봄으로써 아리스토텔레스의 진공 개념이 단순히 틀린 이론이 아니라 그의 체계 내에서 이해될 수 있는 이론임을 밝힐 수 있다.

case 2 제시문 (가)에 따르면 '진공은 없다'라는 아리스토텔레스의 진공 개념은 그의 자연철학적 이론 체계들의 귀결이다. 즉 아리스토텔레스의 여타 운동 이론을 받아들인다면 그로부터 진공은 없다는 것이 도출된다. 과학사를 연구할 때, 즉 과거 과학을 연구할 때 쿤이 강조하는 것은 단순히 현대적 관점에서 그들의 이론을 '맞다, 틀리다'라고 평가할 것이 아니라 오히려 '도저히 이해할 수 없는 구절을 어떻게 이해할 수 있게 만들 것인가' 하는 것이다. 그리고 이것이 과학사를 연구하는 올바른 방법론이라고 주장하고 있다.

제시문 (나)는 정상 과학 활동에 이르기까지 패러다임이 확립되는 과정을 나타내고 있다. 이는 쿤이 분석한 실제 과학사 내의 과학 이론의 성장 과정이다. '퍼즐-풀이 활동'이라고 규정하는 정상 과학 기간에 패러다임의 적용은 그것이 적용되는 현상을 만족스럽게 설명하는 한 흔들리지 않고 지속된다. 그러나 이러한 정상 과학에 다다르기까지 패러다임은 여타 경쟁하는 패러다임 사이에서 수정과 보완을 거치며 확장적인 성장을 해 왔다. 대안적 패러다임이 이전의 패러다임이 처한 위기를 성공적으로 해결하고, 인상적인 문제 풀이의 성공 사례를 통해 유능한 학문 후속 세대를 끌어들이는 데 성공하면 새로운 정상 과학이 탄생하게 되는 것이다.

case 3-1 과학적 지식은 우리 외부 세계에 객관적으로 존재하는 사실들에 대한 지식이다. 과학은 이런 사실들을 관찰과 실험을 통해 밝혀낸다. 이런 점에서 관찰과 실험은 과학적 지식을 구성하는 토대라고 할 수 있다. 과학적 지식의 기초이자 토대인 관찰의 객관성 여부는 과학적 지식의 객관성을 결정하는 요소 중 하나이다. 오늘날 우리가 과학적 지식을 신뢰하고 과학에 권위를 부여할 수 있는 이유는 과학적 지식이 주관적이거나 편견에서 비롯된 것이 아니라 객관적인 지식이라는 생각 때문이다. 이런 점에서 과학적 지식의 객관성 여부를 따져보는 것은 큰 의의가 있다. 제시문 (나)를 통해 '사실과 감각은 직접 입증할 수 있는 세계에 속한 것이다. 사실과 감각을 관찰과 실험을 통해 입증한다. 관찰과 실험을 통해 입증된 토대로부터 타당하게 법칙과 이론을 이끌어 낸 것이 과학적 지식이다. 따라서 과학적 지식은 객관적 지식이다' 라는 논증을 구성할 수 있다. 반면 〈사례 1〉과 〈사례 2〉는 관찰자의 관점과 배경 지식에 따라 관찰 결과가 달라진다는 것을 보여 준다. 이로 볼 때 과학적 지식의 기초를 구성하는 관찰의 객관성이 보장될 수 없으므로 과학적 지식의 객관성을 주장하기 어렵다.

case 3-2 제시문 (다)에 따르면 전통적인 실재론자들의 입장에서 세계는 인간의 정신에 의존해서 구성되는 것이 아니라 인간 정신과 독립적으로 실재한다. 그런데 (가)와 (나)를 통해 알 수 있는 것은 과학자들은 자신들이 속한 패러다임이 제공하는 미리 짜여지고 상당히 고정된 상자 속으로 자연을 밀어 넣는 시도를 한다. 특정 패러다임으로 바라보는 세계는 특정 패러다임의 틀 안에서 구성된 세계임을 뜻하는 것이다. (가)와 (나)의 내용을 통해 세계가 관찰자인 인간의 정신과 독립해서 실재한다기보다는 그러한 인간 정신에 의존적으로 구성된다는 것을 알 수 있다.

case 4 과학자가 실험실에서 행하는 조작과 측정들은 경험에서 '주어지는 것' 이라기보다는 '공들여서 수집한 것' 이다. 그것들은 과학자가 보는 그 무엇이 아니다. 적어도 그의 연구가 상당한 수준으로 진전되고 그의 주의가 초점을 맞추기 전까지는 그렇지 못하다. 오히려 그것들은 보다 기본적인 지각 작용의 의미에 대한 구체적인 지표들이며, 수용된 패러다임의 유익한 정련화의 기회를 기약한다는 이유에 의해서만 정상 연구의 엄밀한 탐사 대상으로 선정된다. 조작과 측정은 부분적으로 그것들을 유도하는 직관적 경험에 비하여 훨씬 더 패러다임에 의해서 결정되는 정도가 두드러진다.

　제시문 (가)에서는 반증을 받는 과학 이론을 포기할 것인가, 아니면 그 이론을 지킬 것인가의 여부에서 오히려 대담한 추측을 하고, 이론을 지켜내는 성공 사례를 보여 주고 있다. 제시문 (나)는 이러한 과정이 관찰과 실험이라는 객관적인 방법을 통해 이루어지는 것이 아님을 보여 주고 있다. 사실 과학자가 실험실에서 행하는 조작과 측정들은 경험에서 '주어지는 것'이라기보다는 '공들여서 수집한 것'이다. 과학은 가능한 실험 조작을 모두 취급하지는 않는다. 실제에서 과학은 하나의 패러다임을 그 패러다임이 부분적으로 결정지어 준 직관적 경험에 병치시키는 데에 의미 있는 조작과 측정을 선별한다. 그 결과 상이한 패러다임을 신봉하는 과학자들은 서로 다른 구체적인 실험 조작들을 수행한다.

Abitur

철학자가 들려주는 철학이야기 045

박지원이 들려주는 이용후생 이야기

저자_박현정
전남대학교 국어국문학과를 졸업하고 조선대학교 교육대학원에서 석사 학위를 받았다. 일산에 있는 대화중학교 교사로 재직하고 있으며, 저서로는 《중학 교과서 속 논술》이 있다.

연암 박지원의 사상

朴趾源

연암을 만나다

1. 왜 이용후생인가

실학은 조선 사회의 총체적 모순을 해결하고자 했다. 그중 가장 큰 문제는 빈곤이었다. 두 차례의 전쟁을 치르면서 백성의 살림은 곤궁할 대로 곤궁해졌다. 당장 먹고사는 문제가 가장 시급했기 때문에, 실학자들은 책상 앞에서 책을 읽고 도리를 논하기보다 우선 경제를 일으켜야 한다고 주장했다. 그들은 경제 발전의 밑거름으로 상공업의 진흥을 주장했다. 그들의 개혁은 상상 속에서 만들어진 이상적이기만 한 개혁이 아니었다. 실제로 청에서 보고 들은 것을 바탕으로 한 것이었다. 선진 기술과 높은 생산력으로 백성들의 살림이 넉넉하고 경제 활동이 활성화되며 문화가 발달하는 청의 모습을 보고, 조선 사회도 그렇게 되기를 바랐던 것이다.

연암의 경제관은 '이용후생(利用厚生)'으로 설명된다. 그에 따르면, 이용(利用)이 있은 후에 후생(厚生)이 있고 후생이 된 후에 정덕(正德)이 있다. 백성들에게 이롭게 쓰일 수 있는 유익한 물자의 생산이 넉넉하게 이루어지면 백성들의 생활이 윤택해질 것이요, 그 연후에 마음이 풍요로워지고 도덕이 바로잡는다는 논리이다.

당시 유학자임에도 불구하고 도덕성을 중요시하는 학문보다 경제를 우선적으로 추구할 수밖에 없었던 이유는 조선 경제의 취약성 때문이었다. 상공업이나 기술을 천시하는 풍조가 수백 년 지속되는 동안 백성의 살림은 늘 어려웠다. 관념과 명분에 빠져서 놀고먹는 양반, 설상가상으로 나라의 환곡을 갚지 않는 지배 계층, 단돈 만 냥으로도 한두 가지 물품쯤은 거뜬히 매점할 수 있는 취약한 경제 구조, 수레 하나 제대로 다닐 수 없는 유통 인프라의 미비 등 당시의 조선 사회는 많은 문제점을 가지고 있었다. 따라서 무엇보다도 우선 경제가 발전해야만 했다.

그리하여 연암은 경제 발전의 근본으로 상공업의 진흥을 주장했으며 기술 개발을 위해 청의 선진 문물을 도입할 것을 역설했다. 그리고 백성들이 골고루 잘사는 사회를 만들기 위해서는 생산된 물자가 골고루 분배되어야 한다고 주장했다. 그래서 연암은 토지 소유의 상한 규제를 통해 빈부 격차를 감소하려는 한전론(限田論)을 주장했다.

연암이 주장한 개혁의 목표는 모든 백성이 이용과 후생을 함께 누리는 세상을 건설하기 위함이었다. 사농공상이 모두 행복한 삶을 누리는, 도덕이 바로 선 복지 국가의 건설을 꿈꾸었던 것이다. 연암은 발달된 기술과 탄탄한 경제를 통해 백성의 살림을 넉넉하게 해서 도덕을 바로잡고자 했던 것이지 경제 규모의 양적인 성장만을 추구했던 것은 아니다.

2. 북학론의 사상적 근거

왜 청을 본받아야 하는가에 대한 답은 아주 간단하다. 조선 사회의 발전에 도움이 되기 때문이다. 청은 어떤 제도나 문화라도 그것이 백성에게 이롭고 국가에 유용할 때에는 주저 없이 받아들였다. 연암은 청의 문물과 함께 그런 태도를 배우자고 주장하였다. 그러한 열린 사상과 자세가 청의 부강을 가져왔다고 믿었기 때문이었다.

오랑캐라고 부르는 오늘의 청조는 무엇이든 중국의 이익이 될 만하고 그것으로써 오래 누릴 수 있는 일인 줄 알기만 할 때는 억지로 빼앗아 와서라도 이를 지켜냈고 만약 본래부터 있던 좋은 제도가 백성에게 이롭고 국가에 유용할 때에는 비록 그 법이 오랑캐로부터 나왔다손 치더라도 주저 없이 이것을 그대로 이용하고 있다. 더구나 삼대 이래 현명한 제왕들의 법도와 역대 국가들이 가졌던 고유한 원칙들이야 말할 것도 없다.

옛날 성인이 《춘추》를 지을 때는 그 본의가 중화를 떠받들고 오랑캐를 배척함에 있을지언정, 나는 아직 오랑캐가 중국을 손아귀에 넣었다고 분개하여 중국의 제도로써 숭상할 만한 알맹이까지 아울러 배척하라는 《춘추》를 보지 못했다. 지금 사람들이 참으로 오랑캐를 배척하려거든 중국의 발달된 법제를 알뜰하게 배울 것이요, 자기 나라의 무던 습속을 바꿔 밭 갈고 누에 치고 질그릇 굽고 쇠 녹이는 야장이 일을 비롯하여 공업을 고루 보급하고 장사의 혜택을 넓게 하는 데 이르기까지 모두가 배우지 않을 것이 없을 것이다. 다른 사람이 열 가지를 배울 때에 이녁은 백 가지를 배워 무엇보다도 먼저 우리나라 백성들에게 이익을 주어야만 할 것이다. 우리나라 백성들의 튼튼한 준비 앞에 저들의 굳센 갑옷과 날카로운 병장기가 맥을 쓰지 못하게 될 때야만 비로소 종국에는 볼 만한 것이 없다고 장담하는 것이 옳을 것이다.

- 박지원, 《열하일기》 중에서

연암은 쓸모없어 보이는 깨진 기와도 여러 모로 이용되고 냄새나는 똥마저도 거름으로 유용하게 쓰이는 청의 모습을 가히 장관이라고 칭송하였다. 탁자 위에 술병이 놓인 질서와 외양간, 돼지우리뿐만 아니라 거름 더미까지 일정한 법식을 가지고 그림같이 정갈하게 늘어서 있는 청의 모습을 보면서 청이 오랑캐라고 불리기는 하지만 그들의 제도와 문물은 조선의 것보다 훨씬 더 우수하고 실용적이라고 감탄하였다. 그렇다면 그들에게 배워야 하지 않겠는가.

오랑캐에게도 배울 것이 있다면 배워야 한다는 북학론이 설득력을 얻기 위해서는 중국과 조선, 그리고 오랑캐에 우열을 가렸던 사상을 버려야 했다. 그리고 사람이 모두 본연지성의 측면에서 동일하다는 명제를 받아들여야 했다. 사람과 사람이 모두 하늘이 내린 동일한 존재라면 중화(중국)와 소중화(조선)와 오랑캐(청)가 모두 같다는 이론이 성립되는 것이다. 그것은 이전의 조선 사회가 가지고 있었던 중화사상과 정면으로 충돌하였다.

조선은 명을 대국으로 섬겼으며 청을 오랑캐로 멸시했다. 그리고 그 오랑캐의 나라가 명을 몰아냈으므로 대의명분을 지키기 위해 북벌을 해야 한다고 목소리를 높였다. 그러나 연암은 민족 간의 우열을 가리지 않고 모두 동등하다는 입장에 서 있었다. 그렇기 때문에 청을 오랑캐라고 무조건 비하하지 않고 그들에게서 배울 점이 있다면 적극적으로 배워야 한다고 주장했다.

어휘 다지기

중화 사상(中華思想)
중국 한족(漢族)이 자기 민족을 세상의 중심이라고 생각했던 사상으로, 중국을 대국(大國)으로 섬겼던 조선에까지 퍼져 있었다. 따라서 조선은 스스로를 소중화(小中華)라 하고 나머지를 오랑캐라 비하하였다.

교과서 속에서 만난 연암

1. 중학교 《국사》

중상학파는 상공업 진흥론과 함께 청의 발달한 문물을 받아들일 것을 주장하였으므로 북학파라고도 불렸다. 이들 중에서 유수원, 홍대용, 박지원, 박제가 등이 특히 유명하였다.

중상학파는 그들 스스로 보고 들은 청 문화의 우수성을 인식하고, 조선의 현실을 개혁하기 위해서는 청의 문화를 먼저 배워야 한다고 주장하였다. 이들의 주장에서 주목을 끄는 것은 현실의 개혁에 대한 강한 의욕이었다. 그러므로 그들의 저서에는 당시의 양반 사회에 대한 통렬한 비판도 담겨 있었다.

특히 이들은 상공업의 발전을 중시하여 기술 개발로 생산력을 높이는 한편, 수레나 배와 같은 교통 수단을 발전시켜 상품의 유통을 원활하게 함으로써 국가를 부강하게 할 수 있다고 생각하였다.

- 교육인적자원부, 중학교 《국사》

중상학파의 주장

중국이 재산이 풍족하고 한곳에 지체되지 않으며 고루고루 유통되는 것은 모두 수레를 쓴 이익이다. …(중략)… 영남 어린이들은 새우젓을 모르고, 관동 백성들은 아가위를 절여서 잘 대신 쓰며, 서북 사람들은 감과 감자의 맛을 분간하지 못하며, 바닷가 사람들은 새우나 정어리를 거름으로 밭에 내건만 서울에서는 한 움큼에 한 품을 하니, 이렇게 귀함을 무슨 까닭일까? …(중략)…

이것은 오로지 멀리 운반할 힘이 없기 때문이다. 사방이 겨우 몇천 리밖에 안 되는 나중학교 국사 교과서에는 '조선 사회의 변동' 이라는 단원에 연암이 나온다. 붕당정치의 전개 과정과 영조가 탕평책을 실시한 목적이 무엇인가를 탐구하면서 실학자들이 어떤 사상을 추구하였나 하는 문제로 논의가 진행된다. 교과서에서는 실학이 대두한 배경으로 성리학에 대한 반성과 정치 사회적인 혼란을 들었다. 경세치용학파와 이용후생학파를 중상학파와 중농학파로 비교하면서 사회 현실을 개혁하려는 실학자들의 관심과 비판 의식이

어휘 다지기

박제가의 우물론

연암과 박제가는 모두 북학 사상을 대표하는 실학자들이다.

박제가는 재물을 샘에 비유하였다. 샘은 퍼내면 계속 차오르고 버려두면 말라 버린다. 비단 옷을 입는 사람이 있어야 비단을 짜는 사람이 필요하고, 수공업자가 기교를 숭상하지 않아서 도야하지 않으면 기예도 망해 버린다. 그러면 농사도 황폐해져서 결국 모든 백성이 곤궁하게 된다. 박제가의 주장은 소비를 장려하여 물자의 생산성을 높이고 기술의 개발을 촉진하여 경제가 원활하게 이루어지기를 강조한 이론이다.

역사, 지리, 언어, 풍속 등 국학 전반에 대한 연구로 확대되었다고 설명한다.

중학교《국사》교과서에서는 조선 후기 사회가 안고 있는 문제를 개선하기 위한 여러 가지 방안을 제시한 실학 사상가의 하나로 연암을 들었다. 앞서 제시된《열하일기》의 한 부분은 유통의 중요성을 역설한 부분이다. 연암은 다양하게 개발되어 유용하게 쓰이는 청나라의 수레를 매우 부러워하였고 조선 경제가 취약한 이유는 유통 구조의 미비라고 지적하였다.《허생전》에서 허생이 몇 가지 물품을 매점매석하는 행위를 통해 전체 시장을 마비시킬 수 있었던 것도 유통 구조의 취약성 때문이다. 나라 안의 교류가 활발할 때 백성의 살림이 나아진다는 생각이다. 이것은 같은 북학파에 속한 박제가의 우물론과 더불어 당시 상공업의 진흥으로 봉건 사회의 모순을 해결하고자 했던 획기적인 방안이었다.

2. 중학교《국어》

일찍이 나는 문을 닫고 누운 채, 그 소리를 다른 소리들에 비기어 들은 적이 있다. 솔숲에 바람이 불 때에 나는 듯하는 소리, 이것은 청아(淸雅)한 듯하다고 생각하면서 들은 것이다. 산이 갈라지고 언덕이 무너지는 듯하는 소리, 이것은 격분(激奮)해 있는 듯하다고 생각하면서 들은 것이다. 뭇 개구리들이 다투어 우는 듯하는 소리, 이것은 교만(驕慢)

한 듯하다고 생각하면서 들은 것이다. 수많은 축(筑)이 번갈아 울어 대는 듯하는 소리, 이 것은 성나 있는 듯하다고 생각하면서 들은 것이다. 순식간에 천둥 번개가 치는 듯하는 소리, 이것은 놀란 듯하다고 생각하면서 들은 것이다. 약한 불과 센 불에 찻물이 끓는 듯 하는 소리, 이것은 운치(韻致) 있는 듯하다고 생각하면서 들은 것이다. 거문고가 낮고 높 은 가락으로 잘 어울려 나는 듯하는 소리, 이것은 슬픈 듯하다고 생각하면서 들은 것이 다. 종이로 바른 창문(窓門)에서 바람이 우는 듯하는 소리, 이것은 뭔가 회의(懷疑)하는 듯 하다고 생각하면서 들은 것이다. 그러나 이것은 모두 소리를 제대로 들은 것이 아니라, 다만 마음속에 물소리가 어떻다고 생각하느냐에 따라 귀에서 소리를 만들어낸 것일 따 름이다.

박지원, 〈일야구도하기〉

- 교육인적자원부, 중학교 《국어》 3-2

〈일야구도하기(一夜九渡河記)〉는 '작가의 개성' 이라는 단원에 보충 심화 텍스트로 제시되었다. 성격과 취미는 물론, 개인의 성품과 기호, 인생관에 이르기까지 글쓴이의 개성을 가장 잘 드러내는 수필들을 통해 작가의 생각 이나 느낌, 가치관을 배우는 단원이다.

《열하일기》에 실려 있는 이 글은 강물 소리란 사람이 그것을 어떻게 듣느 냐에 따라 달라진다는 논의로 시작된다. 강물 소리가 놀란 듯, 성난 듯, 애원 하는 듯, 고함치는 듯, 물귀신이 놀리는 듯, 이무기들이 사람을 낚아채려고 애쓰는 듯 다양하게 들리는 것은 사람의 마음이 다르기 때문이다. 즉 강물 소리는 하나이되 듣는 사람에 따라 달리 들린다. 청아하다고 생각하면서 들으면 솔숲에 바람이 불 때 나는 소리처럼 들리고 무엇인가 회의(懷疑)하는 듯하다고 생각하면서 들으면 종이로 바른 창문에서 바람이 우는 소리처럼 들린다. 마음과 귀에서, 즉 듣는 사람 내부에서 소리를 만들어낸다.

낮에 강을 건너면 눈이 위험한 광경을 보는 데만 쏠려 강물 소리가 들리지 않는다. 그러나 밤에 강을 건너면 아무것도 보이지 않으므로 오직 청각에만 마음이 쏠려 강물 소리가 무시무시하게 들린다. 그러므로 귀와 눈에 구애되지 않고 마음을 다스린다면 강물 소리의 두려움에서 벗어날 수 있다.

이 글은 서로 상반되는 인간의 모습을 제시한다. 그 하나는 외물(外物)에 매인 사람이다. 이들은 눈과 보이고 귀에 들리는 외적인 것에만 관심이 팔려 본질을 알지 못한다. 눈에 보이는 대로 귀에 들리는 대로 믿으며, 그것이 진실이라고 생각한다. 크게 들리면 무서운 것이라 생각하고 들리지 않으면 흐르지 않는다고 생각한다. 또 다른 하나는 외물에 초연한 사람이다. 이들은 외물에 구애받지 않고 본질적인 자리에 서 있다. 마음으로 귀와 눈을 다스려 강물에 한번 떨어져도 상관없다고 각오하면 강물 소리가 들리지 않는다. 귀와 눈을 다스리고 마음을 차분히 다스릴 줄 아는 사람이다.

두 사람의 모습 중 우리가 추구해야 하는 삶의 모습은 어떤 것일까? 외물에 현혹되지 않는 삶의 자세가 바로 연암이 우리에게 권하는 삶의 모습이다. 이목에 구애됨이 없이 초연하게 마음을 다스리는 일이란 삶을 다스리는 자세이다.

사물을 이해하고 받아들이는 관점은 사람이 마음먹기에 달려 있다. 마음을 잘 다스리면 두려움이 없어진다. 사물의 외면에만 집착하면 본질을 파악하기가 어렵다. 외물은 사람의 판단을 흐리게 하므로 마음을 다스리는 일이 가장 중요하다.

3. 중학교 《사회》

글공부만 하던 가난한 선비 허생은 돈을 벌어 오라는 아내의 성화에 견디지 못해 마침내 책을 덮고 집을 나섰습니다. 그는 한양에서 제일가는 부자로 알려진 변씨라는 사람을 찾아가 돈 1만 냥을 빌린 다음 유기 시장으로 이름난 안성으로 향했습니다. 안성은 예로부터 경기도와 충청도의 온갖 상품들이 집결되는 곳으로서, 시장이 제법 크게 서는 곳이었습니다. 허생은 안성에 가자마자 제사를 지내는 데 꼭 필요한 밤, 대추, 배 등을 남들보다 두 배의 값을 쳐 주고 몽땅 사들였습니다. 그러나 나라 안에서는 제사 용품이 모두 다 사라져 버렸다고 난리가 났습니다. 전통적인 유교 관습으로 살아 왔던 그 당시는 제사를 잘 지내는 것이 후손들의 으뜸가는 도리였기 때문에 허생은 두 배의 값을 지불하고 사들였던 밤, 대추, 배를 무려 열 배의 값을 받고 되팔 수 있었습니다.

허생은 이번에는 그 돈으로 칼, 포목, 괭이 등을 사들인 후 조랑말이 많은 제주로 건너가서 그것들을 비싸게 되팔았습니다. 돈을 모은 허생은 제주도 조랑말의 갈기와 말총을 닥치는 대로 사들였습니다. 조선 시대에는 갈기나 망건을 만들어 머리에 둘렀기 때문에 선비들에게 망건은 하나의 생활필수품이었습니다. 허생이 말총과 망건을 다 사들이자 그 값이 열 배 이상으로 폭등하고 말았습니다.

이렇게 해서 허생은 1만 냥으로 시작하여 수천 배로 재산을 불릴 수 있었습니다.

- 중학교 《사회》 3

중학교 《사회》 교과서 속 '시장 경제의 이해'라는 대단원에 연암의 《허생전》이 제시되고 있다.

경제 활동의 주체는 기업뿐 아니라 가계, 정부도 포함된다. 기업은 낮은 비용을 들여 물건을 생산해서 높은 가격에 팔아 이윤을 얻으려고 한다. 반면 가계는 적은 비용으로 더 큰 만족을 얻고자 한다. 정부는 기업의 이윤 중 일정 부분을 세금으로 거두어 국가 기간산업에 투자하고 국민의 삶의 질을 향상시키는 사회 복지에 환원한다.

자유 시장 경제는 이러한 경제 주체들이 상호 작용하는 과정에서 서로 경쟁하게 된다. 아담 스미스는 '보이지 않는 손'이라 하여 수요 공급에 따라 자연스럽게 가격이 결정되고 시장 경제가 자유롭게 발전한다고 했지만, 실제로는 불공정한 거래가 나타나기도 한다.

그 대표적인 예가 《허생전》에 나타나는 독점이다. 독점이란 하나의 공급자가 시장을 독점하고 있어서 가격이나 생산량을 마음대로 결정해 소비자에게 피해를 주는 행위를 말한다. 앞서 제시된 허생의 상행위가 바로 독점에 해당된다. 제사에 필요한 물품을 모두 사들여 독점하고 후에 비싼 가격으로 되파는 것이다. 독점과 비슷한 예로 과점이 있는데 과점이란 몇 개의 공급자가 전체 시장을 점유하는 것을 의미한다. 이런 경우 생산자는 막대한 이윤을 얻을 수 있겠지만 소비자는 그만큼 불이익을 당한다.

시장을 지배하고 있는 소수의 기업들이 서로 담합을 함으로써 경쟁을 회피하는 행위도 대표적인 불공정 거래의 사례이다. 담합이란 소수의 기업들이 서로 경쟁을 피하고 공동으로 생산량을 감축하거나 가격의 인상을 꾀하는 것이다. 최근 문제가 되고 있는 교복 값 고가 논란, 아파트 부녀회에서 아파트 값 올리기 경쟁 등이 이런 불공정 행위에 해당된다.

결국 자유 시장 경제 체제에서 사회적인 혼란과 갈등을 막고 원활한 경제 활동이 이루어지기 위해서는 위와 같은 불공정 행위에 대한 법적인 규제가 필요하다. 또 과도한 사익을 추구하지 않고 정당하게 이윤을 얻고 만족을 얻으려는 공정한 경쟁 질서 의식이 요구된다.

4. 고등학교 《윤리와 사상》

16세기 중엽 이후, 조선 사회는 임진왜란과 병자호란을 겪으면서 쇠퇴의 길을 걷기 시작하였고, 이에 따라 사회 전반에 걸쳐 개혁과 반성의 소리가 다양하게 터져 나왔다. 모름지기 모든 학문은 민중의 실생활에 도움을 줄 수 있는 현실적이고 실질적인 문제를 대상으로 해야 하고 구체적인 성과를 거둘 수 있어야 한다는 사회적 분위기가 대두되었고, 그 속에서 공리공론으로 흐른 당시 조선의 학문적 풍토에 대한 반성이 요구되었다. 이울러 청(淸)나라 고증학(考證學)의 영향과 서학(西學)과 같은 서구 문물의 유입 등은 근대 지향적이고 사회 개혁적인 경향을 가진 실학(實學)을 낳게 하는 배경이 되었다. 이러한 실학사상은 전개된 양상에 따라서 경세치용(經世致用)과 이용후생(利用厚生) 그리고 실사구시(實事求是)의 경향을 띠게 되었다.

- 교육인적자원부, 고등학교 《윤리와 사상》

우리가 마땅히 지키고 따라야 할 윤리 사상의 뿌리를 알기 위해서는 먼저 윤리와 사상의 흐름과 특징을 알아야 한다. 동양 윤리와 한국 윤리, 서양 윤리는 각각 그 시대의 생활양식 속에서 발전해 왔다. 현대의 세계 윤리는 그 연장선상에 서 있다.

현대 사회의 한국인에게 필요한 규범과 덕목들을 설정하기 위해서는 전통 윤리에 대한 이해가 필요하다. 전통 윤리의 연원은 토속 신앙과 단군의 건국에서 찾는다. 전통 윤리의 전개는 동양 윤리의 근간인 유교, 불교, 도교의 전개와 그 맥을 같이한다.

그중 유교 윤리의 전개 과정에 연암이 있다. 민중의 실생활과는 유리되어 공리공론을 일삼던 성리학에 대한 반성에서 출발한 실학은 민중의 실생활에 도움을 줄 수 있는 실질적이고 현실적인 문제에 관심을 둔다. 학문이 현실에 발을 딛지 못하고 도움이 될 수 없다면 그것은 학문으로서의 가치가 없다. 성리학이 도를 논하고 이기를 논하던 관념적인 철학에서 벗어나, 점차 백성들의 현실적인 삶을 돌보고 사회 문제에 적극적으로 개입하려는 현실적인 철학으로 전환되는 과정에 연암이 있다.

기출 문제 속에서 만난 연암

1. 차이와 다름을 인정하라

2002년 부산대학교 논술 시험에서는 21세기 지구촌의 모습에 대한 논제가 출제된다. 러시아의 흉작이 아프리카의 기아를 유발하고 북아메리카의 경기 침체가 아시아의 일자리를 줄어들게 만든다. 반면, 동아시아의 경제가 활력을 띠면 미국의 고용에 활기를 불어넣는다. 이것은 나라 간의 교류가 활발해지면서 하나의 지구촌이 형성된 현대 사회의 단면이다. 마치 도미노처럼 줄줄이 쓰러질 수도 있고 반대로 서로에게 시너지 효과를 창출해낼 수도 있는 사회가 열리게 되었다. 결국 현대 사회는 서로 간의 조화와 협력을 통해 안정과 발전을 꾀하지 않을 수 없게 되었다.

이런 시대에 연암의 사상이 어떤 도움을 줄 수 있을까. 이 논제에서는 연암의 《능양시집서菱陽詩集序》를 열쇠로 제시하였다.

본 것이 적은 사람, 즉 그른 가치관에 빠져 있는 사람은 한 가지라도 자신의 소견과 다르면 그것을 부정한다. 차이와 다양성을 인정하지 않는 것이다. 까마귀는 물론 검다. 하지만 햇빛이 비치면 그것은 황금빛이나 연한 녹색으로도 보일 수 있으며 자줏빛, 비취색으로 얼마든지 변화한다. 사람들이 까마귀는 무조건 검다고 확정해 버림으로써 까마귀의 다양한 빛은 순식간에 사라져 버린다. 사람들이 자신의 마음으로 무엇을 결정한 것이지 애초부터 사물에 결정된 것은 없다. 그것은 다양하게 제 가치를 발휘할 수 있다.

현대 사회의 상호 의존성이 점점 증가하면서 세계화되면 다원화와도 걸음을 같이한다. 즉 개인이나 사회에 영향을 미치는 제도적 혹은 의식적 근원이 다양해진다. 따라서 세계화될수록 무엇도 고정되거나 일정한 것은 없다.

사물을 보는 올바른 관점이란 각각의 가치와 개성을 인정하는 태도이다. 그러므로 선입견에 얽매이거나 편견을 두지 말아야 한다. 세계가 하나 되어 서로 협력하고 공조 체제를 구축해야 하는 현대 사회에서 편견과 선입견을 버리는 열린 마음이 서로의 발전을 가져올 수 있다. 대립과 갈등의 관계를 넘어서서 우애와 협력의 세계로 나아가기 위해서는 무엇보다도 서로를 인정하고 존중하는 태도가 필수적이다.

어휘 다지기

도미노 이론
한 나라가 공산화되면 다른 나라도 공산화된다는 이론에서 나온 말로 어떤 하나의 사태가 원인이 되어 주변에 잇따라 비슷한 사태를 불러일으키며 확산되는 현상을 말한다.

시너지 효과
상승 효과로 하나의 기능이 다중으로 이용되는 현상을 말한다.

2. 인류의 역사와 문화의 발전

2007년 서강대학교 모집에 출제된 수시 논술 문제에는 연암의 《예덕선생전》이 제시되었다. 《장자》의 일부와 비교하여 공통적으로 나타나는 삶의 태도 또는 사유의 방식이 인류의 역사와 문화 발전에 어떤 기여를 할 수 있는가를 묻는 논제였다.

《예덕선생전》에서의 예덕선생이란 마을 안의 똥을 치는 엄행수를 지칭한다. 엄행수는 비록 하는 일은 비천해 보이지만 남에게 욕먹는 일 없고 글이나 음악에 관심을 두지 않으며 그저 타고난 분수대로 즐겁게 살아가는 인물이다. 그러나 제 할 일을 게을리하는 법이 없으며 그의 똥을 가져다 써야 땅이 비옥해지고 수확이 많아진다. 반반하고 소매 넓은 옷이 자신의 일에는 오히려 거추장스럽기만 하다는 엄행수. 이처럼 각자 자신의 할 일을 제대로 하는 것이 역사와 문화 발전의 밑거름이 된다는 이야기이다.

인류는 다양한 인간이 서로 도움을 주고받으면서 발전한다. 자신이 맡은 일에 최선을 다하고 넘치지 않는 삶의 태도를 지닌 채 살아갈 때 서로 의롭게 조화하면서 문화를 발전시킨다.

1강_ 역사와 인간

돌을 사용하던 인류가 청동을 사용하게 되고 그보다 더 진보한 철을 사용하게 되는 과정에는 어떤 힘이 있었을까. 문자를 창안한 사람들은 무슨 생각으로 문자를 만들었을까.

인류는 변화를 추구하는 사람들에 의해 발전되어 왔다. 불평등 사회의 모순을 거부하고 혁명을 통해 시민의 권리를 되찾은 사건이나 생산 기술이 비약적으로 발전한 산업 혁명은 사회 구조 전반을 바꾸어 놓았다. 컴퓨터와 인터넷의 발명은 전 세계를 하나의 네트워크로 묶어 주는 글로벌 패러다임을 가능하게 하였다.

이렇게 인류의 역사는 수세기를 걸쳐 발전을 거듭해 왔고 현대 사회는 보다 빠르게 변화하고 있다. 과연 인류의 역사를 발전시킨 원동력은 무엇이었을까.

Case 1 다음 제시문 (가)에서 말하는 두 가지 인간형을 찾아 비교하고 (가)의 관점에서 볼 때 (나)의 연암은 어떤 인간형에 속하는지 논술하시오. (800자 내외)

가 당신은 기억할 것입니다. 세상 사람을 현명한 사람과 어리석은 사람으로 분류할 수 있다고 당신이 먼저 말했습니다. 현명한 사람은 자기를 세상에 잘 맞추는 사람인 반면에, 어리석은 사람은 그야말로 어리석게도 세상을 자기에게 맞추려고 하는 사람이라고 했습니다.

그러나 역설적이게도 세상은 이런 어리석은 사람들의 우직함 때문에 조금씩 더 나은 것으로 변화해 간다는 사실을 잊지 말아야 한다고 생각합니다. 우직한 어리석음, 그것이 곧 지혜와 현명함의 바탕이고 내용입니다.

'편안함', 그것도 경계해야 할 대상이기는 마찬가지입니다. 편안함은 흐르지 않는 강물이기 때문입니다. '불편함'은 흐르는 강물입니다. 흐르는 강물은 수많은 소리와 풍경을 그 속에 담고 있는 추억의 물이며, 어딘가를 희망하는 잠들지 않는 물입니다.

당신은 평강 공주의 삶이 남편의 입신(立身)이라는 가부장적 한계를 뛰어넘지 못한 것이라고 하였습니다만, 산다는 것은 살리는 것입니다. 살림(生)입니다. 그리고 당신은 자신이 공주가 아니기 때문에 평강 공주가 될 수 없다고 하지만, 살림이란 '뜻의 살림'입니다. 세속적 성취와는 상관없는 것이기도 합니다. 그런 점에서, 나는 평강 공주의 이야기는 한 여인의 사랑의 메시지가 아니라, 그것을 뛰어넘은 '삶의 메시지'라고 생각합니다.

- 교육인적자원부, 중학교 《국어》 3-2

나 문체반정(文體反正)이란 도(道)가 없는 신식 문체(文體)를 도(道)가 있는 옛 문체로 바꾸자는 운동이다. 정조(正祖)는 고문의 엄격한 틀에서 벗어난 소품문이 유행하는 세태를 바로잡고자 시험을 포함한 사대부 계층의 글쓰기 전반에 대해 옛 문체로 되돌아가야 한다고 주장했다.

그러나 연암은 고문을 화석화되어 버린 옛말과 경험을 답습하는 것이라 폄하하고 참다운 문학이란 시대와 경험에 충실한 것이라고 주장했다. 중세적 봉건 사회의 질서가 무너지고 서민 의식이 성장하는 과정에서 봉건 사회의 모순과 평민의 풍부한 삶의 모습을 사실적으로 담는 것이 참다운 문학이라 여긴 것이다. 《양반전》이나 《호질》에는 지배층의 무능과 허위에 대한 신랄한 풍자가 담겨 있으며 이는 변화하는 시대의 가치를 반영한다. 《광문자전》《예덕선생전》《마장전》등은 평범하거나 천대받는 인물을 주인공으로 내세워 새롭고 다양한 인간형을 제시하였다. 연암의 문학은 봉건 문화에서 벗어나 근대 문화로의 첫발을 내딛은 일대 사건이라 할 수 있다.

생각 쓰기

2강_ 시장 경제의 질서

시장 경제의 원리는 수요와 공급에 의해 자동적으로 가격이 결정된다. 따라서 국가의 개입을 최소화하고 자유롭게 시장이 형성되어 원활하게 재화가 소통됨으로써 그 기능을 다하게 된다. 그러나 수요자와 공급자가 최대의 이익을 얻으려는 과정에서 갖가지 불공정한 일들이 일어난다.

case 2 다음 제시문에 나타난 상행위의 문제점을 찾아 '시장 경제의 올바른 경쟁 질서'에 대해 논술하시오. (800자 내외)

가 허생은 만 냥을 입수하자, 다시 자기 집에 들르지도 않고 바로 안성(安城)으로 내려갔다. 안성은 경기도, 충청도 사람들이 마주치는 곳이요, 삼남(三南)의 길목이기 때문이다. 거기서 대추, 밤, 감, 배며 석류, 귤, 유자 등속의 과일을 모조리 두 배의 값으로 사들였다. 허생이 과일을 몽땅 쓸었기 때문에 온 나라가 잔치나 제사를 못 지낼 형편에 이르렀다. 얼마 안 가서, 허생에게 두 배의 값으로 과일을 팔았던 상인들이 도리어 열 배의 값을 주고 사 가게 되었다. 허생은 길게 한숨을 내쉬었다.

"만 냥으로 온갖 과일의 값을 좌우했으니, 우리나라의 형편을 알 만하구나."

그는 다시 칼, 호미, 포목 따위를 가지고 제주도(濟州道)에 건너가서 말총을 죄다 사들이면서 말했다.

"몇 해 지나면 나라 안의 사람들이 머리를 싸매지 못할 것이다."

허생이 이렇게 말하고 얼마 안 가서 과연 망건 값이 열 배로 뛰어올랐다.

- 교육인적자원부, 고등학교 《국어 (하)》

나 김포 슈퍼와 형제 슈퍼에도 울긋불긋 과일전이 흐드러졌다. 김 반장이 차를 빌려 서울까지 원정 나가서 도매로 들여온 물건이었다. 가격은 싱싱 청과물을 기준으로 하여 정해졌다. 싱싱 쪽에서 사과 상품 한 상자를 15,000원에 판다면 그들은 14,000원에 금을 매겼다. 깎으려고 드는 손님들도 그냥 돌려보내지 않고 한껏 금을 내려 주었다. 구정 선물용으로 대개 상자째 팔려 나가는 때였다. 그것뿐이 아니었다. 싱싱에서 물건을 흥정하는 손님이 있으면 김 반장은 어디서 구해 왔는지 뻑뻑거리는 핸드마이크를 쳐들고 훼방을 놓았다.

"과일 바겐세일입니다. 조생귤이 있습니다. 산지에서 금방 올라온 맛좋은 부사 사과를 파격적인 가격으로 판매합니다. 자, 과일 바겐세일!"

어휘 다지기

연암이 말하는 경제 주체로서 국가의 역할

연암의 아들인 박종채가 쓴 《과정록過庭錄》에는 연암의 경제 철학 중 국가의 역할에 대한 부분이 있다.

'상인이란 싼 곳의 물건을 가져와 비싼 곳에다 파는 존재이며 백성과 나라가 그 도움을 받고 있다. 그런데 관에서 사사로이 조정을 한다면 상인이 제 기능을 충분히 발휘하지 못한다.'

이는 경제 활동에 국가의 개입이 최소화되어야 한다는 자유 시장 경제의 원칙과 일치한다.

어떤 때에는 김포 슈터를 선전해 주기도 하였다.

"과일 세일합니다. 사과, 배, 귤, 모두 세일합니다. 저쪽 김포 슈퍼로 가시든가 여기로 오시든가 마음대로 하세요. 몽땅 세일합니다요."

싱싱 청과물 사내가 김반장을 좇아간 것은 당연한 일이었다. 하지만 싸움은 초반부터 싱싱 청과물 사내가 불리한 쪽에 있었다. 생각 없이 대뜸 내뱉은 첫말이 당장 김 반장의 공격 망에 걸려 버린 것이다. 나이가 어리다 하여 만만히 여기고 다짜고짜 말을 놓은 게 실수였다. 싱싱 청과물 사내가 말꼬리를 붙잡혀서 정작 장사를 훼방한 것에 대해서는 따질 기회도 얻지 못한 채 전전긍긍하고 있을 때, 경호 아버지가 싸움에 끼어들었다. 이때다 싶었던지, 몰리고 있던 싱싱 청과물 사내가 버럭 소리를 질렀다.

"당신들말야, 왜 어깃장을 놓아? 가격이야 뻔한데 본전치기로 넘기면서 남의 장사 망쳐 놓는 속셈이 대관절 무엇이야? 엉! 왜 못살게들 굴어?"

경호 아버지도 어름하게 물러서지는 않았다.

"싸게 사서 싸게 파는 것도 죄요? 원 별소릴 다 듣겠네."

- 교육인적자원부, 중학교 《국어》 3-1

3강_ 조화로운 삶

알루미늄이나 마그네슘은 가볍다는 장점 외엔 너무 물렁물렁하여 일상 생활에서 사용하기 힘들다. 그런데 그 물렁한 금속에 다른 금속을 섞어 합금을 만들면 상황이 달라진다. 가볍다는 장점에다가 다른 금속 못지않은 강도를 지녀서 자동차나 오토바이의 바퀴나 비행기 몸체를 만드는 데 유용하게 사용된다. 이처럼 세상은 서로 다른 다양한 개체가 존재하며 그들이 서로 조화를 이루고 살아간다.

case 3 다음 제시문을 통해 사물을 보는 올바른 태도에 대해 논술하시오. (600자 내외)

가 본 바가 적은 자는 백로를 가지고 까마귀를 비웃고, 오리를 가지고 학을 위태롭게 여긴다. 사물은 절로 괴이할 것이 없건만 자기가 공연히 화를 내고, 한 가지만 같지 않아도 온통 만물을 의심한다.

아! 저 까마귀를 보면 깃털이 그보다 더 검은 것은 없다. 그러나 홀연 유금(乳金)빛으로 무리지고, 다시 석록(石綠)빛으로 반짝인다. 해가 비치면 자줏빛이 떠오르고, 눈이 어른어른하더니 비췻빛이 된다. 그렇다면 내가 비록 푸른 까마귀라고 말해도 괜찮고, 다시 붉은 까마귀라고 말해도 또한 괜찮을 것이다. 저가 본디 정해진 빛이 없는데, 내가 눈으로 먼저 정해 버린다. 어찌 그 눈으로 정하는 것뿐이리오. 보지 않고도 그 마음으로 미리 정해 버린다.

- 박지원, 《능양시집서》 중에서

 프로크루스테스(Procrustes)의 침대

  고대 그리스의 아티카라는 곳에 프로크루스테스라는 이상한 도둑이 살고 있었다. 이 도둑은 나그네를 붙잡으면 자신의 소굴로 끌고 가서 침대에 눕힌다. 나그네의 키가 침대 길이보다 작으면 잡아당겨 늘이고, 침대 길이보다 크면 밖으로 나온 머리와 다리를 자르는 방법으로 죽였다. 그러다가 침대와 길이가 똑같은 테세우스가 나타나서 프로크루스테스를 똑같은 방법으로 죽였다. 이후로 사람들은, 어떤 절대적 기준을 정해 놓고 모든 것을 억지로 거기에 맞추려 하는 것을 '프로크루스테스의 침대' 또는 '프로크루스테스의 체계'라고 부르고 있다.

- 교육인적자원부, 중학교 《도덕》 1

다 오늘날 왼손잡이에 대하여 연구한 학자들 대부분은, 왼손잡이는 유전적인 요인에 의하여 결정되고 형성되며 특히 뇌의 발달이나 구조와 밀접한 관계가 있다고 말하고 있습니다. 그리고 어느 한쪽을 선호하는 현상은 인간에게만 나타나는 현상이 아니며, 식물이나 동물에서도 찾아볼 수 있는 일반적인 현상이라고 설명하고 있습니다. 예를 들어 나팔꽃 중에는 시계 방향으로 줄기를 꼬는 것도 있고 반시계 방향으로 줄기를 꼬는 것도 있으며, 침팬지 등의 유인원도 그들 몸의 한쪽을 다른 쪽보다 선호한다고 합니다.

- 교육인적자원부, 초등학교 《국어》 6-1

라 벚꽃 지는 걸 보니

푸른 솔이 좋아

푸른 솔 좋아하다 보니

벚꽃마저 좋아

　　　　　- 교육인적자원부, 중학교 《국어》 1-1

생각 쓰기

4강_ 토지 제도의 개혁

330, 831, 1115, 111, 131. 이 숫자들이 의미하는 것은 무엇일까. 이것은 하루가 다르게 변화하는 부동산 문제를 해결하고자 정부가 내놓은 대책들이다. 부동산 문제를 해결하기 위해 애쓰는 이유는 소득의 재분배와 빈부 격차를 줄여서 복지 국가를 건설하기 위함이다. 그러나 해결의 기미는 아직도 보이지 않고 있다. 이에 대해 조선 시대 실학자들의 토지 개혁론은 어떤 실마리를 제공할 수 있을까?

case 4 유형원의 균전론(均田論), 이익의 한전론(限田論), 정약용의 여전론(閭田論)과 정전론(井田論), 박지원의 한전론(限田論)은 각각의 실학자들이 주장한 토지 개혁론을 말한다. 다음 제시문을 읽고 부동산 문제의 해결 방안에 대하여 논술하시오. (1000자 내외)

가 유형원의 균전론

토지는 천하의 큰 근본이다. 큰 근본이 확립되면 온갖 법도가 따라서 잘되어 하나라도 마땅하지 않은 것이 없다. 만일 큰 근본이 문란해지면, 온갖 법도가 따라서 문란해져 하나라도 마땅한 것이 없을 것이다. …(중략)… 무릇 백 보를 1무라 하고, 백 무를 1경이라 하고, 4경을 1전이라 한다. 동부 1명 당 농지 1경을 받게 하고 법규에 따라 세금을 받으며, 농지 4경 당 병사 1명을 내게 한다. 선비로서 처음으로 지방 학교에 입학한 자에게는 농지 2경을 주고, 사학(四學)에 입학한 제에게는 농지 4경을 주고 병역을 면제한다.

관리로서 관직에 있을 때는 9품 이상 7품까지는 6경씩 주고, 품계가 높아질수록 1경씩 더해 주어 정2품이면 12경을 주고 병역을 면제한다. …(중략)… 토지를 받은 자가 죽으면 토지를 국가에 반납하되, 자손이 물려받을 수 있는 자는 당연히 그 토지를 받고, 남은 토지는 타인이 받게 한다.

유형원, 《반계수록》 중에서

- 교육인적자원부 《국사》 참조

 이익의 한전론

내가 일찍이 깊은 생각 끝에 한 방법을 얻었는데 …(중략)… 우선 국가에서 한 집의 살림을 요량하는 것이 마땅하다. 전지 몇 마지기를 한정하여 한 호(戶)의 영업전으로 만들어 당의 조세 제도와 같이한다. 많은 자의 것을 줄이거나 빼앗지 말고, 모자라는 자에게도 더 주지 않는다. 돈이 있어 사고자 하는 자는 천백 결이라도 다 허가하며, 전지가 많아 팔고자 하는 자도 역시 영업전 몇 마지기 이외에는 모두 허가한다. 과(過)해도 팔기를 원하지 않은 자는 강요하지 말며, 모자라도 사지 못하는 자는 독촉하지 않는다. 오직 영업전 몇 마지기 이내에서 매매하는 자가 있으면 여러 곳을 살펴 산 자에게는 남의 영업전을 빼앗은 죄로 다스리고, 판 자에게도 역시 몰래 판 죄로 다스린다. 산 자에게는 산 값을 논하지 말고 전지를 되돌려 주도록 하며, 또 전주는 자신이 관아에 고하여 면죄한 다음 자기의 전지를 되찾도록 한다.

모든 전지를 매매할 때에는 반드시 관에 알린 다음 흥정하며, 관가에서도 역시 토지문서를 상고한 다음 문권을 만들어 교부한다. …(중략)… 이와 같이 하면 균전의 제도도 점차 완성될 것이다. 빈호(貧戸)는 당장 살림이 다 없어지는 걱정을 면하게 될 것이니 참으로 좋아할 것이며, 부호도 비록 파산은 했을망정 영업전은 그대로 있게 되니 뒷일을 걱정하는 부자 역시 좋아할 것이다. 이와 같이 하면 시행하기도 쉬울뿐더러 반드시 효과도 있을 것이다.

- 이익, 《성호집》 중에서

 박지원의 한전론

오늘날 조상으로부터 물려받은 땅을 능히 지켜 타인에게 팔아먹지 않는 사람은 얼마 되지 않고, 매년 토지를 팔아먹는 사람이 열에 일곱 여덟 정도가 됩니다. 이로 보아 재산을 모아 토지 소유를 증대시켜 가는 자의 수효도 알 만합니다.

만약 "모년 모월 모일 이후 제한된 면적을 초과해 있는 자는 더 이상 소유할 수 없다. 이 법령이 시행되기 이전부터 소유한 것에 대해서는 불문에 붙이고, 자손에게 분배해 주는 것은 허락한다. 사실대로 고하지 않고 숨기거나 법령 공포 이후 제한을 넘어 토지를 소유한 사람은 백성이 적발하면 그 토지를 백성에게 주고, 관에서 적발하면 몰수한다"라고 법령을 세워 보십시오. 이렇게 한다면 수십 년이 못 가서 전국의 토지 소유는 균등하게 될 것입니다.

- 박지원, 《연암집》 중에서

정약용의 여전론(閭田論)

정약용은 《전론》에서 여전제를 주장한다. 여전제는 토지 소유의 불평등을 유발하는 토지 사유를 우선 부정한다. 토지의 국유화를 원칙으로 하고 30가구를 1여(閭)로 하여 공동으로 노동하고 공동으로 경작한다. 그리고 투입된 노동력을 기준으로 생산물을 나눈다. 이러한 여전론은 실효를 거두게 하기 위해서 여내(閭內) 농민의 자유로운 이동을 보장하고 그동안 관직에 나아가지 않으면서 농사도 짓지 않는, 즉 아무것도 하지 않았던 선비들에게 실생활에 필요한 직업으로의 전환을 유도하고자 했다. 여전론은 토지의 공동 소유와 공동 경작을 통해 평등 사회를 희망하였고 일하는 만큼 가져가는 상대적 평등을 실현하려는 의지의 표현이었다.

어휘 다지기

조선의 토지 제도 변천

조선 초기의 토지 제도는 과전법(科田法)이다. 과전법 시행시 전직 관리에게도 토지가 지급되었고 원칙적으로 세습은 불가하였다. 그러나 세습이 가능한 공신전이 많아지고 수신전이나 휼양전, 명목으로 토지의 세습이 빈번해지면서 갈수록 토지가 부족해졌다. 그리하여 15세기 후반 세조의 의해 직전법(職田法)이 실시되었는데, 이것은 현직 관리에게만 지급되었다. 그러나 토지 사유의 욕구가 확대되고 농민에 대한 수탈이 강화되어 성종 대에 이르러 관수관습제(官收官給制)라 하여 국가가 수조권(세금을 거둘 권리)을 대행하게 되었다. 이것은 국가의 토지 지배권을 강화하는 제도로 양반들의 토지 사유 욕구가 더욱 확대되는 결과를 낳았다. 지주들이 농장을 확대하면서 자작농이 몰락하고 지주전호제가 확산되었다. 명종은 직전법을 폐지하고 관리에게 토지가 아닌 녹봉만을 지급하는 녹봉제를 도입하였다. 결국 지주전호제가 일반화되고 토지 소유권에 입각한 토지 제도가 정착하였다.

생각 쓰기

아비투어
철학 논술

case 1   제시문 (가)에서 제시한 두 가지 인간형은 '현명한 사람' 과 '어리석은 사람' 이다. 여기서 말하는 현명한 사람은 자기를 세상에 잘 맞추는 사람을 의미한다. 현실과 타협하여 사회가 바라는 대로 자신을 꿰맞추는 사람이다. 그런 사람은 세속적인 가치를 추구하기 때문에 편안한 삶을 살 수 있다. 그러나 마치 흐르지 않는 강물처럼 고정되어 있어서 발전을 기대하기는 어렵다.

반대로 어리석은 사람은 세상을 자기에게 맞춘다. 기존의 질서와 타협하지 않고 자신이 옳다고 생각하고 주장하는 대로 삶을 영위한다. 그런 삶은 불편하다. 하지만 그것은 불편함을 이겨내고 흐르는 강물처럼 발전하고 진보한다.

역사는 어떤 사람에 의해 발전할까. 역사는 '어리석은 사람' 에 의해 발전해 왔다. 봉건 사회의 지배층으로서 편안한 삶에 안주하기만을 바랐다면, 또는 피지배층으로서 그저 자신의 신분을 숙명처럼 받아들이고 묵묵히 주어진 일만 수행했다면 오늘날과 같은 평등 사회는 도래하지 않았을 것이다. 목숨을 걸고 투쟁하고 싸워서 이겼기 때문에 시민으로서의 권리를 얻게 되었다. 마찬가지로 집에서 하는 간단한 수공업을 통해 물건을 소량으로 만들고 그것으로 돈을 벌어 생계를 이어나갔다면 그저 그런 삶의 모습에 안주할 수밖에 없었을 것이다. 그러나 어떻게든 새로운 기계를 만들고 시행착오를 겪으면서 실험하고 또 실험하는 노력의 과정에서 인류는 산업 혁명이라는 위대한 발전을 가져왔다. 이처럼 인류의 역사는 안정과 편안함을 거부하고 변화와 발전을 추구하는 사람이 만들어간다.

제시문 (가)에 비추어 보면 제시문 (나)의 연암은 당시 사회의 질서를 거부하고 스스로 불편함을 택한 어리석은 사람이다. 당시 사회에서 글을 쓰려면 고문을 그대로 따라서 답습해야 했다. 그래야 좋은 글로 인정을 받았다. 그러나 연암은 도리를 논하는 고문을 거부하고 현실 사회의 모습을 사실적으로 그리는 소설 등의 소품문들을 창작하였다. 정조(正朝)는 그런 연암의 태도를 꾸짖고 반성하는 글을 올리게 하였다. 나라의 녹을 먹는 신하된 자로서 임금의 꾸짖음을 받는다는 것은 자칫 목숨이 날아갈 수도 있는 위험한 일이었다. 그러나 연암은 그런 불편함을 감수하고 자신의 가치관대로 새로운 글쓰기를 계속하였다.

그 결과 연암의 문학은 봉건 사회의 문학에서 한 걸음 더 나아간 근대 문학으로의 발판이 되었다.

연암의 예에서 볼 수 있는 것처럼 기존의 세상이 긍정하는 가치만을 쫓는다면 발전은 없다. 자신이 의미 있다고 생각하는 새로운 가치가 있다면 불편하더라도 우직하게 노력해야 역사를 발전시켜 나갈 수 있다.

case 2 현대 사회는 자유 시장 경제를 원칙으로 한다. 공급과 수요가 자유롭게 시장의 질서에 참여하고 그 사이에 가격이 결정된다. 그런데 모든 거래가 공정하게 이루어지는 것은 아니다.

제시문 (가)는 독과점의 폐해를 보여 준다. 독점이란 하나의 공급자가 시장을 장악하여 생산량과 가격을 마음대로 결정하는 것을 말한다. 허생은 당시 시장의 규모가 작고 유통이 원활하기 못한 경제 구조의 취약성을 이용하여 전국의 물품을 매점매석하고 그것을 비싼 값으로 팔아서 큰 이윤을 남겼다. 실제로 이런 경우 소비자는 물건을 비싼 값으로 사야 하는 피해를 입는다.

제시문 (나)의 경우는 담합의 예를 보여 준다. 담합이란 일정한 시장에서 경쟁 관계에 있는 여러 기업들이 경쟁을 피하기 위하여 미리 의논한 후 가격이나 품질의 수준을 인위적으로 정하는 불공정 거래이다. 물론 담합은 주로 교복 값 담합이나 아파트 값 담합에서처럼 그 시장의 공급자가 모여 부당하게 높은 가격을 책정하는 형태로 나타난다.

그런데 제시문 (나)에서는 경호 아버지와 김반장이 서로 담합하여 가격을 낮추고 하나의 가게를 몰아낸다. 소비자 입장에서는 가격을 낮추었기 때문에 상관없다고 생각할지 모르지만 사실은 그렇지 않다. 결과적으로 다양한 상품을 비교하고 선택할 수 있는 소비자의 권리를 빼앗은 경우이다. 투명하고 공정한 거래를 추구해야 할 공급자가 소비자의 권리를 무시하고 자신의 이익만을 추구할 때 이 같은 일이 생겨난다.

경제의 또 다른 주체인 정부는 이런 문제들을 해결하기 위해 공정거래법에 의거해 시장을 감독하고 있다. 공정거래법은 시장 경제의 질서를 해치는 각종 불공정 거래를 심의하고 처벌한다. 그것은 독과점 기업이 시장의 지배력을 함부로 사용하지 못하게 한다거나 시장의 경쟁을 제한할 수 있는 기업끼리의 결합을 제한하고 몇 개의 소수 기업에 경제력이 집중되는 것을 억제하는 등의 내용을 담고 있다.

case 3 네 개의 제시문은 공통적으로 '차이'에 대해 이야기한다.

제시문 (가)는 까마귀를 보는 자세에 대해 말하고 있다. 사람들은 까마귀를 검다고 규정해 버리기 때문에 까마귀가 때에 따라서 다양한 색으로 보일 수 있음을 인정하지 않는다. 보는 사람에 따라 혹은 보는 각도와 시점에 따라 차이가 있고 다양하게 보일 수 있는 까마귀를 검은색에 가두어 버림으로써 잠재된 다양한 가능성을 묵살한다.

제시문 (나)의 프로크루스테스의 침대 이야기는 키가 큰 사람, 키가 작은 사람의 차이를 무시한 채 절대적인 기준을 정해 놓고 사람들을 거기에 맞추려고 하는 자세를 비판한다. 이 세상에 존재하는 모든 인간은 각각의 개성을 가진 온전한 독립적 개체이기 때문에 어떤 경우에도 절대적인 기준으로 평가받을 수 없다. 개인의 다양성과 차이를 인정해야 한다.

그 '차이'라는 것은 그냥 '차이'일 뿐이지 우열을 의미하지는 않는다. 우리 사회는 전통적으로 왼손잡이보다 오른손잡이를 더 인정하는 관습이 있다. 그래서 왼손잡이를 억지로 오른손잡이로 만들기 위해 노력을 기울이기도 한다. 그런 시도가 왼손잡이들에게는 스트레스를 주고 자신감을 잃게 해서 자아 정체성의 확립에 걸림돌이 되기도 한다. 그러나 제시문 (다)를 보면 왼손잡이와 오른손잡이는 그냥 유전적인 현상일 뿐이다. 옳고 그름의 차이가 아니라 우리가 당연하게 인정해야 하는 성향의 차이일 뿐이다.

위의 세 지문은 차이와 다름을 인정해야 한다는 주제를 표현하고 있다.

제시문 (라)를 보면 벚꽃과 소나무는 매우 다른 특성을 대표한다. 벚꽃은 화려한 아름다움을, 그에 반해 소나무는 수수한 아름다움을 보여 준다. 벚꽃은 한철을 화려하게 피어났다가 금방 사라지지만 소나무는 사시사철 그 푸르른 자태를 잃지 않는다.

그런데 산에 온통 벚꽃만 있다면 더 아름다울까? 봄 한철은 아름답겠지만 나머지 더 긴 시간은 아무것도 없는 밋밋한 산을 보아야 한다. 소나무만 있다면 아름다울까? 아마도 변화가 없는 지루함이 계속될 것이다. 제시문 (라)는 서로 다른 것들이 조화롭게 어우러졌을 때 가장 아름답다는 의미를 담고 있다.

까마귀를 다양하게 보는 사람들이 공존할 때 까마귀는 제 안에 가지고 있는 천만 가지의 빛을 모두 발할 수 있으며 왼손잡이나 오른손잡이나 모두 함께 인정하고 받아들이면서 살아갈 때 아름답고 명랑한 사회를 만들 수 있다. 차이와 다름을 있는 그대로 인정하는 자세가 중요하다.

case 4 유형원의 균전론은 사유의 토지를 국유제로 전환하는 것이다. 토지 국유제 하에 국가 권력으로 농민들에게 토지를 균등하게 나누어 준다. 그러나 문제는 사농공상의 신분에 따라 그 지급에 차등을 둔 것이다. 유형원은 토지의 균등한 분배를 통해 자영농을 육성하고 민생을 안정시키며 국가 재정의 확충을 꾀하였으나 너무 이상적인, 말 그대로 꿈에 불과했다. 본래 토지 개혁은 일하지 않는 양반이 토지를 소유하고 있는 것에 반대하여 땅을 농민에게 돌려주어 삶의 기반을 탄탄히 해 주자는 의미로 시작되었다. 그러나 사농공상의 차등은 이러한 기본 전제를 무시했으므로 설득력이 떨어진다.

이익은 토지 소유의 하한선을 규정하자는 한전론을 주장하였다. 한 집마다 영업전이라는 최소한의 토지를 남겨두어 소농민의 몰락을 방지하고자 했다. 그리고 현재 영업전보다 많이 가진 사람은 팔기만 하고 적게 가진 사람은 사기만 할 수 있기 때문에 결과적으로 토지 소유가 균등해질 것으로 전망하였다.

연암은 토지 소유의 상한을 법으로 정하고, 상한 이상의 새로운 토지 매입은 엄금해야 한다고 주장하였다. 다만 이전에 사들인 토지가 상한선을 넘는 것은 인정하였고 그것이 수년이 흐르면 매매와 분할 상속을 통해 나라 안의 토지 소유가 균등하게 된다고 전망하였다.

한전론은 점차적인 방법으로 토지 소유의 균등을 지향하고 있어 실현 가능성이 높아 보인다. 그러나 상한선에 대한 구체적인 언급이 없다. 그리고 그 상한선에 따라 효과가 달라진다는 문제가 남는다. 즉 상한선이 높게 책정될 경우 소유의 분산에 아무런 영향을 미치지 못한다는 것이다.

정약용은 《전론》에서 마을 단위의 토지 공동 소유와 공동 경작, 공동 분배의 여전론을 제안하였다. 구체적으로 30호를 1여로 하여 토지를 공동으로 경작하여 생산에 참여한 노동량을 근거로 분배한다. 그런데 그 여에 속하는 양반들도 생산물을 가져가기 위해서는 일을 해야 한다. 그래서 여전론은 당시 조선 사회에서 받아들여지기는 힘들었다. 정약용은 다시 정전론(井田論)을 제안한다.

정전론은 이미 중국에서 실시한 제도로 토지의 한 구역을 정(井)자로 9등분하여 8호의 농가가 경작하고 가운데 한 구역을 공동으로 경작하여 그 수확물을 국가에 바치는 제도이다. 그러나 현실적으로 인구의 수가 일정하지 않으며 산이 많고 고르지 못한 조선의 토지의 특성상 시행하기에는 어려움이 있었다.

Abitur

철학자가 들려주는 철학이야기 046

샤르트르가 들려주는 실존 이야기

저자_박민수

연세대학교 독문과를 졸업하고 동대학원에서 석사 학위를 받았다. 지금은 독일 베를린 자유대학에서 〈근대 미학에서 미적 가상의 개념〉이란 주제로 박사 논문을 준비하고 있다. 전문 번역가로도 활동하고 있으며, 저서로는 《아비투어 철학 논술: 칸트가 들려주는 순수 이성 비판 이야기》《아비투어 철학 논술: 니체가 들려주는 슈퍼맨 이야기》《아비투어 철학 논술: 헤겔이 들려주는 정신 이야기》 등이 있고, 역서로는 《우리의 포스트모던적 모던》《데리다—니체, 니체—데리다》《신의 독약》《책벌레》《크라바트》 등이 있다.

사르트르와 실존주의

Jean Paul Sartre

사르트르와 실존주의

1. 사르트르의 삶

장 폴 사르트르(Jean Paul Sartre, 1905~1980)는 20세기 중반 유럽 사상계를 풍미한 실존주의의 대표적 사상가이다. 프랑스 파리에서 태어난 그는 두 살때 해군 장교였던 아버지를 잃고 외조부 슬하에서 자라났다. 소르본 대학교수였던 사르트르의 외조부는 아프리카의 성자로 유명한 노벨 평화상 수상자 알베르트 슈바이처 박사의 삼촌이었다. 열한 살 때 어머니가 재혼하자 사르트르는 기숙사에 살면서 중·고등학교를 마쳤고 1924년 파리의 명문인 고등사범학교에 입학했다. 이곳에서 사르트르는 제2차 세계대전 후 프랑스 지성계를 주도한 뛰어난 친구들을 만났으며, 모리스 메를로 퐁티도 이중 한 사람이었다.

사르트르는 1929년 교수 자격 시험에 1등으로 합격하고 파리고등사범학교를 졸업했으며 이 시험에서 2등으로 합격한 시몬 드 보부아르라는 지적인 여성과 2년간의 계약 결혼을 올렸다. 전통적인 결혼을 거부한 이 동거 관계는 당시 사람들에게는 놀라운 일이었다. 사르트르와 보부아르는 2년의 계약 기간이 지난 후에도 충실한 반려자의 관계를 유지하며 평생을 함께 지냈다.

사르트르는 1931년부터 중·고등학교의 철학 교수로 근무했으며, 1933~1934년에는 직장을 잠시 그만두고 독일 베를린에서 철학 연구를 했다. 베를린에서 돌아온 사르트르는 다시 교사로 일하면서 《상상력》〈정서의 이론적 개요〉(1939), 〈상상적인 것: 상상력에 관한 현상학적 연구〉(1940) 등의 주요한 철학적 저술을 발표했다. 또 그는 1938년 《구토》라는 장편소설을 출간, 처음으로 작가로서의 명성을 얻었다. 일기체 형식의 이 소설은 사르트르가 전후에 본격적으로 전개할 실존주의 철학의 주제를 담고 있는 작품이다.

1939년 독일이 폴란드를 침공하고, 이에 영국과 프랑스가 독일에 선전 포고를 함으로써 제2차 세계대전이 시작되었고 사르트르는 군대에 징집되었다. 프랑스는 전쟁에 패해 독일의 점령지가 되었으며, 사르트르는 1940년 독일군의 포로가 되었다가 1년 뒤에 풀려 났다. 파리로 돌아온 그는 다시 교사로 일하면서 비밀 단체인 '사회주의와 자유'를 조직하여 대독일 저항 운동을 펼쳤다.

그러면서 사르트르는 1943년 방대한 철학 저술인 《존재와 무》를 집필 출간했다. 사르트르의 주저서라고 할 수 있는 이 책은 전후 커다란 반향을 일으켰으며 그를 20세기의 위대한 철학자 중 한 사람으로 만들었다.

1945년 독일이 패망하고 세계대전이 끝나자 사르트르는 〈현대〉라는 잡지를 창간하고 주필을 맡았는데, 이 잡지는 전후 프랑스 실존주의 운동의 중심체가 되었다. 같은 해 그는 장편소설 《자유에의 길》, 희곡 〈무덤 없는 죽은 자들〉, 철학적 산문 《실존주의는 휴머니즘이다》 등을 써서 자신의 실존주의 사상을 더욱 확대시켰다. 이 해에 프랑스 정부는 사르트르에게 프랑스 최고 훈장인 레종 도뇌르를 수여하려 했으나 사르트르는 이를 사양했다.

전후 시기 동안 사르트르는 프랑스의 정치 현실에 적극적으로 관심을 가졌고 강한 좌익 성향을 보였다. 그는 프랑스 공산당의 당원이 되지는 않았지만 구 소련 정권의 열렬한 지지자였다. 그러나 1956년 소련이 헝가리의 부다페스트를 침공하자 사르트르는 모스크바의 공산 정권과 프랑스 공산당을 모두 비난했다.

사르트르는 마르크스주의와 실존주의를 통일시키고자 했고 이러한 그의 사상은 《변증법적 이성 비판》(1960)에 잘 나타나 있다.

사르트르는 철학과 문학, 예술, 정치, 사회 등 거의 모든 분야에 걸쳐 뛰어난 지성의 힘을 보여 주었으며, 1964년에는 노벨 문학상 수상자로 결정되었지만 노벨상 수상을 거부했다. 사르트르의 이런 점 역시 세인들에게는 커다란 매력으로 작용했다. 말년에 사르트르는 눈이 머는 등 건강이 악화되었으나 집필 활동을 쉬지 않았다. 사르트르는 1980년 폐 질환으로 사망했고, 그의 장례식에는 수만 명의 시민들이 자발적으로 참석하여 위대한 지성인의 명복을 빌었다.

2. 사르트르의 실존주의

① 실존은 본질에 선행한다

실존주의는 개인적이고 현실적이며 결코 상대화할 수 없는 인간의 실존 문제를 중시한다. 특히, 현대 과학 기술 문명과 전쟁 속에서 비인간화되어 가는 인간의 현실을 고발하였다. 그리고 이러한 모순을 극복하기 위해 각 개인의 주체적인 삶의 자세를 중시하였다. (…중략…) 사르트르(Sartre, J. P., 1905~1980)가 '실존은 본질에 앞선다' 라고 말한 것도 이런 맥락에서 이해할 수 있다.

- 고등학교 교과서 《윤리와 사상》 중에서

사르트르는 '실존은 본질에 선행한다'는 것을 실존주의의 기본 원리로 내세웠다. 이 말의 의미는 무엇일까? 이 말은 인간이라는 존재에 대한 사르트르의 특수한 이해를 바탕에 깔고 있다. 이 말을 이해하기 위해서는 먼저 사르트르가 생각하는 '본질'이 무엇인지부터 알아야 한다. 여기서는 인간이 사용하기 위해 만든 물건 중 책상을 예로 들어서 '본질'이란 말의 뜻을 알아보도록 하자.

하나의 책상은 그것을 만든 사람을 전제로 한다. 그리고 책상을 만드는 사람은 그것을 만들기 전에 먼저 그에 대한 생각을 갖는다. 즉 책상을 만드는 사람은 먼저 책상이 무엇을 위해 사용되는 물품인지, 그것이 어떤 과정과 방법에 의해 만들어질 것인지를 생각한다. 그러므로 하나의 책상은 이 세상에 나오기 전부터 이미 어떤 특정한 목적을 위해 특정한 과정을 거쳐 제작되는 결과물로서 파악된다. 그리고 이런 것이 바로 책상의 '본질'을 이룬다. 좀 더 구체적으로 말해, 넓은 판과 네 개의 다리를 갖고 있으며 주로 책이나 글을 읽고 쓰는 데 사용되고 나무나 철, 유리 등을 재료로 일정한 공정 과정을 거쳐 생산되는 것이다. 이것이 바로 책상의 본질이다. 그렇다면 책상이 이 세상에 실제로 존재하기 이전에 책상의 본질이 선행한다고 할 수 있다. 즉 책상의 경우 '본질이 실존에 선행한다'.

우리 인간 또한 이런 존재라고 생각하는 경향이 있다. 인간이란 존재가 어떤 절대자, 즉 조물주에 의해 특정한 목적을 가지고 창조된 것이라고 생각하는 것이 그런 경우이다. 말하자면 하늘나라에 살고 있는 기술자가 책상을 만들듯 인간도 만들었다고 생각하는 것이다. 만약 인간이 이렇게 해서 이 세상에 존재하는 것이라면 인간의 경우에도 '본질이 실존에 앞선다'고 말할 수 있을 것이다.

또 다른 예로는 어떤 추상적인 '인간 본성'을 생각하는 경우를 들 수 있다. 가령 18세기 유럽의 철학자들은, 신이 부여한 것인지 아닌지는 분명치 않지만 모든 인간에게는 동일한 본성 내지 본질이 있다고 믿었다. 이런 견해에 의하면, 수많은 인간들은 각기 고유한 개성을 갖고 있기는 하지만, 이런 다양한 개성이란 것도 따지고 보면 모두에게 동일한 본질이 다소 다른 방식으로 발현되는 것에 불과하다. 18세기 유럽의 주요 철학자들도 '본질이 실존에 앞선다'고 생각했던 것이다.

사르트르는 이러한 모든 견해는 아무 근거 없는 허구에 불과하며 그릇된 믿음이라고 생각했다. 그는 신의 존재를 부정했으며 계몽주의자들이 전제하는 '인간 본성'이라는 것도 인정하지 않았다. 사르트르에 의하면 인간에게는 미리 규정되어 있는 본질 따위는 없다. 인간은 아무 전제나 목적 없이 우연하게 세상에 던져지는 것뿐이다. 즉 실존하는 것이 먼저다. 그리고 특정한 본질은 인간이 자신의 삶을 영위하는 가운데 스스로 형성한다. 즉 이 세계를 대면하고 또 자기 자신과 타인들에 관해 생각하기 시작하면서 자아를 형성하며, 그런 식으로 자신의 본질을 만들어 나가는 것이다. 바로 이런 맥락에서 사르트르는 인간에게 있어서는 '실존이 본질에 선행한다' 라고 말한다.

사르트르의 이러한 주장이 담고 있는 핵심은 인간이 '주체적인' 존재라는 사실이다. 사르트르에 의하면, 인간은 삶에 있어서 미리 규정된 목적 등에 의해 제한받지 않는 자유를 누리며 또 그렇기에 자신의 결정과 선택에 대해 전

적인 책임을 진다. 그리고 이런 결정과 선택에 의해서 자신의 현재를 살며 미래를 만들어 나간다.

실존은, 실제로 존재하는 것, 다시 말해 이론적이고 추상적인 존재로 있는 것이 아니고, 구체적으로 참되게 있음, 즉 사람이 참된 삶을 사는 것을 말합니다. 그렇다면 참된 삶은 무엇일까요? 사르트르는 사람의 참된 있음은 개인의 상황과 자유로운 선택에 따라서 달라집니다.

사람은 태어났을 당시의 모습과 조건 그대로 일생 동안 변화 없이 살아가는 것이 아니라 끊임없이 자신의 의지와 자유로운 본성에 의해서 새로운 선택을 하고, 그렇게 하면서 늘 변화를 추구하며 새로운 자신을 만들어 갑니다. 이러한 의미에서 사르트르는 사람은 어떤 정해진 본질을 가지고 태어나는 것이 아니라 먼저 실존한다고 말했습니다.

- 《사르트르가 들려주는 실존 이야기》 중에서

② 인간의 자유와 책임

인간이 스스로 자신과 자신의 삶을 만들어 나가는 주체이고 다른 누군가에 의해 미리 본질을 부여받는 것이 아니라면, 인간 자신을 제외하고는 아무도 그에게 책임을 부과할 수 없다. 인간은 살아가는 매순간 선택하고 결정해야 하며 홀로 그 결과에 대한 책임을 진다.

그런데 사르트르에 의하면 인간은 그런 선택과 결정에 의해서 자기 자신에게만 책임이 생기는 것이 아니다. 그것은 인간이 개인에 불과한 것이 아니라 사회 속의 개인으로서 존재하기 때문이다. 따라서 사르트르는 인간이 어떤 결정을 내릴 때, 즉 어떤 행동을 선택할 때, 모든 사람이 이렇게 행동해도 좋은지를 물어야 한다고 말한다. 이것은 내가 선택한 행동에 모든 사람에게 권할 만한 가치가 있는지 자문해 봐야 한다는 뜻이다. 그리고 '그렇다'는 판단이 내려진다면, 나는 '가치 있는' 행동을 한 것이며, '그렇지 않다'라는 판단이 내려진다면, 내 행동은 가치가 없는 것이다. 그리고 부정적인 판단을 내렸음에도 불구하고, 즉 모든 사람에게 권할 만한 행동이 아니라는 판단을 내렸음에도 불구하고, 그런 행동을 한다면 그것은

> **어휘 다지기**
>
> **가치**
> 인간에게 중요하고 좋은 것이라 생각되는 것을 말하며, 철학에서는 특히 참됨(진), 올바름(선), 아름다움(미)이 주요한 가치로 취급된다.
>
> **자기기만**
> 자기 스스로를 속이는 것.

자기기만이라고 사르트르는 말한다.

인간은 이처럼 어떤 가치 있는 행동을 함으로써 자신의 본질을 가치 있게 만들어 나가는 것이다. 그리고 가치 있는 행동이란 모든 인간에게 권할 만한 것이라 판단되는 행동이므로, 그의 행동은 동시에 '인간의 본질'을 만들어 나가는 일이라고도 할 수 있다.

인간이 자신을 위해 선택한다고 말할 때, 우리는 각자 자기 자신을 선택한다는 것을 뜻한다. 하지만 각각의 인간은 자기 자신을 선택함으로써 모든 인간을 선택하는 것이기도 하다. 사실 우리의 행동 중에서 우리가 '~이고자' 하는 사람을 창조함과 동시에 '있어야' 한다고 생각하는 인간의 개념을 창조하지 않는 행동은 하나도 없다. 이것이 될 것인가 아니면 저것이 될 것인가를 선택하는 것, 그것은 동시에 우리가 선택하는 것의 가치를 강조하는 것이다.

(…중략…)

좀 더 개인적인 예를 들어 보자. 만약 내가 결혼을 하고 자식도 갖기를 원한다면, 설령 이 결혼이 내 형편이나 정열 혹은 내 욕망에 따른 것에 불과한 것이라 할지라도 이 선택에 의해 나는 나 자신만이 아니라 전체 인류의 일부일처제의 길로 동참하는 것이다. 이처럼 나는 나 자신과 모든 사람에 대해 책임이 있으며, 내가 선택하는 어떤 인간의 개념을 창조한다. 다시 말해 나는 스스로를 선택함으로써 '인간'을 선택한다.

-사르트르 〈실존주의는 휴머니즘이다〉 중에서

③ 불안과 타자

인간의 실존에는 불안과 절망이 따르기 마련이다. 불안은 자신의 선택이 어떤 결과를 가져올지 완전하게 예측할 수 없다는 데서 존재한다. 인간은 미리 확정된 본질 없이 자유로운 선택에 의해 스스로 미래를 만들어야 하기에 불안할 수밖에 없다. 그리고 절망은 인간이 유한하다는 데서 비롯된다. 인간은 자유롭기는 하지만 인간의 가능성이 무한한 것은 아니다. 이는 사람마다 주어진 조건이 다르고 또 여러 가지 능력에도 차이가 있기 때문이다. 그리고 무엇보다 인간은 언젠가 죽는다는 한계를 갖는다. 결국 모든 행동과 선택은 최종적으로 죽음이라는 무에 도달하리라는 확실성만을 갖는다.

그러나 모든 것이 무로 끝날 것이기에 인간이 주어진 삶을 아무렇게나 살아도 된다는 얘기는 아니다. 오히려 자신에게 주어진 시간, 실존의 시간 동안 인간은 스스로 가치를 창출해야 한다.

그리고 앞서 언급했듯, 이러한 가치 창출은 타인과의 관계가 중요하다. 사르트르에 의하면 인간은 미리 확정된 본질을 갖고 태어나지는 않지만 모든 인간에게 그 어떤 공통된 조건이라는 것은 존재한다. 모든 인간이 이 세상에서 외롭게 투쟁하며 자신의 실존을 영위하고 있다는 것이 그 공통된 조건이다. 따라서 인간 개인은 자신의 모든 선택과 행위에 있어서 자신과 마찬가지로 어렵게 실존을 꾸려 나가는 타인들을 고려하고 그들의 관계를 염두에 두어야 한다. 모든 선택과 행동에서 자기 자신은 물론 타인에 책임 의식을 가져야 한다는 얘기이다. 사르트르에 의하면 바로 이런 삶이야말로 참된 실존, 가치 있는 실존이다.

누구나 다르면서 일정하게 정해진 조건을 가지고 태어납니다. 그러한 조건은 스스로 선택할 수 없는 것들입니다. 예를 들어 우리는 태어나는 나라, 집안, 시간 등을 마음대로 결정할 수 없습니다.

하지만 이러한 조건들은 우리의 실존을 방해하거나 막을 수 없습니다. 왜냐하면 사람은 자유로운 선택을 통해서 자신이 속한 상황의 불리한 점을 개선하면서 자신의 실존을 실천하고 그 의미를 스스로 채워 갈 수 있으니까요. 그래서 자유는 실존 철학을 이해하는 데 있어 가장 중요한 개념입니다.

사르트르의 실존 철학은 자유를 바탕으로 사람의 본질을 설명합니다. 사람은 누구나 자유로울 수밖에 없다는 것입니다. 자유가 곧 사람의 운명이고 사람의 참된 삶을 가능하게 해 주는 조건이라고 말합니다. 자유는 우리가 원해서 주어진 것이 아니라는 뜻입니다. 이 말의 의미는 우리가 하는 모든 일은 원해서 했든 그렇지 않든 우리 스스로 선택한 것이라는 뜻이기도 합니다. 따라서 결과에 대한 책임도 스스로 져야 한다는 것을 강조합니다.

다시 말해 실존 철학에서 말하는 자유는 자신이 순간적으로 원하는 것만을 생각하는 소극적인 것이 아니고, 남의 생각에 어쩔 수 없이 끌려가거나 주변의 시선 때문에 자신의 의지를 포기하는 것은 더더욱 아닙니다. 처음부터 책임과 의무를 함께 생각하는 적극

적인 자유입니다. 이러한 적극적 자유는 어떤 변명과 회피도 허락하지 않을 뿐만 아니라,

한 걸음 더 나아가 이웃과 함께하는 참여와 동참을 실천하는 것입니다.

－《사르트르가 들려주는 실존 이야기》 중에서

가 플라톤 이후 오랫동안 지속된 철학적 전통과 달리, 사르트르는 인간이란 자신의 존재 가능성을 애초부터 확정 짓고 있는 존재가 아니라고 생각했다. 인간은 고유한 성질을 지니고 있는 일상적 사물들처럼 통속적인 존재일 수가 없다. ㉠ 오히려 인간은 무엇보다 '무(無)' 에 비교될 수 있는 존재이다. 인간은 무를 꿰뚫고 나오는 끊임없는 창조에 의해서만 현재의 자기 자신을 이룩할 수 있는 존재이다. 그런 의미에서 인간은 '자유롭도록 선고 내려진' 존재이다. …(중략)… 인간의 자기 실현은 자유로운 구상에 의해서만 수행될 수 있다. …(중략)…

- 슈퇴리히 《세계 철학사》 중에서

나 자연과학은 인간의 행위가 전적으로 조건에 의해 결정되어 있다는 사실에서 출발한다. 사실 인간 자체도 지구상의 다른 물체와 마찬가지로 물리학, 화학 그리고 생리학의 법칙들에 의해 설명될 수 있다. 인간 행동의 동기는 본성적 메커니즘에 따른다. 이 메커니즘이란 유전적 구조, 유아기의 인상(프로이트)에 근거하거나 외적 조건, 즉 정치·경제·사회적 환경에 의해 결정되는 것이다.

더 나아가 인간을 다른 존재와 구별시키는 탁월한 특징인 이성조차 진화 과정 속에서 자연선택적으로 생겨난 것에 불과하다. 자연선택설은 두 가지 내용을 담고 있다. 첫째, 같은 생물종 내에서 개체들 사이에 생존 경쟁이 일어나고 환경에 잘 적응한 개체가 살아남는다. 둘째, 각 생물 종은 늘 새로운 변이를 만들어 내며 각 변이는 가능한 한 많은 자손을 퍼뜨리고, 이 과정이 누적되어 새로운 종이 탄생한다.

현대의 사회생물학은 다윈의 자연선택설을 더욱 발전시켜 인간의 모든 특성 및 행동 양식을 자연 법칙에 근거해 설명한다. 이들에 따르면 종의 진화 과정 전체를 이끄는 기본 프로그램은 유전자이다. 즉 인간의 이성을 포함해서 인간의 제반 특성 및 인간 삶의 모든 양태는 유전자의 프로그램에 의한 것이다. 즉 인간은 유전자의 꼭두각시이다.

다 자연 내에서 일어나는 사건들의 진행 과정이 특정 법칙들, 즉 시간적으로 앞선 것이 시간적으로 나중의 것을 결정하는 그런 법칙들에 종속되는지, 아니면 그와 반대로 선행한 사건들을 원인으로 갖지 않는 사건들이 존재하는지의 물음은 예로부터 끝없는 철학적 논란거리가 되어 왔다. 이 물음은 다음과 같이 간결하게 표현될 수 있다. 모든 사건은 어떤 원인의 필연적 결과로 발생하는 것인가? 아니면 원인이 없는 사건도 존재하는가? 이때 모든 사건이 어떤 원인의 결과라는 주장은 인과 원리라 불린다. 그러므로 여기서 우리의 관심이 되고 있는 논란은 인과 원리가 보편 타당성을 갖느냐는 문제이다. 인과 원리에 보편 타당성이 있다고 주장하고, 따라서 모든 사건은 선행하는 원인의 결과라고 보는 입장을 결정론이라 부른다. 그에 비해, 인과 원리에는 보편 타당성이 없으며, 따라서 세계의 모든 것이 어떤 원인의 결과는 아니라는 주장을 비결정론이라 부른다.

case 1 제시문 (가)와 (나)는 인간에 대한 이해에 있어서 대립된 입장을 보여준다. 제시문 (다)를 참고해서 (가)와 (나)의 주장이 지닌 핵심을 서로 비교 설명하시오.

생각 쓈기

----

case 1-2 ㉠의 의미를 사르트르의 말 '실존은 본질에 선행한다' 와 연관 지어 설명하시오.

생각 쓈기

가 그 밖에도 사르트르의 이론에 따르면 인간에게는 ㉠특별한 의미에서의 책임이 주어져 있다. 그에 따르면, 인간은 스스로를 비약시켜 단숨에 무의 상태로부터 탈피할 때에만 그러한 무가 가해 오는 끊임없는 위협을 이겨 낼 수 있다. 이때 인간은 신을 비롯한 어느 누구와도 책임을 분담할 수 없으며 오로지 스스로 책임을 질 수밖에 없는 존재이다. 사르트르의 이러한 무신론적 입장에서 본다면 인간은 홀로 자기 자신에 대해서만 책임을 지고 있는 존재가 아니며, 그와 동시에 타자에 대해서도, 타자를 위해서도 책임을 져야 하는 존재이다. 사르트르의 희곡 작품들이 보여 주듯이, 개체적 자아가 다른 모든 타자와 불가분하게 연관되어 있는 …(중략)… 상태야말로 그의 윤리학 이론의 근간을 이루고 있다.

― 슈퇴리히, 《세계 철학사》 중에서

나 자유의 기본 전제는 자율적 이성을 갖춘 자유로운 개인이다. 어떤 사람이 자기 행동의 옳고 그름을 올바르게 판단하여 옳은 행동은 더욱 촉진하고 바람직하지 못한 행동은 슬기롭게 억제할 줄 아는 자기 통제 능력까지 갖추고 있다면, 그는 다른 누구의 간섭을 받지 않아도 무슨 일이든지 잘해 낼 것이며, 따라서 그는 자유로울 수 있을 것이다. 그러나 자기 자신의 자유를 위하여 남의 자유를 함부로 침해할 권리는 누구에게도 없다. 내가 자유인인 것과 똑같이 다른 사람도 자유인이기 때문이다. 우리는 다른 사람의 자유를 침해하지 않는 범위 내에서 자유로울 수 있다. 이것이 자유의 한계이다.

또, 모든 자유로운 행동에는 반드시 책임이 따르게 마련이다. 남의 간섭 없이 스스로의 의지에 따른 행동의 과정과 결과에 대해서는 행동한 사람 스스로가 책임을 지지 않으면 안 된다. 책임질 능력이 없는 사람은 자유를 누릴 자격도 없다.

- 고등학교 교과서 《윤리와 사상》 중에서

다 사르트르는 《존재와 무》에서 '원칙적으로 타자는 나를 바라보는 자'이며, 나는 그 시선에 의해 나의 존재를 의식하게 된다고 말한다. 예를 들어 내가 어떤 서툴거나 천박한 행동을 한다고 하자. 나는 그것에 대해 스스로 판단하거나 비난하지도 않는데, 누군가가 나를 보고 있다면, '나는 갑자기 내 행동의 천박함을 깨닫게 되고 수치심을 느끼게 된다'. 이처럼 타자의 시선에 의해, ⓒ '타자는 나와 나 자신 사이의 필요불가결한 매개자가 된다'. 왜냐하면 '나는 타자가 나를 보는 방식대로 존재한다는 것을 인정하기 때문이다'. 이렇게 함으로써 타자의 시선은 나를 억압하고 나를 가둔다. 왜냐하면 타자의 시선은 타자가 나를 지각하는 대로 나를 지각하도록 강요하기 때문이다.

- 《바칼로레아 논술 대비 철학 수험서 - 실전편》 중에서

라 인간은 미완성의 동물로 태어나지만, 사회적 삶을 통해서 인간다운 인간이 된다. 대부분의 사람들은 사회 속에서 태어나서 사회 속에서 삶을 마감한다. 사회를 떠난 인간은 관념적으로 상상할 수는 있어도 현실적으로는 존재할 수 없다. 인간은 인간들 사이에 있을 때 비로소 진정한 의미의 인간이기 때문이다.

인간은 태어나면서부터 다양한 사회적 관계를 맺으며 살아간다. 사회적 관계에는 가족·친구·연인·이웃 관계 등이 있다. 인간이 개체로서 먼저 존재하고, 그 다음에 필요에 따라서 사회를 이룩하는 것이 아니다. 인간은 사회적 존재로서 공동 생활과 문화에의 참여를 통해 살아간다.

인간이 본질적으로 사회적 존재라는 것은 인간의 정서 생활이 이를 뒷받침한다. 어린이는 언제나 부드러운 접촉과 친절한 대화, 사랑의 표정과 따뜻한 손길을 그리워한다. 또, 인간이 홀로 있을 때 고독을 느낀다는 것은 인간이 본질적으로 사회 안에서 다른 인간들과 더불어 공존하는 존재임을 증명하는 것이다. 나는 우리의 일부일 뿐만 아니라, 또 우리는 나의 필연적 구성 요소이며, 모든 인간에게 있어 의식의 본질적인 부분에 이미 사회라는 것이 내면화되어 있다. 따라서 다른 인간들과 함께 있음은 인간의 본래 모습이요, 개인으로 떨어져 있음은 인간의 특수한 모습에 지나지 않는다.

- 고등학교 교과서 《윤리와 사상》 중에서

case 2-1 ㉠의 의미를 제시문 (가)와 (나)를 참고해서 설명하시오.

생각 쓰기

----

case 2-2 제시문 (가)와 (나)를 참조해서 '부자유를 선택하는 행위가 자유의 선택일 수 있다' 는 말의 의미를 설명하고, 이에 해당하는 사례를 들어 보시오.

생각 쓰기

----

case 2-3 제시문 (라)를 참조해서 제시문 (다)의 ㉡이 지니는 의미를 설명해
보시오.

생각 쓰기

----

case 2-4 제시문 (라)를 참고해서 '개인의 고독은 사회를 전제로 한다' 는 말
의 의미를 설명하시오.

생각 쓰기

아비투어
철학 논술

case 1-1 제시문 (가)는 인간이 인과법칙의 지배를 받고 있는 여타 존재들과는 전적으로 다른 존재라고 주장한다. 인과법칙의 지배를 받으며 서로 빈틈없이 연관되어 있는 세계 질서에서 인간은 벗어나 있다는 것이다. 그런 의미에서, 즉 무연관성의 존재라는 의미에서 인간의 특성은 '무' 라고 불릴 수도 있다. 이러한 '무' 는 인간이 자유롭다는 것을 의미한다. 즉 인간은 철저히 자신의 판단과 선택에 따라서 삶을 영위해 나가는 존재라는 것이 (가)의 견해이다.

그에 반해, 제시문 (나)는 인간 역시 다른 생명체 및 사물들과 마찬가지로 철저히 인과적 자연 법칙의 지배를 받는 존재라고 여긴다. 사실 인간이 살아가는 모든 모습은 물리학과 화학, 생리학 등의 자연과학에 근거해서 설명될 수 있다. 또 자연과학의 실증적 방법을 받아들여 정치나 경제, 인간 사회를 분석하는 현대의 여러 학문들도 인간의 생활 양태가 외적 요인에 의해 철저히 규정되고 있다고 본다. 인간이 생각하고 행동하고 살아가는 모든 양태가 엄격한 법칙에 따르고 있다고 설명하는 것이다. 더 나아가 현대의 사회생물학은 인간이 유전자의 통제를 받는 꼭두각시에 불과하다고까지 말한다.

이처럼 두 입장은 인간이란 존재를 서로 대립되는 입장에서 설명하고 있다. 제시문 (다)에 근거한다면, 제시문 (나)의 주장은 전형적인 '결정론' 의 입장이다. 결정론은 인과 원리에 보편 타당성이 있다고, 다시 말해 세상의 모든 것은 인과법칙에 의해 움직인다고 주장하는 견해이기 때문이다. 그러나 한편으로 제시문 (가)는 세상 다른 사물이나 사건에서는 인과 원리의 보편 타당성을 인정하지만, 예외가 있다고 주장한다.

철저히 자유로운 존재로서의 인간은 이 원리에서 제외되어 있다는 것이다. 이런 점에서 (가)는 비결정론의 입장이다.

case 1-2 이 문장에서 인간이 '무에 비교될 수 있는 존재'라는 말은 인간의 본질이 미리 규정되어 있지 않다는 말이다. 사르트르에 의하면 인간은 세상의 다른 존재들과 달리 아무런 규정도 미리 갖고 태어나지 않는 존재이다. 인간은 그저 어느 날 이 세상에 존재한 것이고 자신의 본질은 스스로 만들어 나가야 한다. 그것이 '끊임없는 창조'가 뜻하는 내용이다. 인간은 이러한 부단한 자기 창조 행위 속에서 매순간 '현재의 자기 자신을 이룩'한다. 이것이 바로 인간 삶의 전 과정이라고도 볼 수 있다. 결국 ㉠의 의미는 사르트르 실존주의의 제1원리인 '실존이 본질에 선행한다'의 의미와 같은 것이다.

case 2-1 사르트르에 따르면 인간은 철저히 자유로운 존재이다. 이는 어떤 절대자의 보호나 후견을 받지 않고 오로지 자신이 선택하고 결정하면서 자신의 삶을 꾸려 나가는 존재라는 뜻이다. 그런데 이처럼 자신이 모든 것을 선택하고 결정할 수 있다면, 그에 따른 모든 결과 역시 자신이 책임져야 한다. 따라서 인간은 자유로운 만큼 늘 책임을 의식하며 살아야 하는 존재이기도 하다. 이때 인간은 자신의 선택이 자신에게 가져온 결과에만 책임을 져야 하는 것이 아니다. 인간은 홀로 사는 존재가 아니라 다른 사람들과 더불어 살아간다. 따라서 한 인간의 선택과 결정은 언제나 주변의 다른 사람에게 영향을 미칠 수밖에 없다. 그러므로 인간은 자신의 선택과 결정이 다른 사람들에게 불러일으키 결과에 대해서도 책임을 져야 한다. 그렇기 때문에 인간은 자신의 선택과 결정이 자신은 물론 타인들에게까지 어떤 결과를 가져올지 생각해야 하며 언제나 신중한 태도를 지녀야 한다. 이처럼 인간에게는 '특별한 의미에서의 책임'이 주어져 있다.

case 2-2 인간이 자유롭다는 것은 자신에게 주어진 여러 가능성 중에서 무엇인가를 자신의 뜻대로 선택할 수 있다는 데 있다. 이런 경우 인간의 자유란 '자유의지', 즉 자유로운 의지를 뜻할 것이다.

다른 한편, 자유란 '구속이나 억압이 없는 상태'를 뜻하기도 한다. 즉 무엇인가를 소망할 때 이를 제한하는 무엇이 없는 상태 또는 자유롭게 활동하는 것을 막는 것이 없는 상태를 자유라고도 한다.

그런데 인간은 무엇인가를 절실히 원하지만, 그것을 선택할 경우 자신이나 타인에게 바람직하지 못한 결과를 가져오게 되는 상황에 처할 수 있다. 이럴 경우 인간은 무엇인가를 원하는 자신의 소망을 억누르고 자발적으로 다른 선택을 하기도 한다. 즉 자유로운 의지에 의해 자신의 소망의 자유로운 전개를 제한하는 것이다. 이런 행동은 스스로 부자유를 선택하는 자유의 행동이라 불릴 수 있다.

그리고 이러한 선택은 사실 더 큰 소망을 실현하려는 행동이라고도 할 수 있다. 즉 인간은 어떤 소망의 자유로운 전개보다 더 가치 있다고 여겨지는 일을 위해 자발적으로, 즉 자유 의지에 의해 그 소망을 억누르는 것이다.

일제 강점기에 비밀 독립운동 조직에서 활동하는 사람을 예로 들어 설명해 보자. 이 사람이 어느 날 일본 관헌에 붙잡혀 비밀 조직에 관해 자백할 것을 강요받는다. 모진 고문을 당하는 동안 이 사람은 구속 상태와 고문이 끝나고 편한 상태가 되기를 소망할 것이다. 즉 자유로운 상태가 되기를 소망하는 것이다. 그러나 다른 한편, 이 사람은 그런 자신의 소망보다 조직의 안전과 동지들의 자유가 더 중요한 가치라고 여긴다. 그렇기에 자백보다는 구속 상태에서 고문을 당하는 쪽을 자발적으로 선택한다. 이는 타인의 자유를 위해 나의 자유가 제한되는 쪽을 선택하는 자유로운 행위의 사례가 될 것이다.

물론 이런 극단적 경우가 아니더라도 우리는 사회 속에서 타인과 더불어 살면서 나의 자유를 제한하는 자유로운 선택을 하곤 한다. 요컨대 '부자유를 선택하는 행위가 자유의 선택일 수 있다'는 말은 '부자유'를 구속이나 억압으로 이해하고 '자유'를 자유로운 의지로 생각한다면, 쉽게 이해될 수 있다.

case 2-3 ⓒ은 우리 인간이 타자들 사이에서만 우리 자신이 될 수 있다는 것을 의미한다. 모든 인간은 어떤 선택과 행동을 하는 존재이며, 동시에 자신의 그런 선택과 행동을 늘 의식하는 존재이다. 즉 인간은 단순히 어떤 선택과 행동을 할 뿐 아니라 그러한 자신을 관찰하고 또 그에 대해 평가나 가치 부여를 하기 마련이다. 제시문 (다)에 나오듯, 우리는 늘 어떤 행동을 하면서 그에 대해 서툴다거나 그렇지 않다는 등의 평가를 내리고 또 수치감이나 자랑스러움 등의 감정을 느낀다. 이는 우리가 늘 타인의 시선을 의식하고 있다는 뜻이다. 그리고 이러한 시선은 타인이 옆에 없더라도 우리 내부에서 스스로 작용한다.

　이는 우리가 언제나 타인과 엮여 있는 삶, 즉 사회적 삶을 살고 있다는 의미이다. 우리 인간은 태어나면서부터 사회화되며, 결국 사회적 존재로서만 인간이다. 달리 말해, 타자 혹은 우리는 늘 나의 일부분을 이루고 있으며 내 의식에 본질적으로 침투되어 있다. 그리고 바로 그런 이유에서 우리는 언제나 타자의 시선으로 우리 자신을 관찰하고 평가하고 있는 것이다. 이러한 의미에서 사르트르는 '타자는 나와 나 자신 사이의 필요불가결한 매개자가 된다'고 말한 것이다.

case 2-4 애초부터 혼자 세상에 있게 된 존재라면 '고독'이 무엇인지 모를 것이다. 고독이란 말은 고독하지 않은 상태, 즉 홀로 외롭게 있지 않고 타인들과 (즐겁게) 함께 있는 상태와 대립되는 말이기 때문이다. 즉 고독은 그와 반대되는 경우가 있기에 성립되는 말이다. 이런 의미에서 고독은 타인들, 달리 말해서 사회를 전제로 한다.

　사회 속에 있어도 인간이 고독한 것은 주변에 타인이 없기 때문만은 아니다. 고독은 타인들과의 소통이나 관계가 원활하지 않음을 뜻하기도 한다. 이런 의미에서 고독은 타자와의 관계, 즉 사회를 전제로 하고 있다고 말할 수 있다.

아비투어
철학 논술

2004학년도 서강대학교
모의 논술고사 문제

2004학년도 서강대 모의 논술고사 문제는 인간의 '자유와 책임의 상관관계'에 관해 논하는 것이다. 이를 위해 (가)와 (나) 2개의 제시문이 주어졌는데, 사르트르의 《실존주의는 휴머니즘이다》에서 발췌한 내용이 제시문 (나)였다. 제시문 (가)는 리처드 테일러의 《형이상학》에서 발췌한 것으로, 결정론에 관한 내용이었다.

먼저 제시문 (가)의 내용을 살펴보면, 결정론은 인간의 신체적 반응과 운동은 물론 의지와 결단, 행위 등이 선행하는 원인에 의해 완전히 인과론적으로 결정되어 있다고 본다. 사실 자연과학이나 현대의 경험 심리학, 사회학 등의 학문은 이런 결정론적 입장을 지지하는 경우가 많다. 그런데 결정론의 입장을 수미일관하게 따르면, 인간의 삶에는 윤리나 선악 판단이 들어설 여지가 없어진다. 인간의 모든 생각과 행위는 외적 조건에 따른 필연적 결과일 뿐이므로, 인간은 자신의 생각과 그에 따른 행위에 대해 아무런 책임도 질 필요가 없기 때문이다. 윤리적 책임이나 선악 판단은 인간에게 자유가 있다고 볼 때에만 성립될 수 있는 것들이다.

사르트르의 글인 제시문 (나)는 이와는 상반된 입장을 보여 준다. 일반적으로, 결정론에 대립하는 비결정론은 인간이 외적 조건의 영향 아래 있다는 점은 인정하지만, 인간의 모든 소망과 선택, 행위가 그런 조건의 소산이라는 관점은 거부한다. 인간에게 자연이나 사회 환경의 인과론적 메커니즘에서 벗어나 자유롭게 의욕하고 행위할 가능성이 있다는 보는 것이다. 그런데 사르트르의 실존주의는 비결정론 중에서도 인간의 자유와 가능성을 적극적으로 옹호하는 입장이다.

사르트르에 의하면 인간은 어떤 고정된 인간성을 갖고 태어나는 것이 아니라 인간이기에 필연적으로 갖는 자유를 기반으로 해서 끊임없이 고유한 인간성을 창조한다. 인간은 확정되지 않은 존재로 태어나 고뇌하고 선택하고 결단하면서 삶의 내용과 목적을 만들어 나가는 존재라는 것이다. 이런 의미에서 사르트르는 인간의 경우 '실존이 본질에 앞선다' 라고 주장한다. 또한 그렇기에 인간은 자신의 선택과 결단에 대해 오로지 홀로 책임을 져야 하는 존재이다. 이때 사회 속의 인간은 자기 자신에 대해서만 책임을 져야 하는 것은 아니다. 인간은 자신의 선택이 타인에게 어떤 결과를 가져올지도 고민하고 또 그에 대한 책임도 져야 하는 존재이다.

이제 답안 작성으로 들어간다면, 제시문 (가)의 견해를 비판하고 제시문 (나)의 입장을 지지하는 것이 바람직할 것이다. 그리고 제시문 (나) 역시 어떤 한계가 있다면 이를 지적하는 것도 좋을 것이다.

제시문 (가)의 입장에 따르면 인간에게는 자유가 없고 따라서 자신의 행동과 결정에 대해 아무런 책임도 질 필요가 없다. 하지만 이런 입장에 따르면, 인간 사회에는 윤리가 들어설 자리가 없어지며, 세상은 무질서와 혼란 그 자체가 되어 버리고 말 것이다. 제시문 (나)의 주장처럼 인간은 세상의 다른 생명체와 달리 선택하고 결정할 자유가 분명히 있다. 따라서 인간은 자신의 행동에 대한 분명한 책임을 져야 한다.

그러나 오늘날 과학이 발견한 인간의 생물학적 특징을 생각해 본다면, 인간이 철저히 미정으로 태어나 스스로를 철두철미하게 창조해야 한다는 견해도 완전히 옳다고는 볼 수 없다. 인간에게는 인간이라는 생물종의 특성에 따라, 유전자에 의해 결정되는 측면도 분명 있기 때문이다. 그리고 인간이 완전히 미정으로 태어나 모든 것을 스스로 결정해야 하는 것은 아니듯 인간은 완전히 자유롭게 태어난다고만은 볼 수 없다. 바로 이런 점을 고려한다면, 개인의 행동에서 유전적 결함 등에 의한 과오에 대해서는 무조건적으로 책임을 추궁하지 말고 관용의 태도를 보여야 한다는 견해가 성립할 수 있다.

철학자가 들려주는 철학이야기 **047**

베이컨이 들려주는 우상 이야기

저자_최지윤

고려대학교 철학과 박사 과정을 수료하였고, 어린이철학연구소 강사로 교재 집필을 했으며, 현재 대진대학교에 출강하고 있다. 저서로는 《아비투어 철학 논술: 쇼펜하우어가 들려주는 의지 이야기》《아비투어 철학 논술: 벤담이 들려주는 최대 다수의 최대 행복 이야기》《아비투어 철학 논술: 홉스가 들려주는 리바이어던 이야기》 등이 있다.

프랜시스 베이컨을 만나다

고전 펼치기— 주요 개념 중심으로

일상에서 만나는 베이컨의 사상

Francis Bacon

프랜시스 베이컨을 만나다

1. 베이컨은 어떤 인물일까?

베이컨(Francis Bacon, 1561~1626)은 영국 경험론 철학의 아버지로 평가되는 인물이다. 베이컨은 정치가, 법률가, 철학자로서 낡은 영국 사회를 개혁하려고 평생을 다해 노력했다. 17세기 서양에서는 여러 면에서 큰 변화가 일어났다. 우선 자본주의가 자리 잡기 시작했으며 다음으로 왕권 정치가 확립되고 시민 사회가 형성되기 시작했다. 철학에서는 오랜 중세의 암흑 시대가 지나가고 르네상스를 거치면서 인간을 중심으로 하는 사상이 발전하였다. 이 시기의 철학자들은 인간의 앎의 문제에 대해 탐구하고 그 정당성을 밝히려고 노력했다.

베이컨은 '아는 것이 힘이다(knowledge is power)' 라고 주장함으로써 중세의 신 중심의 철학을 인간 중심주의의 철학으로 바꾸어 놓았다. 자연을 알고 지배함으로써 보다 더 윤택한 인간 사회의 삶을 이룩하고자 한 것이 베이컨의 목적이었다.

베이컨은 경험론적 전통의 창시자라기보다는 선구자라고 불릴 수 있다.

왜냐하면 그는 이 입장을 충분히 발전시키는 데 성공하지 못했으며, 경험론의 바탕에 깔린 의미와 나중에 드러난 경험론의 난점들을 분명히 이해한 것 같지는 않기 때문이다. 그러나 베이컨이 그동안의 연역적 사고에 대한 선입견을 버리고 관찰할 수 있는 세계의 여러 가지 사실에 관한 생생한 고찰로 시선을 돌리도록 했다는 것은 분명하다.

베이컨은 또한 영국 문학에 있어서 위대한 수필가 중 한 사람이다. 그는 1597년에 수필집 한 권을 내놓았으며, 1618년과 1625년에 그 증보판을 출간하였다. 그의 철학적 주서는 1605년에 발표한 《학문의 진보 The Advancement of Learning》와 1620년의 《신기관 Novum Organum》이다. 그는 이 두 저작을 그가 계획한 과학과 철학의 종합적인 체계인 《대부흥 Great Instauration》의 일부로 썼던 것이며, 그 체계의 다른 부분도 단편적으로 저술하였다. 철학적 중요성을 지닌 미완성의 환상 《새로운 아틀란티스 The New Atlantis》은 1627년에 《숲과 숲 Sylva Sylvanum》 끝머리에 발표되었다.

2. 베이컨의 사상은 어떤 배경에서 나왔나?

베이컨은 학문을 목적이라기보다는 수단이라고 생각했다. 그는 지적 생활의 즐거움을 찬양하기보다는 지식이 실생활에 미치는 결과를 더욱 강조하였다. 그의 최초 저서인《학문의 진보》에서 베이컨은 자신의 태도를 다음과 같이 진술하였다.

> 도덕 철학은 …(중략)… 명상적인 생활과 행동적인 생활 중에서 어느 편이 더 값지냐는 문제를 해결하는데, 그 해답은 아리스토텔레스와는 반대의 방향을 취한다. 왜냐하면 명상적인 생활에 우위를 인정하는 이유로써 아리스토텔레스가 제시한 것은 모두 개인적이며, 그 개인 자신의 쾌락과 존엄성을 존중하는 따위의 것이기 때문이다. …(중략)… 그러나 이 인생이라는 극장에 있어서 관람객의 자리에 앉을 수 있는 것은 오직 신과 천사뿐이라는 사실을 알아야 한다.
>
> - 베이컨,《학문의 진보》중에서

《신기관 Novum Organum》의 부제목은 '자연과 인간 세계의 해석에 관한 교훈'이다. 베이컨은 신학적인 문제는 다루지 않았다. 그것은 철학의 관심사가 아니라고 생각했기 때문이다. 그는 종교를 믿는다고 공언하였으나 모든 종교적 신앙을 철학의 범위에서 제외했다.

그는 이런 말을 한 적이 있다.

"우리는 신에 관한 지식을 가지고 있지 않다. 다만 우리는 감탄하고 숭배할 뿐이다."

종교에 대한 그의 태도를 읽게 하는 대목이다. 반면 철학은 눈에 보이는 세계와 인생을 그 대상으로 삼는다.

만약 우리가 지식의 탐구와 응용에 있어서 효과를 거두려면, 수많은 과학의 일꾼들이 협조적인 노력을 해야 한다는 것을 베이컨은 잘 알고 있었다. 그는 여러 권으로 출간할 책을 저술하면서 일부는 자신이, 다른 부분은 조예 깊은 다른 학자들로 하여금 쓰게 할 계획을 세웠다.

베이컨은 이 거창한 합동 저술을 《대부흥》이라고 부를 것을 제안한 동시에 계획된 첫 부분을 위한 머리말과 서론을 자기 손으로 직접 썼다. 책의 첫머리에서 그는 '나는 모든 지식을 내 영역에 포함시켰다'라고 말하였다. 그러나 그것은 자기 혼자 단독으로 연구한다는 뜻이 아니었다. 다른 사람들이 함께 참여하고 같이 관찰하고, 관찰한 사실을 기록하며, 또 그 사실들을 중요성과 가치에 따라 일람표로 작성하는 일에 협력할 것을 원했다. 베이컨은 《학문의 진보》 안에서 당시 학문의 결점과 미비한 점을 밝히는 동시에, 장차 가장 필요한 보충적 연구에 노력을 기울이기 위하여 그 당시의 학계 상황을 검토하기도 하였다. 하지만 결국 그는 다른 학자들을 연구와 실험의 공동 사업에 참여시키지 못했으며, 또 참여시킬 수 있는 방안도 몰랐었다. 그러나 인간의 지식 영역을 확대하고 실생활의 개선을 위한 지식의 응용을 목표로 하는 공동 노력에 학자들을 결합시키고자 했던 학회에 관해서는 그가 선견지명을 가졌다고 평가할 수 있다.

베이컨의 철학적 환상을 그린 《새로운 아틀란티스》는 큰 폭풍으로 만나

해도에 없는 바다로 떠내려간 영국의 배 한 척이 어떤 섬을 발견한 이야기를 그린 것이다. 이 섬에서 영국의 선원들은 주민들의 행복을 증진할 여러 가지 방도를 가진 훌륭하게 조직된 사회를 발견한다. 이 섬의 문화의 중심은 '솔로몬의 집'이라는 이름의 거대한 실험 연구소이다. 선원들이 그 연구소의 사명을 물었을 때, 그들에게 주어진 것은 다음과 같은 웅변적 답변이었다.

"우리 연구소의 목적은 사물의 원인과 보이지 않는 운동을 밝히는 것이며, 또 모든 가능한 일을 성취하기까지 인간 제국의 국경을 넓히는 것이다."

이 전형적인 베이컨의 발언은 정열적이면서도 냉정한 면이 있다. 그것은 과학적 지식의 엄청난 진보와 그에 따르는 인간 생활의 개선을 꿈꾸는 점에 있어서 정열적이다. 그러나 인간의 업적을 자연적으로 가능한 범위 내에 국한한다는 점에 있어서는 냉정하다. 이 발언은 인간의 업적을 소망되는 모든 것, 또는 상상할 수 있는 모든 것에까지 과대 망상적으로 확대하지는 않는다.

베이컨은 인간이 모든 일을 이룰 것이라고 기대하는 것이 아니라, 자연의 법칙에 인간이 순응할 줄만 안다면 많은 일을 이룩할 수 있다고 기대하였다. 자연 과학의 영향과 자연 과학이 실생활에 미치는 보람된 결과, 그리고 과학 연구의 귀중함을 베이컨보다 더 웅변적으로 찬양한 사람은 역사상 없을 것이다.

3. 귀납적 방법

베이컨은 '귀납적 방법 inductive method'을 정립한 것으로 유명하다. 그는 이 귀납적 방법을 차근차근 적용함으로써 과학 지식을 체계적으로 축적해 나갈 수 있다는 근대적 낙관론을 대표한 인물이라고 할 수 있다.

베이컨의 귀납법은 자연 세계에 대한 일차적 지식을 얻기 위해서 다양한 대상을 다양한 조건 하에서 관찰할 것을 요구한다. 예를 들면, 열의 특성을 연구하기 위해서는 다양한 방식으로 열이 발생할 수 있는 상황들(짚을 태우거나 물을 끓이는 등)을 모두 관찰해서 그것들의 공통점을 추출해내야 한다는 것이다. 베이컨은 또한 자연을 수동적으로 관찰하기만 할 것이 아니라 '못 살게 굴 것'도 요구했다. 이는 자연적으로는 발생하기 어려운 상황을 인공적으로 만들어내서 그런 상황에서 나온 결과들도 귀납의 근거로 사용하자는 제안이었다. 이러한 베이컨의 견해는 흔히 현대 과학에서 통제 실험(controlled experiment)이 갖는 중요성과 관련하여 자주 언급된다.

통제 실험은 현재 과학적 지식을 얻는 주요한 방법이다. 자연 세계에서 일어나는 현상들은 일반적으로 수많은 원인과 결과들의 중첩을 통해 발생한다. 예를 들어 어떤 금속의 온도가 올라가는 현상이 관찰되었을 때 그 현상은 빛을 쬐어 주어서 발생했을 수도 있고 전기나 그 밖의 다른 원인에 의해서일 수도 있다. 일반적으로 자연적인 상황에서는 이 원인들이 모두 조금씩 한꺼번에 작용하게 된다.

그러나 근대 과학은 특정한 인과관계를 다른 인과관계와 고립시켜서 연구하고 나중에 이를 종합하여 자연 현상을 설명한다는 특징을 갖는데, 이를 분석적 방법(analytic method)이라 한다. 예를 들어, 앞의 사례에서 전기만 흘려주었을 때 금속의 온도 변화는 어떠할까를 연구하는 것이 분석적 방법이 적용된 경우이다. 그러나 전기만 통하고 빛이나 다른 열은 금속에 전혀 가해지지 않은 상황은 자연 상태에서는 잘 일어나지 않으므로, 금속에 통해 준 전기의 세기와 금속의 온도 변화 사이의 정량적 인과 관계를 알기 위해서는 인공적으로 그런 상황을 만들어서 실험을 할 필요가 있다. 즉, 금속의 온도 변화에 영향을 줄 수 있는 모든 원인 중에서 오직 전기만 남겨 두고 나머지를 모두 제거한 '통제된' 상황에서 실험을 수행하고 그 결과에 기반을 두어 과학 지식을 생산하게 되는데, 이런 통제 실험의 사용은 베이컨의 제안 이후 과학 연구의 주요한 특징이 되었다.

4. 베이컨이 미친 영향

베이컨은 당시 과학자들이 사용하고 있던 방법에 관해 충분한 이해가 없었던 것으로 보인다. 뿐만 아니라 당시 날카로운 사상가들이 의심할 이유가 있다고 보는 어떤 것들을 무비판적으로 인정해 버리는 결점 또한 보였다. 마치 단편적 사실들을 모아서 일람표로 작성만 하면 거기서 자연의 법칙이 저절로 솟아나온다는 식의 유치한 사고를 보여 주기도 했다. 그는 경험적 방법을 아래와 같은 화려한 수사로 서술하기도 하였다.

과학에 종사한 사람들은 실험을 일삼는 사람이었거나 아니면 독단을 휘두르는 사람들이었다. 실험하는 사람들은 개미와 같다. 그들은 오직 수집하여 사용한다. 독단적 추리가들은 자기 자신 속에 있는 것을 풀어서 집을 짓는 거미와 같다. 그러나 꿀벌은 제3의 중간 길을 택한다. 벌들은 뜰과 들에 핀 꽃으로부터 재료를 모아들이나, 그것을 자신들의 힘으로 변화시키고 소화시킨다. 이 꿀벌의 태도와 비슷한 것이 참된 철학의 길이다. 왜냐하면 참된 철학은 이성의 힘에 오로지 의존하지도 않고, 박물학이나 실험을 통하여 수집한 것을 그저 그대로 받아들이거나 기억 속에 저축하지도 않는다. 오히려 그것을 변화시키고 소화시켜서 오성(悟性) 속에 저축하는 것이 참된 철학이다.

- 베이컨, 《신기관》 제1권, 단장 95 중에서

이 구절에 나타난 표현은 아름답기도 하거니와 내용도 옳다고 할 수 있다. 그러나 대부분의 경우 베이컨 자신은 꿀벌보다는 개미에 가까운 태도를 취했다. 그리고 그가 그렇게 한 이유는 사람의 마음이 가진 편견에 대한 그의 억제할 수 없는 공포심 때문이었을 것이다.

베이컨은 너무 세밀한 구별을 싫어했다. 그는 사람들이 각자 자신이 미리 갖고 있던 학설과 부합되는 사실만을 관찰하려는 경향이 있음을 한탄하였다. 앞서 제시된 글에서 베이컨은, 과학자가 관찰한 바를 '고치고 소화시켜서' 오성 속에 저장할 수 있음을 인정하였다. 그러나 그는 곧 이어서 마음에 의한 어떠한 변형도 마치 그것이 왜곡인 것처럼 마구 야단치고 어떠한 소화도 그것이 마치 파괴인 것처럼 극렬하게 비판하고 배격하였다. 이처럼 베이컨은 과학적 탐구에 있어서 가설이 수행하는 임무에 대한 이해가 부족했다고 할 수 있다. 그는 가설을 무서운 편견으로 본 것이다.

역사가들은 근대 경험론의 선각자로 베이컨을 말한다. 그런데 베이컨의 경험론은 그 자신이 의도한 바와 달리 소극적이었다. 그의 경험론은 적극적인 수법을 말했지만 그보다는 오류를 피하도록 하는 경고에 더 성공하였다고 평가할 수 있다.

베이컨뿐만 아니라 베이컨 이후 18세기 전반에 걸쳐서, 그리고 19세기에 이르러서도 경험론 학파는 세계에 관한 적극적인 학설을 주장하기보다는 경솔한 믿음, 근거 없는 열중, 그리고 조급한 결론을 공격하는 데에 힘을 기울였다. 역사에 나타난 고전적 경험론의 임무는 자연의 윤곽을 그리는 일보다는 마음의 정화제로서 작용하는 일이었다. 당시 과학자들은 경험론 일파의 철학자들에게 영향을 받지 않았다고 평가된다. 반면 경험론자들은 과학자들이 제시한 견해가 일반적으로 받아들여지기에 어려움이 되는 장애들을 제거하는 데 성공했다고 평가할 수 있다. 베이컨은 이후 활발하게 진행되는 경험론의 선각자였고, 비록 당시 진행된 과학에 대한 이해가 충분하지는 않았지만, 무엇보다 과학의 성과와 과학 연구의 귀중함을 가장 웅변적으로 찬양한 사람이었다.

고전 펼치기 – 주요 개념 중심으로

1. 베이컨의 우상론

베이컨은 우리가 학문의 목적을 달성하기 위해서는 먼저 모든 편견이나 선입관에서 벗어나야 하며, 그다음에 올바른 연구 방법을 터득해야 한다고 했다. 처음의 문제를 설명하기 위하여 그는 우상론(偶像論)을 들었으며, 두 번째의 문제를 위해서는 귀납법을 제시하였다. 베이컨은 사람들이 흔히 빠지는 편견을 네 가지 우상론으로 설명하였다.

그 첫째는 '종족의 우상'이다. 이것은 자기의 의지나 감정에 의하여 생각이 흐려진다거나 또한 감각 기관에 의해 착각이 일어나는 것처럼, 모든 인간이 본능적으로 쉽사리 이끌려 들어가는 여러 가지 착각을 말한다. 우리는 흔히 '저 새가 나의 마음을 알기라도 하는 듯이 구슬프게 운다' 또는 '도살장에 끌려가는 소가 두려움에 눈물을 흘린다' 라는 말을 한다. 과연 새가 슬퍼서 울고 소가 두려움 때문에 눈물을 흘릴까? 이런 해석에는 우리의 생각이 끼어든 것일 뿐, 사실은 그렇지 않다. 다만 우리가 인간이기 때문에 언제나 세상을 인간적인 눈으로 바라보고 있는 것이다. 이처럼 세계의 모든 현상을 인간의 관점에서만 보려는 것을 종족의 우상이라고 한다.

둘째는 '동굴의 우상' 이다. 이것은 개개인마다 가진 서로 다른 성격, 기질, 교육, 관점, 처지 때문에 생기는 편견이다. 각 개인은 자기만의 독특한 동굴에 갇혀 있는 것과 같은 상태이기 때문에 편견을 갖게 된다. 장님들이 코끼리의 전체 모습은 알지 못한 채 자기가 만진 일부분을 코끼리의 전부라고 생각한다는 우화가 있다. 이처럼 우리는 자신이 경험한 것만을 참이라고 생각하면서 다른 사람의 생각이나 객관적 진리를 부정할 때가 있다. 개인적인 편견에 빠져 있는 사람을 비판할 때, '우물 안 개구리' 라는 말을 하듯이, 베이컨은 이런 사람들의 편견을 동굴에 갇혀서 바깥세상을 제대로 바라보지 못하는 것에 비유해 동굴의 우상이라 부른 것이다.

셋째는 '시장의 우상' 이다. 베이컨은 말 때문에 생기는 편견을 시장의 우상이라고 했다. 잘못된 언어 사용은 우리에게 편견을 심어 줄 수 있다.

예를 들어 귀신, 도깨비, 용, 봉황과 같은 상상 속에만 있는 것들이 자주 언어로 표현됨으로써 마치 정말 있는 것처럼 생각되는 것은 시장의 우상 때문이다. 사람들이 많이 모이는 시장에서는 수많은 말들이 오가면서 소문과 과장이 끊일 날이 없다. 그래서 베이컨은 시장의 우상이라는 표현을 사용했던 것이다.

마지막으로 '극장의 우상'이 있다. 베이컨은 무대 위에 꾸며진 것을 보고 환호하는 관객들처럼, 전통이나 권위를 등에 업고 나타나는 지식이나 학문을 아무런 비판 없이 받아들이는 것을 가리켜 극장의 우상이라고 했다. 사람들은 그럴 듯하게 보이는 말을 그대로 믿어 버리거나, 뭔가 거창해 보이는 것을 의심하지 않으며 생활한다. 극장에서 상영되는 영화나 연극은 과장되고 허구인 경우가 많다.

베이컨은 이와 같이 경험이나 관찰을 거치지 않고 주어진 권위를 그대로 받아들이는 태도를 극장의 우상이라고 하여 비판했던 것이다. 베이컨은 과거에 나온 이론들을 권위가 있다고 해서 무조건 따르기보다는 그것들을 침착하고 이치에 맞게 비교하고 분석함으로써 보다 발전된 이론을 세워 가는 것이 올바른 일이라고 생각했다.

2. 귀납적 방법

베이컨은 이러한 네 가지 우상으로부터 우리의 사고를 깨끗이 한 다음, 경험으로 얻은 지식을 통해서 비로소 학문적 성과를 낼 수 있다고 주장했다. 이 부분이 바로 베이컨이 영국 경험론의 창시자로 불리게 된 부분이다. 경험론은 아무런 경험도 없이 순수하게 머릿속으로만 생각해낸 이론적인 것을 멀리하고 모든 지식의 가치를 경험 속에서만 인정하는 입장이다.

한편 경험론은 사고의 방법으로 귀납법을 따른다. 근대과학의 '귀납적 방법(inductive method)'을 정립한 것으로 유명한 프랜시스 베이컨은 이 귀납적 방법을 차근차근 적용함으로써 과학 지식을 체계적으로 축적해 나갈 수 있다는 근대적 낙관론을 대표한 사람이라고 할 수 있다. 베이컨의 귀납법은 자연 세계에 대한 일차적 지식을 얻기 위해서 다양한 대상을 다양한 조건 하에서 관찰할 것을 요구한다.

베이컨 이후 귀납법은 과학적 방법의 대표적인 것으로 간주되었다. 과학적 창조성에 대한 우리의 논의에서 귀납법이 중요한 것은 그것이 어느 정도 '기계적인' 방식으로 자연 현상에 적용 가능하다는 것이다. 즉 '다양한 상황 하에서 P라는 현상을 관찰했다면, P가 참이다'라고 결론을 내리는 귀납적 방법은 이 방법을 올바르게 적용하거나 잘못 적용한 두 가지 중 하나일 뿐, 다른 과학자보다 귀납법을 좀 더 '잘' 적용할 수 있는 가능성은 별로 없다. 그러므로 귀납법을 사용하여 지식을 생산하는 과정에서 중요한 요소는 얼마나 '뛰어난' 과학자들이 연구를 수행하는가보다는, 얼마나 '많은' 과학자들이 연구를 수행하는가이다. 베이컨은 과학적 방법론에 숙달된 과학자들이 '솔로몬의 집(Salomon's House)'에 함께 모여 연구를 수행함으로써 과학 지식을 차근차근 축적해 나가는 상황을 가정했는데, 여기서 우리는 베이컨이 과학 지식의 성장을 위해서 개별 과학자의 능력보다는 얼마나 많은 과학자들이 귀납법을 정확히 적용하는가를 중요시했음을 알 수 있다.

'아는 것이 힘이다'라는 말은 베이컨이 남긴 명언이다. 우리는 이 명언에 담긴 뜻을 통해 베이컨의 사상을 좀 더 깊이 들여다볼 수 있다. 이 말에는 단순히 지식을 많이 쌓자는 것만이 아니라, 남보다 더 많이 아는 사람이 사회적인 권력을 잡게 된다는 뜻이 담겨 있다. 그리고 그 속에는 당시 교회의 권위에 대한 비판과 인간의 능력에 대한 믿음까지 들어 있다.

번개가 신의 노여움의 표현이라고 생각하는 사회에서는 신과 가장 가까운 인간이나 집단이 권력을 행사한다. 그러나 번개가 수증기를 머금은 구름에서 생기는 전기적 현상이라는 사실을 알게 되면, 사람들은 더 이상 번개가 쳐도 신이 노여워하고 있다고 생각하지 않게 된다. 이와 같이 전에는 알 수 없었던 자연 현상이 일어나는 원리를 하나씩 알아 가게 되면, 교회는 더 이상 사회를 지배할 수 없으며, 자연 또한 두렵거나 신비로운 대상이 아니게 된다. 이제 교회 대신 아는 것이 많은 사람이 힘을 가진 지배자로 등장하게 되는 것이다. 물론 여기서 앎이란 경험으로 얻어진 지식을 말한다. 이와 같이 베이컨은 우상을 벗어나 관찰과 실험에 기초하여 귀납법적으로 지식을 탐구해야 한다고 주장하였다.

3. 베이컨의 공헌에 대한 논란

프랜시스 베이컨은 과학사에서 계속 논의되어 온 인물이다. '왕립학회'의 창립자들의 눈에도, 그는 새로운 과학 방법론의 예언자였다. 마찬가지로 계몽 시대의 철학자들도 베이컨을 개혁자, 즉 새로운 귀납 – 실험적 방법의 선구자로 간주하였다. 그러나 20세기의 뛰어난 역사가인 코이레와 딕스테루이스는 베이컨의 공헌도를 낮게 평가하였다. 베이컨은 과학에 전혀 새로운 업적을 남긴 것이 없었으며, 아리스토텔레스 방법론에 대한 베이컨의 비판도 독창적이거나 예리한 점이 없다고 주장하였다. 딕스테루이스에 의하면, 과학에서 베이컨의 역할은 그리스의 절름발이 시인 티르타이오스가 전쟁에서 수행한 역할과 유사하였다. 티르타이오스는 전투에 가담할 수 없었지만, 그의 군가만은 전투하는 사람들을 고무시킨 것처럼 말이다.

논쟁가들도 베이컨의 기여를 평가하는 다양한 측면에 관하여 몇 가지 점에서는 일치점을 보여 준다. 첫째, 베이컨 자신은 그가 주장한 방법의 구체적인 실례들에 의해, 실제로 과학을 풍부하게 만들지는 못했다. 둘째, 베이컨의 훌륭한 문학적 재능은 그의 사상을 대단히 효과적으로 표현하였기 때문에 많은 학자는 17세기의 과학 혁명에 그가 커다란 역할을 해낸 것으로 보았다. 셋째, 베이컨에게 독창성이 있다면, 그것은 그의 과학 방법론에 있다.

베이컨은 자신의 방법이 갖는 독창성을 주장했다. 방법에 관한 그의 주요한 저서의 제목으로 그는 《신기관 (노붐 오르가눔)》을 선택하였다. 그래서 그는 아리스토텔레스의 《오르가논》에 논의되는 방법을 통해서 자신의 방법을 전개하였다. 어떤 비평가들은 베이컨에 대해 긍정적으로 평가하기도 한다. 허셜과 같은 사람은 《자연철학 서설》에서 다음과 같이 주장하기도 한다.

코페르니쿠스, 케플러, 갈릴레이에 의해 발견된 아리스토텔레스 철학의 오류는 자연의 사실 앞에 완전히 뒤집어졌다. 그러나 다음의 것이 남아 있다. 즉 광범위한 일반 원리에 기초하여 어떻게 그리고 왜 아리스토텔레스가 틀렸는가를 밝히고, 그의 철학적 설명 방법에 특유한 약점을 증거로 세우는 일, 그리고 그것을 보다 강하고 좋은 것으로 대치하는 일, 이 중요한 일들은 프랜시스 베이컨에 의해 수행되었다.

- 허셜, 《자연철학 서설》 중에서

일상에서 만나는 베이컨의 사상

1. 우상론과 비형식적 오류론

"저 약을 먹으면 살이 일주일 만에 10킬로그램이 빠진다고 해서 약을 샀어" "'인어'라는 말이 있으니 이 세상에는 인어가 확실히 존재할 거야" "이번 전쟁은 평화를 위한 전쟁이라고들 말하지" 등과 같은 판단을 잘 살펴보면 오류를 발견할 수 있다. 이는 베이컨이 '시장의 우상'이라고 이름붙인 언어적 오류들의 사례이다.

베이컨이 제시한 네 가지 우상론은 사실 일상에서 우리가 올바른 판단을 내리는 것을 방해하는 요소들이다. 서구의 지성사를 살펴보면 오류로부터 벗어나 올바른 판단을 내리고, 사물에 대한 참된 인식, 앎을 갖기 위한 끊임없는 노력들이었다고 해도 과언이 아니다.

일반적으로 오류란 타당하지 않은 모든 논증을 가리키는 말이다. 그러나 부당한 논증이라고 해서 모두 다 설득력을 갖지 못하는 것은 아니다. 다만, 그 목적이 무엇이냐에 따라 설득력을 높이기 위해 오류를 이용하기도 한다. 그러나 대부분의 경우 오류는 착오나 허위, 또는 부주의로 인한 사고의 혼란을 가져온다. 이러한 오류는 거짓말과 다른데, 거짓말이 의도적인 것이라면 오류는 의도하지 않은 실수라고 할 수 있다. 만약 오류를 의도했다면 그것은 거짓 판단이라고 할 수 있다. 오류는 실제로 그른 것을 옳다고 믿으면서 내리는 잘못된 판단이다. 베이컨은 경험적 사실을 왜곡하여 바른 연구를 방해하는 선입견, 편견을 우상이라고 하면서 이를 배제해야 사물에 대한 참된 인식에 도달할 수 있다고 주장하였다.

2. 베이컨의 귀납적 방법의 적용 사례

베이컨에 의하면 과학적 방법의 비결은 자연에 관한 진리가 명백히 드러나도록 관찰한 사실을 정리하는 수법에 있다. 그리고 귀납법이 바로 그 수법이라고 확신한다.

베이컨은 열(熱)의 성질에 관한 장황한 설명으로 귀납적 방법을 소개한다. 첫째로 우리는 열의 존재표 – 예를 들어 태양광선·유성·낙뢰, 그리고 불꽃 등과 같이 열을 발산하는 것들에 관한 목록 내지 일람표 – 를 작성해야 한다. 둘째로 우리는 열의 부재표(不在表) – 즉 위에 말한 첫째 일람표의 경우와 될 수 있는 대로 비슷하면서도 그러나 열은 존재하지 않는 사례들에 관한 목록 내지 일람표 – 를 준비해야 한다. 이 둘째 목록에 들어갈 것의 예로 베이컨은 달빛·북극광, 그리고 어둠 속에서 빛나는 고기의 비늘을 들고 있다. 그리고 마지막으로 우리는 정도표(程度表) – 즉 조건의 변화에 따라서 여러 가지 정도로 열이 발견되는 사례에 관한 목록 내지 일람표-를 필요로 한다. 셋째 목록에 들어갈 예로는 말라리아열, 같은 동물의 신체 부분에 따라 다른 체온, 타는 석탄이나 목탄이 발산하는 여러 가지 정도의 열 등이 있다.

이상 세 가지 경우의 일람표를 근거로 하여, 열이란 중심에서 변두리로 퍼지며 위로 급하게 움직이는 일종의 운동이라는 결론을 내렸다. 또는 마치 그 세 가지 일람표에서 그런 결론이 나온 것처럼 주장하였다.

열에 관한 베이컨의 장황한 논설은 대부분의 독자들에게 확신을 주지 않는다. 대부분은 베이컨이 그 결론을 좀 더 유능한 과학자들로부터 빌려 오고 나서, 그 결론을 뒷받침할 만한 적절한 예를 찾아내기에 실패한 것이라고 생각한다. 그렇지만 베이컨의 세 가지 일람표에 놓인 생각은 나중에 귀납법의 규준(規準)으로 발전하고 경험적 방법론의 기본 원리가 될 어린 싹이었다.

세 가지 일람표에 관한 말을 마친 다음에 베이컨은 현상들이 가지는 증거물로서의 가치가 사례에 따라 크게 다르다는 것을 주장한다. 어떤 현상은 마음으로 하여금 명백한 결론을 이끌어 내도록 돕지만, 어떤 것은 그렇지 못하다. 그러므로 베이컨은 우리에게 '특출한 사례'를 수집하도록 주의해야 한다고 역설한다. 그리고 그는 어떤 곳에서 특출한 사례를 찾아볼 수 있을까에 관하여 명세서를 제시하였다. 예를 들어 공중을 나는 물고기(물고기와 새의 중간), 또는 박쥐(새와 길짐승의 중간), 또는 원숭이(짐승과 사람의 중간) 따위와 같은 '경계선상의 사례'들이 있는데, 이러한 사례들은 모두 생명의 형태를 올바로 분류함에 빛을 던져 줄 것이다. 다음에 '이동성 있는 사례들', 예를 들어 부서진 유리 가루나 요동하는 물결 거품의 흰빛 등은 색채의 본질을 확인하는 데 도움이 될 것이다. 그 밖에 또 망원경이나 현미경을 통한 관찰과 같은 '입구의 사례들'이 있는데, 이런 사례들은 범상한 관찰보다도 빨리 관찰자가 자연의 비밀 속으로 뚫고 들어갈 것을 허락한다.

요약하자면 베이컨은 첫째, 자기가 구하는 법칙과 관계있는 사례를 모으는 절차와 둘째, 모든 것을 비교 검토해서 자연에 관한 진리가 드러나는 법칙을 찾는 절차가 귀납법에 필요하다고 주장한다. 그리고 첫 번째 절차와 관련해서는 세 가지 일람표를 제시한다. 존재표는 원하는 성질을 현재 갖고 있는 것, 부재표는 원하는 성질을 갖고 있지만 보이지 않는 것, 마지막으로 정도표는 사상이 여러 가지로 나타나는 것이다. 베이컨은 이러한 세 일람표로 정리하는 절차의 필요성을 역설한다. 법칙을 찾는 절차는 비교를 통해 우연적, 비본질적인 요소를 제거하는 절차로, 이는 관계적으로 계속해서 일어나야 하는 절차이다.

3. 생각거리

- 세계에 대한 올바른 지식을 갖기 위해 반드시 경험이 필요하다고 할 수 있을까?

- 베이컨이 제시한 '네 가지 우상' 외에 올바른 사고를 가로막는 우상은 무엇이 있을까?

- 과학에서 귀납적 탐구 방법이 중요한 이유는 무엇일까?

- 과연 귀납법을 올바른 지식의 토대라고 할 수 있는 것일까?

- '아는 것이 힘이다' 라는 말을 통해 드러난 베이컨의 자연관은 무엇이고 그 한계는 무엇일까?

1강_ 귀납적 일반화

case 1 제시문 (가)에 나타난 사례들에서 공통적으로 나타난 문제점이 무엇인지를 지적해 보고, 그 원인은 무엇인지 밝히시오. 또한 이를 피하기 위해서는 어떤 노력이 필요한지 제시문 (나)를 참고하여 서술하시오. (1000자 내외)

가 K의 징크스는 중요한 경기를 자신이 시청할 경우 자신이 응원하는 팀이 항상 진다는 것이다. 한국과 일본과의 야구 시합이 있는 날, 친구들이 모두 모여 야구를 관람하고 있다. 스코어는 0 : 0, 팽팽한 긴장 상태이다. 모두 잔뜩 숨을 죽인 채, TV를 응시하고 있을 때, K라는 친구가 방으로 들어온다. 그 순간 일본 타자가 안타를 치고 일본은 한 점을 낸다. 방 안에 있는 친구들은 K를 쏘아본다. K는 머쓱해서 방을 나간다. 그러나 '나 때문에 한국이 안타를 맞는 것도 아니다. 내가 잘못한 것이 뭐람' 하는 생각도 든다. 그래서 친구들이 모인 방으로 다시 들어서는 순간, 한국은 다시 일본 타자에게 안타를 맞는다. 다시 친구들의 눈이 K에게 쏠린다. 친구들의 싸늘한 눈초리는 마치 '너 때문에 우리가 안타를 맞았잖아!' 라고 말하고 있는 듯하다.

이와 유사한 예는 많다. 잘 알다시피 번개와 천둥은 한 현상의 두 가지 다른 모습일 뿐이다. 그러나 과학적 지식이 부족한 옛날 사람들은 번개가 천둥의 원인이라고 생각했다. 또 많은 사람들은 감기에 걸렸을 때 매운 음식을 독한 소주와 함께 먹으면 몸에 땀이 나고 열이 나면서 감기가 낫는다고 생각한다. 이런 사례들에서 '까마귀 날자 배 떨어진다' 라는 속담이 떠오른다.

나 미신과 광기에 대항해서 싸웠던 베이컨의 승리는 결코 '역사적 필연' 에 의해서 준비되어 있던 승리는 아니었다. 오히려 그것은 '이성의 힘' 에 대한 베이컨의 믿음과 '유리한 시대정신' 이 절묘하게 결합되었던 우연의 산물에 더 가깝다. 그리고 우상에 대한 이성의 싸움은 과거의 사건만이 아니다. 그것은 우리가 알지 못하는 사이에 우리의 일상적 삶 언저리에서 벌어지고 있는 것이다.

합리적이고 이성적인 사실을 논하는 자리에서 신학적이고 추상적인 말들이 난무하는 현상이 참으로 기이하게 느껴진다. 어쩌면 우리 시대의 과학자들이 믿는 것은 과학적 이성의 힘보다는 대중이 지닌 비합리적이고 어두운 힘은 아닐까 하고 생각해 본다. 시간이 지날수록 점점 더 의혹은 증폭되고 정확한 판단의 근거들은 무대의 뒤편에서 오고 가는데, 여론들은 문제가 해결되었다고 주장하니 이해할 수 없는 일이다. 갈릴레이가 지구는 돌고 있지 않다고 자신의 주장을 철회한다고 해서 지구가 회전을 멈추지는 않는 것이다. 그리고 그것이 바로 과학적 진실이다. 과학적 이성은 개인과 연관된 진실이 아닌 것이다. 그런 점에서 과학은 개성과 개인적 결과물을 중시하는 예술과 다른 것이다.

글쓰기 이전에 생각하기

　제시문 (가)는 우리가 일상에서 흔히 범하는 잘못된 인과 관계들의 사례를 제시하고 있다. K가 방 안에 들어온 사실과 한국이 안타를 맞았다는 사실은 아무런 인과 관계가 없다. 굳이 어떤 관련을 찾자면 K가 방 안에 들어온 사건은 한국이 일본에게 안타를 맞은 사건과 비교할 때 시간적으로 선행되는 사실일 뿐이다. 다시 말해 K가 방 안에 들어온 사실과 한국이 안타를 맞았다는 사실은 시간적인 선후 관계일 뿐이다. 이 시간적 선후 관계를 인과적 관계로 파악하면 오류에 빠진다. 마찬가지로 '까마귀 날자 배 떨어진다' 라는 우리 속담 역시 까마귀가 나는 사건과 배가 떨어진 사건의 선후 관계를 인과 관계로 잘못 판단하는 문제를 지적하고 있다. 우리가 민간 지식을 흔히 비과학적 지식이라고 하는 것도, 많은 민간 지식이 단순한 선후 관계를 논리적 인과 관계로 파악하는 데서 오류를 빚고 있기 때문이다. 제시문 (나)에서는 이러한 오류를 피하기 위해서는 과학적 이성에 따른 합리적인 지식의 축적이 필요하다고 밝히고 있다.

어휘 다지기

인과 관계

사건과 사건 사이의 관계에서 그것이 인과 관계가 있다고 할 때는 앞선 사건이 원인이 되어 이후 사건을 결과로 만들어 내는 것을 말한다. 전통적 논리학에서는 '실재 세계에서의 존재나 사건에는 반드시 그것을 발생시키는 근거가 있다'라는 법칙을 존재의 필연적 법칙으로 하고 이것을 '인과율'이라 불렀다. 여기서 근거를 '원인'이라 하고 그것에 의하여 발생되는 것을 '결과'라 하며 이 두 개의 관계를 인과 관계라 부른다.

민간 지식

흔히 평범한 지식이라 불리는 '민간 지식'은 전문화된 지식이 아니라 전문적이고 과학적인 검증 없이 상식이라고 알려진 것들에 기반을 둔 지식 체계라고 할 수 있다.

생각 쓰기

2강_ 아는 것이 힘이다!

case **2** 제시문 (가)에서 나타난 '참다운 앎'이란 무엇인지 그 성격을 분석해 보고, 이러한 참다운 앎에 도달하기 위해 우리가 선택해야 하는 탐구 방식은 무엇인지 제시문 (나)를 참고하여 서술하시오. (500자 내외)

가 "플라톤이 동굴에 비유해서 우리의 참다운 앎에 대해 설명한 적이 있거든."

"참다운 앎?"

"그래, 우리가 여기 서서 이 집에 대해 추측만 하는 건 플라톤이 말한 것처럼 동굴 안에 갇혀 있는 것 같을 뿐이야."

"그래서 동굴이 어쨌는데?"

"죄수들은 이 캄캄한 것을 '참다운 앎'으로 여기는 거지."

"헤헤, 참 어리석다."

호철이가 어이가 없다고 웃었습니다.

"그런데 상황이 바뀌어서 우연히 묶였던 끈이 풀리고 죄수들이 몸을 돌려서 동굴 입구를 향해서 걸어 나온다고 가정해 봐. 바로 동굴 벽 여기저기에 횃불이 있어서 사람이나 바위의 그림자들이 너울거리고 있어. 죄수들은 이제 캄캄한 것은 참답지 못하고 너울거리는 그림자가 참다운 앎이라고 믿겠지? 이 단계는 '신념의 단계'보다는 수준이 높은 '추측의 단계'래."

"그것도 어리석기는 마찬가지인데? 아직 환한 세상을 본 것도 아니잖아."

종회가 말하자 호철이가 고개를 끄덕였습니다.

"그래, 다음으로 죄수들이 동굴 입구 쪽으로 다가갈수록 사물들이 윤곽이 보다 더 뚜렷하게 보이기 시작하겠지? 사물들이 완전하게 똑똑히 드러나지는 않을지언정 사물들은 질서와 체계를 지닌 것으로 보이는 거야. 이 단계가 바로 수학적 앎의 단계래."

진형이는 마치 선생님처럼 설명했습니다. 신념의 단계, 추측의 단계, 수학적 앎의 단계와 같은 단어를 써 가면서 말을 하니 오늘따라 진형이가 똑똑해 보이기까지 합니다.

"이 정도 되면 어느 정도 안다고 할 수 있는 것 아니야?"

"아니지, 완전히 동굴을 벗어나야 하는 거지."

종회의 물음에 진형이 대신 호철이가 대답했습니다.

"그래, 죄수가 이제 막 동굴을 벗어났어. 그리고 환한 빛을 보게 된 거지."

"그런데 진형아! 깜깜한 곳에 있다가 갑자기 밝은 곳에 나오면 오히려 안 보이는데?"

호철이가 진형이의 말을 끊고 말했습니다.

"맞아."

종회도 맞장구를 쳤습니다.

"그래, 처음엔 눈이 부셔서 아무것도 볼 수가 없지만, 빛에 익숙해지면 점점 사물이 똑똑히 보이겠지? 그러면, 이윽고 모든 것을 참답게 보면서 '세상이란 이런 것이구나!' 하고 감탄사를 연발하겠지? 이것이 곧 참다운 앎이야."

- 《베이컨이 들려주는 우상 이야기》 중에서

나 　과학적 방법의 첫째 필요 조건은 자연을 탐구하는 철학자 자신의 편견과 선입관을 버리는 것이다. 이는 마치 자연 앞에 선 어린아이가 되는 것과 같다. 자연을 탐구하는 사람의 마음은 네 가지 '우상' 에 의해 방해받고 있다. '종족의 우상' 은 인간의 본성 자체에서 그 근거를 찾는다. 오성은 자연에서 실체의 현상 이상으로 규칙성을 가정하고, 성급한 일반화와 확증적인 사례들의 가치를 지나치게 과대평가하는 경향을 지닌다. '동굴의 우상' 은 반대로 개별자로서 인간 교육과 그러한 교육에서 생겨난 경험에 대한 태도이다. '시장의 우상' 은 언어의 의미가 세속적 용법의 최소 공통분모로 환원되어, 결국은 그것에 의해 과학적 개념 형성이 왜곡되는 것을 말한다. 그리고 '극장의 우상' 은 철학자들의 다양한 방법론과 교조 속에서 나타나는 우상이다.

글쓰기 이전에 생각하기

　제시문 (가)에서는 플라톤의 '동굴의 비유' 를 통해 참다운 앎을 성취하는 과정을 밝히고 있다. 이를 통해 참다운 앎의 성격이 무엇인지 추리해내야 한다. 제시문 (나)는 편견이나 억견에 지배되어 왜곡되거나 그릇된 앎을 갖게 되는 우상론에 대해 소개하고 있다. 각각의 우상론이 경계하는 편견들이 무엇인지 분석하고 이를 통해 참다운 앎에 도달하기 위해서는 어떤 노력을 기울여야 하는지, 그 탐구 방식은 무엇인지를 서술해 보도록 한다.

플라톤(Platon, ?BC 429~?BC 347)

고대 그리스의 철학자로 소크라테스의 제자이다. 그는 우리가 사는 세계와 달리 절대적으로 참인 것들이 존재하는 세계가 따로 있다고 생각한 철학자이다. 이를 '이데아(Idea)'라고 부른다. 그는 우리가 갖고 있는 생각하는 능력(이성의 능력)으로 참된 것을 알 수 있다고 주장하였다. 그리고 이러한 참된 앎에 도달하는 과정을 '동굴의 비유'를 통해 설명하였다.

선입견

어떤 대상을 실제로 경험하기에 앞서서, 즉 내가 갖고 있는 정보나 지식으로 실제 대상을 접하기 전에 미리 판단하는 것을 말한다. 이런 선입견은 일단 한 번 만들어지면 고정되기 쉬운 특징을 갖는다. 부정적인 뜻으로 선입견을 편견이라고도 하는데, 인종적 편견, 문화적 편견, 성별에 대한 편견 등이 이에 해당한다.

생각 쓰기

3강_ 귀납적 방법의 문제점

case 3 **제시문 (가)에 나타난 귀납적 지식의 성격을 밝혀 보고, 제시문 (나)와 (다)를 참고하여 귀납법이 안고 있는 문제점이 무엇인지 서술하시오.**

가 베이컨에 의하면 과학적 방법의 비결은 자연에 관한 진리가 명백히 드러나도록 관찰한 사실을 정리하는 수법에 있다. 그리고 귀납법이 바로 그 수법이라고 확신한다.

베이컨은 열(熱)의 성질에 관한 장황한 설명으로 귀납적 방법을 소개한다. 첫째로 우리는 열의 존재표 - 예를 들어 태양광선 · 유성 · 낙뢰, 그리고 불꽃 등과 같이 열을 발산하는 것들에 관한 목록 내지 일람표-를 작성해야 한다. 둘째로 우리는 열의 부재표(不在表) - 즉 위에 말한 첫째 일람표의 경우와 될 수 있는 대로 비슷하면서도 그러나 열은 존재하지 않는 사례들에 관한 목록 내지 일람표-를 준비해야 한다. 이 둘째 목록에 들어갈 것의 예로서 베이컨은 달빛 · 북극광, 그리고 어둠 속에서 빛나는 고기의 비늘을 들고 있다. 그리고 마지막으로 우리는 정도표(程度表) - 즉 조건의 변화에 따라서 여러 가지 정도로 열이 발견되는 사례에 관한 목록 내지 일람표 - 를 필요로 한다. 셋째 목록에 들어갈 예로는 말라리아열, 같은 동물의 신체 부분에 따라 다른 체온, 타는 석탄이나 목탄이 발산하는 여러 가지 정도의 열 등이 있다. 이상 세 가지 경우의 일람표를 근거로 하여, 열이란 중심에서 변두리로 퍼지며, 위로 급하게 움직이는 일종의 운동이라는 결론을 내렸다. 또는 마치 그 세 가지 일람표에서 그런 결론이 나온 것처럼 주장하였다.

나 "우리 주인집 아저씨는 저를 시장에서 사다 자신의 농장에서 길렀습니다. 그런데 주인 아저씨는 매일 이상한 행동을 했습니다. 그는 저희에게 모이를 주기 전에 항상 종을 치는 것이 었습니다. 처음에는 '혹시 주인이 바보가 아닐까. 왜 저런 쓸데없는 행동을 할까' 하고 의심도 해 보았죠. 하지만 하루도 아니고 세 달 이상을 그렇게 하니까 저는 '주인아저씨는 우리에게 모이를 주기 전에 항상 종을 친다' 라는 결론을 내리게 되었습니다. 오늘도 주인아저씨는 여느 때와 마찬가지로 종을 쳤습니다. 저는 그 종소리를 듣고 '주인아저씨가 모이를 주는 구나' 하고 생각하고는 부리나케 뛰어갔습니다. 그런데 그만 저는 주인아저씨에게 목이 잘려 식탁에 올려졌습니다. 알고 보니 오늘은 크리스마스이브였습니다."

이 유명한 러셀의 칠면조 예는 귀납 추론의 문제를 너무나 극명하게 보여 주고 있다. 이 이야 기에서 칠면조가 내린 결론과 전제는 이렇다.

(결론) 주인아저씨는 오늘도 우리에게 모이를 줄 것이다.

(전제1) 왜냐하면 주인아저씨는 항상 종을 친 다음에 우리에게 모이를 주었다.

(전제2) 오늘도 주인아저씨는 종을 쳤기 때문이다.

다 소박한 귀납주의자에 의하면 과학은 관찰에서 출발한다. 관찰은 과학적 지식이 세워질 수 있는 확실한 토대를 제공한다. 과학적 지식은 관찰 언명으로부터 귀납에 의해 이끌어낸다. 귀납의 원리는 다음과 같이 요약할 수 있다. '다양한 조건 아래서 많은 A가 관찰되었고, 그리고 관찰된 A가 예외 없이 모두 B라는 성질을 가지고 있었다고 하면 모든 A는 B라는 성질을 가지고 있다.' 만일 소박한 귀납주의자의 입장을 받아들인다고 하면, 이 원리 혹은 이와 유사한 원리는 과학의 근거가 되는 기본적인 원리가 된다. 이 점에 비추어 볼 때 귀납주의자는 '어떻게 귀납의 원리가 정당화될 수 있는가?' 하는 명백한 의문에 부딪히게 된다.

귀납적 논증의 결론이 거짓이고 그리고 전제가 참이면서도 어떤 논리적 모순을 포함하지 않는 그러한 경우는 가능하다. 예를 들어, 오늘까지 어떤 사람이 다양한 조건 아래서 상당히 많은 까마귀를 관찰하고 그 까마귀들이 모두 검었다는 사실을 토대로 하여 '모든 까마귀는 검다' 라는 결론을 내렸다고 가정해 보자. 이것은 흠잡을 데 없이 정당한 귀납 추리이다. 이 추리의 전제는 '시간 t에 관찰한 까마귀 x는 검다' 라는 형식의 문장들이 많이 모여서 이루어진 것이다. 그리고 우리는 그 문장들을 모두 참이라고 여길 수 있다. 그러나 내가 하얀 까마귀를 관찰하지 않을 것이라는 사실을 논리적으로 보장하지는 못한다. 만일 어떤 순간 어떤 공간에서 하얀 까마귀가 관찰된다면 '모든 까마귀는 검다' 는 거짓이 되고 만다. 즉 지금까지 관찰된 많은 사례들이 모두 참이라고 하더라도, 아직은 관찰되지 않았지만 앞으로 이를 반박할 만한 사례가 발견될 수 있다는 가능성 때문에 '모든 까마귀는 검다' 가 반드시 참이라고 보장하기 어렵다는 것이다. 따라서 귀납법은 논리적 근거에 의해서는 절대로 정당화될 수 없다.

18세기 중엽에 데이비드 흄은 귀납의 정당화는 결코 받아들여질 수 없다는 것을 논증했다. 그는 귀납의 정당화를 뒷받침하는 논증이 순환적임을 보여 주었다. 왜냐하면 이 논증은 그것의 타당성을 입증하기 위해 정당화되지 않은 귀납적 논증을 사용하고 있기 때문이다. 이 정당화를 위한 논증의 형식은 다음과 같다.

(전제 1) 귀납의 원리는 ×1 이라는 경우에 성공적으로 작용했다.

(전제 2) 귀납의 원리는 ×2 등의 경우에 성공적으로 작용했다.

(결론) 귀납의 원리는 항상 작용한다.

귀납의 원리가 정당하다는 것을 보이기 위해 다시 귀납의 원리에 의존하고 있다. 지금까지 귀납 원리가 성공적이었으므로 앞으로도 성공적일 것이라는 결론을 내리고 있는데, 이는 원래 우리가 제기했던 질문에 대한 답변이 되지 못한다. 원래의 문제는 무엇 때문에 귀납 원리가 정당하다고 할 수 있는가였다. 그런데 그 답변으로 귀납 원리에 다시 의존하는 것은 잘못이다.

생각 쓰기

어휘 다지기

데이비드 흄(David Hume, 1711~1776)

흄은 영국의 철학자로, 그는 회의주의자라고도 불린다. 흄은 인간 정신의 기본적 단위는 '인상'과 '관념'이며, 그 원천으로서 감각과 반성을 말하고 있다. 원칙적으로 관념은 인상이 그 밑바탕이며 인상의 원인은 알 수 없다. 지식은 이러한 관념의 연합에 의해 만들어지는데, 이 연합을 만드는 관계 중 인과 관계의 필연성을 부정한다. 우리가 인과관계에 놓여 있다고 보는 사건들의 연합은 실제로는 시간적으로 연달아 일어나고 공간적으로 근접한 두 사건일 뿐이며 그러한 원인과 결과 사이의 필연성은 보장될 수 없다고 보는 것이다. 단지 시간적으로 연달아 일어나고 공간적으로 근접한 두 사건에 대해 우리는 습관에 의해 필연적인 관계에 있다고 착각하는 것이다.

보편 문장 / 단칭 문장

문장은 주어 술어 구조로 이루어진다. 어떤 하나의 사건을 지칭하는 것은 단칭 언명(singular statement)이다. 이는 '어떤 S는 P이다'의 구조를 갖는다. 이와 달리 과학 이론은 언제 어디서나 성립되는 특정한 종류의 사건 모두에 대한 것이므로 보편 언명이다. 보편 문장은 '모든 S는 P이다'의 구조를 갖는다.

4강_ 외부 세계에 대한 탐구 방법

case 4 다음 글을 잘 읽고 제시문 (가)와 (나)에 나타난 사물의 인식 방식을 비교하시오. 나아가 사물에 대한 올바른 인식에 도달하는 방법이란 무엇인지 자신의 견해를 비판적으로 서술하시오. (1500자 내외)

가 데카르트는 가장 확실한 기반을 찾기 위해 이전에는 진실이라고 믿어 왔던 모든 판단들에 대해 그것이 더 이상 의심이 가지 않을 때까지 체계적으로 회의를 해 보았다. 그는 다음과 같은 몇 가지 판단은 정말로 의심할 수 없는 것이라고 결론 짓는다. 즉 그가 생각하는 한 그는 존재해야 한다. 그리고 완전한 존재가 있어야 한다. 데카르트는 완전한 존재는 인간의 감각과 이성이 체계적으로 자신을 속이게끔 인간을 창조하지는 않았을 것이라고 추론하였다. 그렇다면 사유하는 자아 외부에 우주가 반드시 존재해야만 하며, 이 우주는 인간의 인식 능력에 대해 모호하지 않다. 더 나아가 실제로 데카르트는 정신 앞에 명석하게 판명되는 모든 관념은 진리임이 분명하다고 주장하였다. 데카르트에 의하면, 명석하다는 것은 정신 앞에 직접적으로 나타난다. 한편 판명이라는 것은 명석함과 동시에 무조건적으로 나타나야 한다. 판명함은 그 자체로 알려진다. 판명함의 자명성은 어떠한 한정 조건에 대해서도 독립해 있다.

나 어느 산골에 작고 깊은 우물이 하나 있었습니다. 이 우물은 흔히 볼 수 있는 우물과는 다른 모습이었어요. 우물 벽에는 구멍이 숭덩숭덩 나 있고 돌이 여기저기 삐져나와 있었습니다. 깊은 바닥 한가운데에는 진흙 웅덩이도 있었습니다. 밑바닥 쪽은 언제나 어둑하였지요. 이 우물 안에 페페, 필라, 페트라, 푸투라고 하는 개구리 네 마리가 살고 있었습니다. 좁고 어두운 곳이었지만 네 마리의 개구리가 살기에는 충분했습니다. 개구리들은 이 우물 안에서 아무런 불만도, 걱정도, 다툼도 없이 아주 행복하게 지냈습니다.

개구리들의 삶은 더할 나위 없이 편하고 단순했습니다. 우물 밑바닥에서 개구리들이 고개를 들고 위를 쳐다보면, 가끔씩 가마득히 하늘이 보였습니다. 하늘은 밝고 푸르렀으며, 작고 동그랬습니다. 개구리들의 먹이는 여기저기 널려 있었습니다. 우물 안으로 날아든 맛 좋은 파리와 날벌레, 벽을 기어 다니는 벌레들은 모두 개구리들의 재빠른 혓바닥의 적수가 되지 못했습니다. 개구리들은 배불리 벌레들을 잡아먹고는 저희끼리 즐겁게 놀았습니다. 우물 안 진흙 웅덩이에서 팔짝팔짝 뛰어다니기도 했고, 우물 벽을 타고 오르다가 뛰어내리기도 하였습니다. 제자리에서 발 구르기를 하며 놀다가 싫증이 나면 솟구쳐 뛰어올라 보기도 하였지요. 우물 안으로 빗방울이 내리칠 때면 '개굴개굴' 노래를 부르며 춤을 추기도 했답니다. 그러면서 개구리들은 좁고 어두운 우물과 가마득하게 올려다 보이는 하늘이 세상의 전부라고 생각하였습니다.

어느 날이었습니다. 페페가 친구들과 떨어져서 혼자 우물 벽을 기어올랐습니다. 개구리들은 항상 우물 안에서 놀다가 가끔 벽을 타고 위로 올라가 보기도 하였지만, 캄캄한 구멍이나 불쑥 솟아나온 돌멩이를 중간에서 마주치면 오싹 겁이 나서 더 이상 위로 오르지 못하고, 오던 길로 되돌아 내려오곤 하였습니다. 그러나 페페는 늘 우물 꼭대기로 작게 보이는 하늘이 궁금하였답니다. 그래서 꼭 한번 우물 꼭대기까지 올라가 보고 싶었던 것입니다. 페페는 우물 안의 벽에

붙어 후미진 곳에서 쉬기도 하며 돌 틈을 비집고 벽을 기어오르게 되었습니다. 그리하여 우물 꼭대기 바로 아래에 튀어 나온 돌멩이에 도착했습니다. 여기서 페페는 크게 한번 도약을 해서 위로 뛰어올랐습니다.

그런데 페페는 깜짝 놀랐어요. 예전에 보지 못했던 무엇인가를 보았던 것입니다. 그러나 세상은 너무도 밝아서 페페의 눈을 아프게 할 정도였습니다. 그것은 바로 태양이었습니다. 페페는 놀라서 바로 우물 안으로 황급하게 들어왔습니다. 그리고는 친구들에게로 되돌아가 소리쳤습니다.

"이봐 필라, 페트라, 푸투! 이리 좀 와 봐. 너희에게 할 말이 있어."

"페페, 왜 그래? 무슨 일인데?"

"페페, 너 어디 갔다가 오니? 뭐가 문젠데?"

필라와 페트라와 푸투가 뛰어오면서 물었습니다.

"내가 저 꼭대기까지 올라갔었어. 간신히……."

"무슨 소리야? 네가 혼자 어떻게?"

"그런데 저기서 아주 크고 눈부신 빛을 보았어!"

"정말로?"

필라와 페트라가 놀란 눈으로 다가섰습니다.

"그래. 그 빛나는 것을 보는 순간 나는 겁이 나서 눈을 감고 우물 안으로 뛰어 들어온 거야."

"흥미로운 이야기지만 믿기 어려운걸?"

페트라가 말했습니다. 필라도 눈을 치켜뜨고는 손을 내둘렀습니다.

"페페, 그건 아니야. 네가 무얼 잘못 본 거지. 우린 여기서 한평생을 살았어. 여기서 우리는 저 꼭대기의 작고 둥그스름한 푸른 하늘만을 보아 왔어. 저것이 우리들 세계의 크기이자 진실이야. 너는 정말로 눈이 멀었구나."

"그렇지만 내 말은 사실이야."

페페는 계속 주장했습니다.

푸투는 아무 생각도 없다는 듯이 눈만 두리번거렸습니다. 페트라는 흥미가 없다는 듯이 진흙 웅덩이로 뛰어가 버렸고, 필라도 아무 말을 하지 않고 고개를 갸웃거렸습니다. 페페는 친구들을 설득하기가 힘들다는 것을 알았어요. 그리고 친구들이 그 크고 환한 빛을 스스로 직접 보기 전에는 자신의 말을 믿지 않을 것이라는 결론에 도달했습니다.

"필라, 너도 내 말을 믿지 못하겠니? 제발 내 말을 믿어 줘. 네가 직접 한번 저 꼭대기 위로 올라가 보지 않을래? 저쪽 오른편 구석으로 돌아가서 돌 틈으로 기어오르면 불쑥 튀어 나온 돌멩이에 도달하게 될 거야. 그 돌멩이까지 오르는 것도 굉장한 힘이 들어. 그러나 그 돌멩이 위에 오르기만 하면 바깥세상을 보기가 쉽지. 거기서 펄쩍 한번 뛰어오르면 우물 바깥으로 나갈 수 있어. 만일 바깥으로 뛰어 나가지 못하고 우물 턱에 걸리면 너는 이 바닥으로 처박히게 될 거고. 자, 봐! 그런데 네가 그곳에 도달하면 넌 내가 보았던 그 크고 환한 빛을 보게 될 거야! 참, 그 빛을 너무 오랫동안 쳐다보지 마. 네 눈이 상할걸."

페페는 흥분된 목소리로 설명했습니다.

"필라, 네가 그걸 보고 오면 페트라도 쉽게 내 말을 믿겠지."

"그래, 좋아."

필라가 대답했습니다.

"페페, 그건 너무 위험해. 제발 그만둬."

푸투는 겁을 잔뜩 먹고 있었습니다.

그날 오후, 필라는 페페의 말대로 하여도 해로울 게 없다고 결정했습니다. 팔다리 운동을 하고 목을 돌리고 무릎 운동을 하며 몸을 푼 후에, 필라는 벽을 기어올랐습니다. 우물 벽에는 여기저기 어둑한 구멍이 있고 미끈거렸지만, 그럭저럭 올라갈 수 있었습니다. 필라는 튀어 나온 돌멩이 위에 올라서서 크게 한 번 숨을 쉰 후, 힘껏 돌바닥을 박차고 위로 뛰어올랐어요. 그러나 우물 턱에 머리를 부딪치고는 돌멩이 위로 내리박히고 말았습니다. 필라는 머리통이 아팠지만 다시 한번 도전했습니다. '얏' 하고 뛰어 올라 우물 턱을 간신히 손으로 잡았지만 몸이 다시 미끄러져 내렸습니다. 필라의 도전은 계속 되었습니다. 이 과정이 한 시간이나 되풀이되었고, 필라는 상처투성이가 되었답니다. 어느덧 저녁이 되었습니다. 사방이 어둑해지면서 앞뒤를 분간하기도 어려웠습니다. 필라는 거의 자포자기의 상태였습니다. 정확한 거리를 가늠하는 것도 불가능했고, 무엇보다도 몹시 피곤했습니다. 필라는 그 자리에 주저앉은 채 곧 잠에 빠져 버렸습니다.

필라가 잠에서 깼을 때는 이미 한밤중이었습니다. 그런데 필라는 주위가 훤하게 밝아졌음을 알고 의아해 했습니다. 우물 위로 하늘이 훤하게 트여 있었습니다. 필라는 용기를 얻어 자세를 고쳐 앉고는 다시 몸을 풀기 시작했습니다. 거리를 가늠하고, 약간 뒤로 움츠렸다가, 셋을 센 후에 뒷다리에 있는 힘을 다 주고 솟구쳐 뛰어 올랐습니다. 그리고 멋지게 우물 턱 위에 올라섰습니다.

"페페가 말했던 크고 빛나는 것이 뭐지?"

필라는 하늘을 쳐다보았습니다. 그러자 부드러우면서도 밝고 둥그런 것이 눈에 들어왔습니다. 필라는 몹시도 혼란스러워졌습니다.

"페페가 말한 것이 저건가? 눈이 멀 정도로 밝은 빛이라고 했는데. 저 빛은 너무도 부드럽고 곱잖아?"

필라는 달을 지긋이 쳐다보았습니다. 그리고는 둥그런 달빛의 아름다움에 도취되고 말았습니다. 한참 뒤에 필라는 사방을 두리번대다가 조심스럽게 다시 우물 안으로 들어왔습니다.

필라가 돌아오자, 페페와 페트라와 푸투는 걱정스런 눈빛으로 필라에게 달려왔습니다.

"그래, 필라야. 너도 그 환하고 강렬한 빛을 봤지?"

페페가 흥분해서 물어보았습니다.

"아니야. 강렬하다니? 무슨 소리를 하는 거야? 그것은 부드러운 느낌이었어. 난 그 빛에서 눈을 떼지 못했다니까."

"뭐? 2초 이상 빛을 보면 눈이 멀고 만다고."

"아냐. 그건 크고 둥글고 곱고 부드러웠어."

"그래? 네가 뭔가 잘못 봤나 보다. 그게 아닌데……"

페페가 필라의 말을 가로막았습니다.

"내가 무엇을 보았는지는 내가 알아."

필라도 지지 않고 페페에게 말했습니다.

이때 페트라가 끼어들었습니다.

"그만들 해. 너희가 도대체 무슨 소리를 하는지 모르겠다. 난 누구 이야기를 믿어야 할지 모르겠어."

페페는 머뭇거리고 있는 페트라에게 다가섰습니다. 페트라를 설득하는 것이 더 낫겠다고 생각하였습니다.

"페트라, 넌 내 말을 믿지? 내가 제일 먼저 저 꼭대기 위로 나가 보았잖니? 내가 개척자야. 필라는 저기까지 올라가는데 지쳐 쓰러졌었다고 하지 않았니? 정신을 제대로 차리지 못하고 하늘을 쳐다보아서 뭔가 혼동하고 있는 거야."

페페의 말을 들은 페트라가 고개를 끄덕였습니다. 곁에서 보고 있던 필라가 큰 소리로 말했습니다.

"아냐, 페트라. 그렇지 않아. 내가 분명히 두 눈으로 보았어. 은은하게 빛을 내는 하늘의 둥근 것을 보았다니까. 넌 내 말을 믿어야 돼. 내가 페페보다 뒤에 올라가 보았으니, 내 생생한 경험이 맞지."

필라가 힘주어 하는 말에 페트라는 둘을 번갈아 바라보면서 어쩔 줄 몰라 하였습니다. 페페와 필라는 서로 자기 말이 맞다고 야단이었습니다. 둘의 논쟁은 페트라가 질릴 때까지 계속되었습니다. 페트라는 더 이상 참지 못하겠다는 듯이 이렇게 말했습니다.

"제발 둘 다 이젠 그만해! 너희 둘 다 옳다."

"아……."

"음……."

페페와 필라가 서로 얼굴을 바라보면서 말을 더듬었습니다.

"아니면, 둘 다 잘못 생각하고 있을지 몰라."

페트라는 계속해서 말했습니다.

"내 생각으로는 이 문제를 해결할 수 있는 방법이 하나 있어. 우리 모두가 가서 확인해 보는 거. 우리 모두."

페트라의 뜻밖의 제안에 둘은 손뼉을 쳤습니다.

"그래, 우리 모두 가 보자. 우리 모두."

"난 필라가 다칠까 봐 내내 걱정만 했다. 나는 안 갈래. 너희가 무얼 보았든지 그게 우리의 삶과 무슨 상관이니?"

푸투는 그냥 진흙 웅덩이로 들어가 버렸습니다.

페페가 약간 걱정스러운 듯이 물었습니다.

"페트라, 너 정말 저기까지 가 보겠니? 너무 힘들어서 너는 못 올라갈 거야."

"난 할 수 있어."

"좋아. 내 생각에도 페트라는 해낼 수 있을 거라고 봐. 푸투는 언제나 저런 식으로 빠지니까 그냥 내버려 둬. 페페, 우리 둘이서 페트라를 도우면 돼."

필라가 페트라의 손을 잡았습니다.

개구리 세 마리는 다음 날 푸투가 채 일어나기도 전에 이른 새벽부터 우물 벽을 기어오르기 시작하였습니다. 처음 예상했던 대로 페트라가 자꾸 뒤처졌습니다. 어려운 등반이었습니다. 방향을 잘못 잡기도 했으며, 이끼에 미끄러지기도 했습니다. 뱀이 옆을 지나가기도 했습니다. 그러나 결코 되돌아가지 않았습니다. 페트라가 몇 번이나 돌 틈으로 미끄러져 내려가는 바람에 필라와 페페가 페트라를 붙잡아 끌어 올려야 했습니다. 우물 꼭대기 바로 아래의 돌멩이 위에 이르기까지 거의 한나절을 보냈고, 돌멩이 위에서 우물 턱으로 뛰어오르는 데에 힘을 다 쏟았습니다. 개구리들은 끝까지 포기하지 않았습니다. 페트라가 마지막으로 우물 턱으로 뛰어오르는 순간, 페페와 필라는 뛰어오르는 페트라의 손을 위에서 꽉 잡아 이끌었습니다. 드디어 페트라가 우물 턱으로 올라왔습니다. 세 마리의 개구리들은 서로 힘을 합쳐 목적지에 도달할 수 있었습니다.

때는 저녁 무렵이었습니다. 해가 서쪽 지평선 위로 넘어가면서 붉게 빛나고 있었습니다. 개구리들은 이 광경을 조용히 지켜보았습니다. 페페와 필라는 아무도 먼저 말을 꺼내려 하지 않았습니다. 페페는 이것이 자신이 전에 보았던, 햇빛이 눈부시게 비치던 물체와 똑같은 것이라는 확신을 할 수 없었습니다. 필라 역시 자신이 밤하늘에서 보았던 것보다 이 물체가 확실하게 더 밝다는 것을 알고 있었습니다.

"저기 저게 너희들이 말한 것이니?"

페트라가 물었습니다.

"?"

페페와 필라는 선뜻 대답을 하지 못했습니다.

"여기서 좀 더 기다려 보자. 무슨 일이 일어나는지."

페트라가 제안했습니다.

"좋은 생각이야."

필라가 대답했습니다.

개구리 세 마리는 처음으로 일몰을 보게 되었습니다. 그 광경은 정말로 장관이었습니다. 이 경험은 말로는 표현할 수 없는 것이었습니다. 잠시 후 하늘에 달과 별들이 빛나기 시작했습니다. 개구리들은 황홀경에 빠졌습니다. 개구리들은 밤을 꼬박 새우며 밤하늘을 쳐다보고 있었습니다. 그리고 다시 새벽이 되자, 빛나는 아침 해가 떠올랐습니다. 사방이 눈부시게 환해지고 나뭇잎들도 반짝거렸습니다. 필라, 페트라, 페페는 실눈을 뜨고 이 빛을 보았고, 점차로 빛에 익숙해지게 되었습니다. 개구리들은 점차로 서서히 새로 발견한 놀라움에 몰입하게 되었습니다. 사방에 나무들과 풀이 우거져 있고, 꽃 위로 나비들이 날고 있었습니다. 페트라가 말했습니다.

"봤지? 너희 둘이 한 말이 모두 맞네. 우리가 서로 도와 여기까지 올라오기를 잘했어. 이렇게 많은 것을 다 보게 되었으니. 푸투도 같이 있었으면 좋았을 텐데……."

개구리들은 자신들이 살았던 우물보다 더 넓고 복잡한 새로운 세계가 무한하게 펼쳐져 있다는 것을 알게 되었습니다.

- 2005년 서울대학교 정시 논술고사 제시문 인용

글쓰기 이전에 생각하기

이 논제가 궁극적으로 요구하는 것은 어떻게 해야 사물에 대한 올바른 인식에 이를 수 있는가 하는 것이다. 제시문 (가)는 데카르트의 연역적 탐구 방법을 제시하고 있다. 한편 제시문 (나)는 경험적인 것의 중요성을 시사하고 있다. 외부 세계와 차단된 우물 안 개구리들이 경험의 폭을 넓혀 가는 과정 속에서 세계에 대한 정확한 인식에 이르게 된다는 내용이다. 우물 밖으로 나온 개구리들은 낮과 밤이 교차하는 일몰과 일출의 과정을 죽 지켜보면서 변화하는 것 그 자체가 이 세상의 실체적 진실이라는 것을 깨달았다. 경험론을 강조하면서도 경험은 언제나 부분적일 수밖에 없다는 한계를, 이 우화에서는 인정하고 있다. 따라서 여기에 제시문 (가)에서 보장된 확실성을 어떻게 조화시킬 것인가에 초점을 맞춰 서술해야 할 것이다.

생각 쓰기

어휘 다지기

데카르트(1596~1650)

프랑스의 철학자이자 수학자, 물리학자로 투렌 지방의 라 에이에서 태어났다. 근대 사상의 기본적인 틀을 처음으로 제시한 인물로 근대 철학의 시조로 일컬어진다. 그의 철학은 사유의 첫 번째 방법으로 '의심하는(회의하는) 정신'을 내세웠다. '나는 생각한다. 그러므로 나는 존재한다'라는 근본 원리가 《방법 서설》에서 확립되었는데, 이 확실성에서 세계에 대한 모든 인식이 유도된다고 보았다. 주요 저서로는 《성찰》《정념론》《철학 원리》 등이 있다.

연역법(deduction)

연역법은 일반적으로 인정된 전제들로부터 논리적으로 유도된 결론을 받아들일 수밖에 없게 만드는 추리 방법이다. 참이라고 받아들이는 전제로부터 필연적으로 그 참이 보장되는 결론을 이끌어 내는 추리로 확실성을 보장하는 추리이다. 연역 논증을 잘 따져보면 결론이 이미 전제 안에 포함되어 있다는 것을 알 수 있다.

아비투어
철학 논술

역사적으로 중세에서 근대로 넘어가는 과도기였던 시대에 교회의 권위는 중세에 비해 크게 약화되기는 하였지만, 여전히 인간의 자연에 대한 올바른 이해를 가로막고 있었다. 따라서 자연에 대한 인간의 지식은 미약했으며, 그나마 지식의 대부분은 신과 연결되어 있어서 자연은 막연한 두려움의 대상이었다. 이러한 상황에서는, 번개를 신의 노여움의 표현이라고 생각하여 신과 가장 가까운 인간이나 집단이 사회의 권력을 행사하였다.

그러나 번개가 수증기를 머금은 구름에서 생기는 전기적 현상이라는 사실을 알게 되면서 사람들은 이제 번개가 쳐도 더 이상 신이 노여워하고 있다고 생각하지 않게 되었다.

이와 같이 전에는 알 수 없었던 자연 현상이 일어나는 원리를 하나씩 알게 되면 교회는 더 이상 사회를 지배할 수 없으며, 자연 또한 두렵거나 신비로운 대상이 아니게 된다. 즉 참된 지식을 통해서 인간은 부당한 사회구조와 자연에 맞설 수 있는 힘을 갖게 되는 것이다. 이것이 '아는 것이 힘이다' 라는 말의 진정한 의미이다.

베이컨은 전통적인 학문은 쓸모없는 말의 연속에 지나지 않으며 내용적으로는 공허하다고 하면서, 올바른 인식은 자연의 관찰과 실험에 의해 얻어진다고 주장하였다. 그때 올바른 인식을 얻기 위해서는 먼저 편견을 버려야 한다고 하였다.

편견은 참된 지식을 획득하는 데 장애가 된다. 즉 참된 지식을 얻기 위해서는 진리 탐구에 방해가 되는 모든 편견을 제거해야 한다는 것이다. 그는 이러한 편견을 우상이라고 하고, 네 가지 우상을 지적하였는데 종족의 우상, 동굴의 우상, 시장의 우상, 극장의 우상이 그것이다. 이러한 편견들을 제거한 경험에 기반을 두고 그러한 경험을 묶을 올바른 탐구 방법을 선택한다면 사물에 대한 참된 지식을 얻을 수 있다.

case 2 개인은 인간으로서 각각 처한 환경이나 조건, 사용하는 언어, 기존의 권위 등을 무비판적으로 받아들이곤 한다. 이러한 편견들은 사물에 대한 올바른 지식을 갖기 어렵게 만든다. 베이컨은 참다운 앎에 도달하기 위한 소극적 측면과 적극적 측면을 제시하고 있다. 편견을 경계하는 소극적 측면 외에 베이컨이 제시한 적극적인 측면은 그의 귀납법의 이론이다. 우리가 믿을 수 있는 결론은 마음속에 간직한 관념들의 전제로 삼는 삼단 논법 또는 연역 추리를 통해서 나오는 것이 아니라, 관찰된 사실들의 크고 잘 정리된 집합이 주는 교시를 통하여 나온다. 우리는 적절한 조직의 원리가 결여된 단편적인 경험들의 집합을 가지고 자연을 충분히 조사할 수는 없다. 베이컨에 의하면 과학적 방법의 비결은 자연에 관한 진리가 명백히 드러나도록 관찰한 사실을 정리하는 수법에 있다. 그리고 그는 귀납법이 바로 그 수법이라고 확신한다.

case 3 특정 장소와 시간에 일어난 특정 사건에 대한 서술로서의 '관찰 문장' 들로부터, 일반화·법칙화를 통해서 모든 장소와 시간에 걸쳐 있는 특정 종류의 모든 사건에 대한 언급으로서의 '보편 문장' 을 이끌어내는 것으로 과학을 파악하는 것이 귀납주의이다. 귀납주의자에게 있어 진리의 장소는 머릿속이 아니라 구체적 현실이다. 귀납주의자들은 모든 과학 활동을 관찰 또는 경험을 바탕으로 재구성하려고 했다. 열을 가하면 금속이 늘어난다는 많은 관찰 사례들을 모으면 '금속은 열을 받으면 팽창한다' 는 일반화가 가능해진다고 귀납주의자들은 생각했다. 이때 일반화·법칙화의 조건은 첫째, 수적으로 많은 관찰 언명들이 있어야 하며 둘째, 다양한 조건 하에서 반복되는 것이어야 하고, 셋째, 받아들여진 어떠한 관찰도 도출된 보편 법칙과 모순이어서는 안 된다는 것이다. 즉, 관찰이 출발점으로서 우리에게 확실한 일련의 관찰 문장을 제공해 준다고 한다면, 왜 귀납 추리가 믿을 만한 그리고 아마도 참인 과학적 지식을 산출할 수 있는가 하는 의문에 부딪히게 된다.

귀납적 추론이 정당화되기 위해서는 동일한 상황에서 과거에 발생했던 사건이 미래에도 동일하게 발생해야 한다. 왜냐하면 귀납 추론의 전제는 언제나 과거에 수집한 사례이기 때문이다. 흄은 이에 대해서 '미래가 과거와 비슷하리라는 믿음은 정당화되는가?' 라고 물었다. 과거에 그랬던 것이 미래에도 그럴 수 있다는 귀납주의에 치명상을 입힐 수 있는 질문을 던진 것이다.

흄은 정당화될 수 없는 귀납적 믿음이 어떻게 해서 생기는가를 추적하여, 귀납적 믿음은 '유사함의 반복에 의해 발생한 습관' 이라는 결론에 도달했다. 매일 태양이 떴다는 과거의 사실로부터 매일 해가 뜬다는 귀납적 결론이 유추되었지만 이는 엄밀함을 결여하고 있다고 보았다. 귀납의 원리의 타당성을 주장하는 보편 문장은 결국 과거에 이 원리가 성공적으로 적용된 사례의 기록인 다수의 단칭 문장들로부터 추론된 것이다. 따라서 이 논증은 귀납적 논증이며 그러므로 귀납의 원리를 정당화하는 데 사용될 수 없다. 우리는 귀납법을 정당화하기 위해 귀납법을 사용할 수는 없다. 이러한 난점은 전통적으로 '귀납의 문제'로 불리어 온 귀납의 정당화와 관련되어 있다.

case 4 더 이상 의심할 여지없는 형이상학적 원리로부터 과학 법칙을 연역해내는 것이 바로 데카르트의 프로그램이다. 데카르트는 명석 판명한 지식으로부터 외부 세계를 연역해냄으로써 지식의 확실성을 보장하고자 한다. 데카르트는 우리가 감각에 의존하는 한 대상에 대한 올바른 인식에 도달할 수 없다고 주장한다. 만일 내가 대상을 어떻게 보느냐에 따라 대상이 달라져 보인다면, 우리는 주관론에 빠져 대상에 대한 객관적인 지식에 도달할 수 없게 된다. 그렇다면 어떻게 대상에 대한 과학적 연구가 이루어질 수 있겠는가? 그는 감각이 우리를 속인다고 생각해서 감각을 통해 들어오는 모든 지식을 철저한 의심의 대상으로 놓았다. 인간의 감각은 불완전하기 때문에 불완전한 감각을 통해 들어온 모든 지식도 불완전할 수밖에 없다는 것이 그의 논리이다. 그리고 의심할 수 없는 확고한 토대로서 형이상학적인 원리를 제시하고 그로부터 연역법을 통해 외부 세계에 대한 지식을 쌓아나간다. 전제가 참이면 결론의 참이 필연적으로 보장되는 것이 연역 추리이기에, 의심할 수 없는 확고한 토대로부터 이끌어진 외부 세계에 대한 지식 역시 확실성이 보장되는 것이다. 그러나 베이컨은 과학 법칙의 필연적 지식은 귀납법을 통해 얻어진다고 보았다. 자연의 과정에 대한 모든 해석이 우연적이며, 새롭게 발견되는 경험적 증거에 의해 수정될 수 있다고 믿었다. 베이컨은 대상에 대한 인식에서 걸림돌로 작용했던 감각의 한계를 넘어 객관적으로 실재하는 열의 본질을 규명할 수 있는 방법을 제시하기도 했다. 그 방법이 바로 귀납법이고, 귀납법은 관찰과 실험을 통해 이끌어진 일반화된 법칙들을 도출해 낸다.

제시문 (나)는 우물 안 개구리에 관한 이야기이다. 첫 번째 개구리가 자신의 경험의 한계인 우물 밖을 나와 태양을 보고 온 후 두 번째 개구리가 달을 보고 돌아온다. 이제 둘은 서로 자기가 본 것이 옳다고 우기다가 또 다른 개구리와 함께 그들은 우물 밖에서 일몰을 목격한다. 세 마리의 개구리는 시간이 지나면서 달을 보게 되고, 다시 아침에 태양을 보게 된다. 처음에는 자신이 보고 경험한 것이 대상에 대한 지식의 전부라고 생각했지만, 나중에는 자신이 본 것이 대상에 대한 지식의 일부분에 지나지 않는다는 것을 깨닫는다. 제시문 (나)에서는 변하는 대상을 총체적으로 인식하지 못하는 각자의 경험적 인식의 한계를 지적하고 있다.

반면 제시문 (가)에 나타난 데카르트의 프로그램은 도출된 외부 세계에 대한 지식의 필연성, 확실성을 보장한다. 이렇듯 연역법은 그 확실성과 필연성에서 귀납법에 비해 장점을 갖지만 세계에 대한 새로운 정보를 제공하지 않는다. 반면 귀납법은 새로운 정보를 제공하고 지식을 확장한다는 장점을 갖지만 그로부터 도출된 결론의 확실성을 보장하기 어렵다. 과학적 지식의 성격이 근본적으로 경험에 기초하고 있고, 따라서 귀납법이라는 탐구 방법을 사용한다고 하지만, 어느 하나의 탐구 방법만이 사물에 대한 올바른 인식을 돕는다고 하기 어렵다. 인식의 주관성에 빠지지 않으면서도 대상에 대한 객관적 지식에 도달하기 위해서는 연역과 귀납을 적절히 활용해야 할 것이다.

Abitur

철학자가 들려주는 철학이야기 048

신채호가 들려주는 자강론 이야기

저자_박현정

전남대학교 국어국문학과를 졸업하고 조선대학교 교육대학원에서 석사 학위를 받았다. 일산에 있는 대화중학교 교사로 재직하고 있으며, 저서로는 《중학 교과서 속 논술》이 있다.

단재 신채호를 만나다

申采浩

단재 신채호를 만나다

1. 단재를 만나다

① 역사란 무엇인가

역사란 무엇인가? 인류 사회의 '아(我)'와 '비아(非我)'의 투쟁이 시간으로 발전하고 공간으로 확대되는 심적(心的) 활동 상태의 기록이니, 세계사라 하면 세계 인류가 그렇게 되어 온 상태의 기록이요, 조선사라 하면 조선 민족이 이렇게 되어 온 상태의 기록이다.

무엇을 '아'라 하며 무엇을 '비아'라 하는가? 깊이 팔 것 없이 얕이 말하자면, 무릇 주관적 위치에 서 있는 자를 아라 하고, 그 밖의 것은 비아라 한다. 이를테면 조선인은 조선을 아라 하고 영(英), 로(露:러시아), 법(法:프랑스), 미(美) 등을 비아라고 하지마는 영, 로, 법, 미 등은 저마다 제 나라를 아라 하고 조선을 비아라고 하며, 무산(無産) 계급은 무산 계급을 아라 하고 지주나 자본가를 비아라고 하지마는, 지주나 자본가는 저마다 제붙이를 아라 하고 무산 계급을 비아라 한다.

이뿐 아니라, 학문에나 기술에나 직업에나 의견에나, 그 밖의 무엇에든지 반드시 본위(本位)인 아가 있으면 따라서 아와 대치되는 비아가 있고, 아 가운데 아와 비아가 있으면 비아 가운데에도 아와 비아가 있다. 그리하여 아에 대한 비아의 접촉이 잦을수록 비아에 대한 아의 분투가 더욱 맹렬하여 인류 사회의 활동이 쉴 사이가 없으며, 역사의 전도가 완결될 날이 없다. 그러므로 역사는 아와 비아의 투쟁의 기록인 것이다.

－신채호, 《조선상고사》 중에서

단재의 역사 연구는 역사가 무엇인가에 대한 물음에서 출발한다. 역사란 무엇인가. E.H.카는 역사를 과거와 현재의 끊임없는 대화라 하였고, 랑케는 역사가의 임무를 과거에 일어난 일 그대로를 보여 주는 것이라고 하였다. 토인비는 역사를 도전과 응전으로 설명한다.

단재에게 역사는 '아'와 '비아'의 투쟁이다. '아'는 나를 가리키며 그것은 주관, 주체를 상징한다. 그리고 그 밖의 것은 모두 '비아'이다. '아' 내부에도 보다 본질적인 '아'와 상대적인 '비아'가 있으며 '비아'의 내부에도 또다시 '아'와 '비아'가 있다.

아는 역사적인 아가 되려면 상속성과 보편성을 지녀야 한다. 상속성이란 생명이 끊어지지 않는 것을 말하며 보편성이란 공간적으로 영향이 파급되는 것을 말한다. 즉 '아' 아닌 '비아'에 영향을 미칠 수 있으며 그 영향이 오랜 시간 지속될 수 있을 때 역사적인 '아'가 성립된다. 김석문은 조선 시대 때 이미 지원설(地圓說)을 주장하였지만 당대 사회에 아무런 영향을 미치지

못하였다. 그러나 브루노의 지원설은 유럽 각국의 탐험 열기를 자극하였고

아메리카 신대륙을 발견하기에 이르렀다. 브루노의 이론이 현대 과학의 정설로 인정받았으며 당대 사회에 공간적으로 파급력을 가졌기 때문에 그것은 역사적인 '아' 이다. 정여립의 군신강상설(君臣綱常說) 역시 루소의 민약론(民約論)과 동등하지만 루소의 민약론이 프랑스 혁명의 철학적 기반이 된 것에 비하면 정여립의 이론은 역사적인 '아' 가 되지 못하였다.

이처럼 역사를 '아' 와 '비아' 의 투쟁으로 정의한 것은 '아' 와 '비아' 의 투쟁에서 면면히 이어 온 우리 민족의 거대한 역사의 흐름을 계속 지키고자 하는 민족주의 역사가의 호소였다. '아' 와 '비아' 의 투쟁에서 승리자가 되어야 미래 역사에

어휘 다지기

카(E.H.Carr)

카에 따르면, 문서란 필자가 생각하고 있던 이상의 것을 우리에게 말해 줄 수는 없다. 역사 또한 역사가가 일어났다고 생각한 일들의 기록이 전부이다. 문서는 기록자의 마음에 의해 굴절되는 것이다. 그렇기 때문에 우리가 역사를 읽을 때 가장 먼저 주목해야 할 것은 그 역사를 쓴 역사가이다. 역사는 해석이다.

토인비

토인비에 따르면, 자연의 도전에 대한 인간의 응전이 바로 인간 사회의 문명과 역사를 발전시키는 바탕이 된다.
그는 역사의 기초를 '문명' 에 두었다. 문명 그 자체를 하나의 유기체로 포착하여, 그 생멸이 하나의 역사이며, 그 생멸은 일정한 규칙성, 즉 발생·성장·해체의 과정을 주기적으로 되풀이하는 것으로 보았다.

서 그 생명을 이어 간다는 단재의 주장은 식민지 조선이 나아갈 길을 제시해 준다. 잠시 일제의 속국이 되었으나 여기서 비아인 일제에게 무릎을 꿇고 만다면 그것은 패배자로 역사에 기록될 뿐이다.

② 역사가의 책임

> 역사는 역사를 위하여 역사를 짓는 것이요, 역사 이외에 무슨 딴 목적을 위하여 짓는 것이 아니다. 다시 말하면 객관적으로 사회의 유동 상태를 거기서 발생한 사실을 그대로 적은 것이 역사요, 저작자의 목적에 따라 그 사실을 좌우하거나 덧붙이고 혹은 달리 고칠 것이 아니다.
>
> 화가가 사람의 상을 그릴 때 연개소문(淵蓋蘇文)을 그리자면 모습이 괴걸(魁傑)한 연개소문을 그려야 하고, 강감찬(姜邯贊)을 그리자면 몸집이 왜루(矮陋)한 강감찬을 그려야 한다. 만일 이것과 저것을 억제하고 드날릴 마음으로 털끝만큼이라도 서로 바꾸어 그리면 화가의 본분에 어긋날 뿐 아니라 본인의 면목도 아닐 것이다. 이와 같이 사실 그대로 영국사(英國史)를 지으면 영국사가 되고 노국사(露國史)를 지으면 노국사가 되며, 조선사를 지으면 조선사가 되는 것인데, 기왕에 조선에 조선사라 할 조선사가 있었더냐 하면 수긍하기 어렵다.
>
> – 신채호, 《조선상고사》 중에서

단재는 역사 기술의 태도를 다른 목적에 두어서는 안 된다고 하였다. 역사는 역사를 위해 쓰는 것이므로 발생한 사실을 객관적으로 그대로 써야 한다고 주장한다. 연개소문과 강감찬을 생긴 그대로 그려야 한다는 비유는 역사가의 책임을 단적으로 보여 준다.

단재에 따르면 과거의 역사가들은 그 책임을 다하지 못하였다. 우리 나라는 후에 일어난 왕조가 앞의 왕조를 미워하여 무엇이든 파괴하고 불살라 없애기를 일삼았다. 신라가 흥하자 고구려, 백제의 역사를 보잘것없는 것으로 만들어 버렸고 고려가 일어나자 신라의 역사가 사라졌으며 조선의 건국으로 고려의 역사마저 볼 것이 없게 되었다. 상속성과 보편성을 가진 '아' 들의 총합이 역사라면 과거의 역사를 어떠한 목적에 의해 말살시키는 것은 바른 역사가의 태도가 아니다.

왕조의 교체 때문에 혹은 외래 사상의 유입 때문에 우리 역사를 스스로 부정하는 것은 일제의 식민사관에 빌미를 제공하는 것에 불과하다. 역사가는 자기가 목적하는 바를 위하여 역사를 제물로 삼아서는 안 된다. 단재가 말하는 역사가의 책임은 당시 식민사관으로 우리의 역사를 훼손하던 일본의 제국주의에 일침을 가하였다.

③ 역사의 흐름

옛날부터 역사가들은 성패(成敗) 흥망(興亡)으로 그 사람의 낫고 못함을 정하고, 또 유가(儒家)의 윤리관으로도 남의 잘잘못을 논란하는데, 연개소문은 성공하였지만 못난 아들들이 그가 끼친 업적을 지키지 못하였으므로 춘추필법을 본받는 자의 배척을 받고 흉악한 적이라 하여 헐뜯고 욕함을 당해 왔다.

그러나 어떠한 것이 혁명인가 하면 반드시 역사상 진화(進化)의 의의를 가진 변화가 그것이다. 역사란 것이 어느 날 어느 때에 변화의 과정으로 나아가지 않는 때가 없으니 또한 어느 날 어느 때에 혁명 없는 때가 없을 것이다. 그러면 역사 전부를 혁명이라고 일컫는 것이 옳겠지마는 역사가들이 특히 혁명이라는 명사를 귀중히 여겨 문화상 혹은 정치상 두드러지게 시대를 구분할 만한 진화의 의의를 가진 인위적(人爲的) 대변혁을 가리켜 혁명이라 일컬은 것이니, 이런 의미로 정치사상의 혁명을 구하자면 우리 조선 수천 년의 역사에 몇이 못 될 것이다.

한양(漢陽)의 이씨(李氏)로 송도(松都)의 왕씨(王氏)를 대신한 것이나 이조(李朝)의 이시애(李施愛), 이괄(李适) 등의 반란이 그 성패는 다르지마는 실상은 다 정권 쟁탈의 행동에 지나지 아니하니 그것은 내란이라 역대(易代)라 일컫는 것은 옳지마는 혁명이라 일컬음은 옳지 않다.

그런데 연개소문은 그렇지 아니하여 봉건 세습(封建世襲)의 호족공치제(豪族共治制)의 정치를 타파하여 정권을 한곳에 집중시켰으니 이는 분립의 대국(大局)을 통일로 돌리는 동시에 그 반대자는 군주나 호족을 묻지 않고 한꺼번에 소탕하여 영류왕 이하 수백 명 대관을 죽이고, 침노해 온 당태종을 격파하였을 뿐 아니라 도리어 당을 진격하여 지나 전국을 놀라 떨게 하였으니 그는 다만 혁명가의 기백(氣魄)을 가졌을 뿐 아니라 또한 혁명가의 재능과 지략을 갖추었다고 함이 옳겠다.

-신채호, 《조선상고사》 중에서

단재는 연개소문의 공적을 높이 평가하였다. 연개소문은 고구려의 장군으로 당의 침략에 대비하여 천리장성을 쌓았고 당의 침입을 4차례나 막아낸 명장이다.

그러나 김부식은《삼국사기》에서 연개소문이 영류왕을 죽이고 정권을 장악한 것은 유교적 가치관에서 볼 때 신하가 군주를 살해한 역적으로 보았다. 또 큰 나라를 섬겨야 하는 중화사상의 관점으로 당과 대적하여 당당하게 싸워 이긴 공적을 부정하였다.

그러나 단재에 의하면 연개소문은 당에 태자까지 보내면서 굴욕적인 외교 정책을 펼쳤던 영류왕을 몰아내고 자주적인 고구려의 위상을 드높인 인물로 평가된다. 단재는 당이라는 외세에 적극적으로 맞서 싸우면서 대항했던 연개소문의 공적을 사천 년 역사의 최대 영웅으로 높이 평가하였다. 그것은 유교 철학이나 사대주의를 벗어나려는 민족주의의 발현이다.

역사는 과거에 일어난 사실의 기록이다. 그러나 일어난 사실 가운데 무엇을 중요하게 여기느냐는 역사가의 태도가 개입되어 있다. 이것은 역사의 흐름을 결정하기도 한다. 그런 점에서 역사가는 객관적인 자리에 있어야 한다. 그러나 김부식은 유교 사상과 사대사상의 편협한 시각으로 역사를 보았다. 반면 단재는 민족 자존의 관점에서 우리나라의 고유한 역사를 기술하고자 하였다.

④ 단재와 안정복

역사 연구에서는 안정복, 유득공 등이 유명하였다. 안정복은 《동사강목》을 지어 단군 조선부터 고려 말까지의 우리 역사를 체계적으로 정리하였으며, 유득공은 《발해고》에서 발해의 역사를 본격적으로 우리의 역사로 다루었다.

그는 이 책에서 신라의 통일은 불완전한 것이고, 북쪽에 발해가 있었으므로 이를 남북국이라 불러야 한다고 주장하였다. 이처럼 한국사의 무대가 한반도와 중국 동북부에 걸치는 것이었다는 생각은 실학자들의 공통된 의견이었다.

- 교육인적자원부, 중학교 《국사》

삼국사에서 신라를 으뜸으로 한 것은 신라가 가장 먼저 건국되었고, 뒤에 고구려와 백제로 통합하였으며, 고려는 신라를 계승하였으므로 편찬한 것이 모두 신라의 남은 문적을 근거로 하였기 때문이다. 그러므로 편찬한 내용이 신라에 대하여는 약간 자세히 갖추어져 있고, 백제에 대하여는 겨우 세대만을 기록했을 뿐, 없는 것이 많다. …(중략)… 고구려의 강대하고 현저함은 백제에 비할 바가 아니며, 신라가 자처한 땅의 일부는 남쪽에 불과할 뿐이다. 그러므로 김씨(김부식)는 《신라사》에 쓰여진 고구려 땅을 근거로 했을 뿐이다.

- 안정복, 《동사강목》

- 교육인적자원부, 고등학교 《국사》

단재가 1910년 국치를 예상하고 중국으로 망명할 당시 몸에 지녔던 것이 안정복의 《동사강목》이라고 한다. 단재는 《조선상고사》에서도 안정복에 관해 언급하였다. 과거의 역사서들의 종류와 그 득실을 평가하면서 김부식의 《삼국사기》는 사대주의적 유교 사상에 물든 편협한 저작이라고 평한 반면, 안정복에 대해서는 평생을 역사 한 분야만 연구해 온 5백 년 이래 유일한 사학 전문가이며 그가 저술한 《동사강목》은 고금을 두루 관통한 저작이라고 호평하였다.

안정복과 단재의 공통점은 우리 민족 역사의 시작에서 단군의 중요성을 부각시켰고 한반도에 치우쳐 있던 우리 역사의 무대를 중국 동북부까지 확대했다는 점이다. 그들은 신라 중심의 사관에서 벗어나 백제와 고구려의 위상을 동등한 자리까지 끌어올렸으며 무엇보다

어휘 다지기

안정복

이익의 제자로, 이익의 실증주의적이며 비판적인 역사관을 한층 발전시켜 《동사강목》을 편찬하였다. 안정복은 《동사강목》에서 종래의 중국 중심 사관에서 벗어나, 우리나라 역사 자체의 정통성과 독자성을 내세우는 그 나름의 체계를 세워 훗날 민족 사관의 형성에 기여하였다.

- 교육인적자원부, 중학교 《국사》

동북공정

중국 국경 안에서 전개된 모든 역사를 중국 역사로 만들기 위해 중국이 추진하고 있는 동북쪽 변경 지역의 역사와 현상에 관한 연구 프로젝트로, 우리의 역사 중 고구려와 발해를 중국의 역사로 편입시키는 왜곡된 역사 인식이다.

도 발해의 존재를 분명하게 인식하였다. 그로 인하여 민족 역사의 자부심과 자주성을 주장하는 민족주의 사학의 계열을 자연스럽게 형성하였다.

중국의 동북공정은 고구려와 발해의 역사를 자신들의 역사로 편입시키려는 연구이다. 만약 단재와 안정복이 살아 있다면, 객관적인 자리를 견지해야 하는 중요한 책임을 망각하고 자국의 이익과 편의를 위하여 역사를 마음대로 왜곡하는 중국의 실상을 과연 어떻게 생각할까.

⑤ 문학 활동

단재는 역사가로서 천재성을 인정받고 있지만 그의 문학 역시 우리 역사에서 중요한 위치를 차지한다. 〈꿈하늘〉은 우리 군사와 괴물 같은 다른 군사의 싸움에서 우리 군사가 이기는 내용을 담은 소설이다. 소설적 구성이 다소 미흡하다는 이유로 소설의 가부를 논쟁하고 있으나 중요한 것은 조국 광복의 강렬한 의지가 나타난다는 점이다. 《이태리 건국 삼걸전》은 오랜 세월 분립되어 있던 이탈리아의 통일 과정에서 큰 역할을 한

어휘 다지기

역사와 계통

단재는 《조선상고사》에서 역사에 대해 인과의 관계를 밝히자는 것으로 설명한다. 만일 이와 같은 인과 이외의 일이 있다고 하면 그것은 지은 사람의 부주의에 의한 것이요, 본질이 그러한 것은 아니다. 즉 역사는 과거와 현재가 인과의 관계를 맺고 이어져 내려온 것이므로 그 계통을 구하는 것이 역사 연구의 목적 중 하나이다.

마치니, 가리발디, 카보르를 주인공으로 한 단재의 번안 소설이다. 이탈리아 통일을 위해 희생한 영웅들의 이야기를 통해 나라를 구할 애국자와 구국 영웅의 출현을 기대하는 단재의 마음이 표현되어 있다.

《을지문덕전》 역시 구국 영웅을 기리는 소설이다. 을지문덕은 수나라의 침입에 대항하여 맞서 싸워 이긴 명장이다. 단재는 임진왜란 때 온 나라가 전쟁의 소용돌이 속에서 헤맨 것을 통탄해하며 고구려 시대의 용맹했던 민족의 정기를 되살려 국난을 극복하고 세계를 활보하게 되기를 희망하였다.

과거의 영웅을 그려 미래의 영웅을 불러오겠다는 단재의 말은 역사는 계통을 구해야 한다는 그의 역사 서술의 관점과도 일치한다. 따라서 그의 역사전기 소설은 소설의 요소와 역사서의 요소가 오묘하게 결합된 새로운 형태의 문학이라 할 수 있다.

2. 교과서에서 만난 단재

① 중학교 《국사》

국사 연구

국어 연구와 함께 국사 연구도 활발하게 진행되었다. 일본은 일찍부터 한국사를 그들의 침략에 이용하기 위하여, 우리나라의 역사와 문화를 나쁘게 평하거나 거짓으로 꾸며 놓았다. 이에 대항하여, 우리의 역사가 독자적이고 자주적으로 발전하였으며 독창적인 문화를 이룩하였음을 밝힘으로써 민족 의식을 고취하려는 노력이 국사 연구로 나타났다.

박은식과 신채호는 민족 의식을 강조하는 민족주의 사학을 발전시켰으며, 정인보와 문일평 등이 이를 계승하였다. 이병도와 손진태 등은 진단 학회를 조직하고 진단 학보를 발간하면서 한국사 연구에 힘썼다.

- 교육인적자원부, 중학교 《국사》

교과서에서는 '민족의 독립운동' 이라는 대단원 아래 국권을 회복하기 위한 각계의 다양한 노력들을 제시하였다. 강제로 국권을 침탈하고 헌병 경찰 통치를 강행한 일제는 민족의 분열을 조장하는 통치를 하였다. 우리의 토지를 약탈하였으며 산업을 침탈하고 식량을 앗아갔다.

일본 제국주의의 궁극적인 목적은 우리 민족의 존재를 말살하여 일본에 동화시키는 것이었다. 그러나 우리 민족은 그에 굴하지 않았으며 국권 회복을 위해 총력을 기울였다. 3·1 운동으로 민족의 독립에 대한 의미를 분명히 하였으며 대한민국임시정부, 독립군의 활동, 의열단과 한인 애국단의 활동, 한국 광복군의 활동이 활발하게 이어졌다. 국내에서는 물산 장려 운동을 펼쳤으며 교육과 언론을 통해 독립에 적극 참여하였다.

그리고 민족의 문화가 민족의 부활을 가져온다는 믿음은 국어와 국사에

대한 연구로 이어진다. 국어에 대한 연구는
우리말을 말살하려는 일제에 대하여 조선
어 학회를 중심으로 이루어졌다. 이들은 한
글의 연구와 보급에 힘을 기울였다.

박은식과 신채호의 국사 연구는 식민지
조국의 해방을 위해서는 우리의 역사를 바
로 알아야 한다는 역사의 중요성에서 출발
한다. 단재는 일제의 식민사관에 의한 왜곡

어휘 다지기

진단 학회
일제 시대 역사, 문학, 언어를
연구하던 단체이다. 신진 학자
들에 의한 실증 사학 연구를 바
탕으로, 식민 사학을 극복하려
고 하였다.

된 역사를 바로잡고자 했으며, 여러 정치적인 이유로 왜곡된 우리의 역사를
바로잡으려 노력했다. 그리고 우리 민족의 위상이 한반도에 국한된 것이 아
니며 너른 만주와 요동을 호령하던 대국의 역사였음을 강조하였다.

3. 기출 문제에서 만난 단재

① 역사를 바라보는 관점의 차이

다음은 2002년 성균관대학교 논술 경시 대회의 기출 문제 일부분이다. 여
기에서는 역사를 왜곡한 일본의 교과서와 관련하여 역사를 보는 올바른 관
점에 대해 묻고 있다.

　역사를 보는 관점은 크게 두 가지로 설명된다. 하나는 과거의 사실이 인식의 주관과는 독립해서 객관적으로 존재한다는 입장이고, 다른 하나는 과거의 사실은 현재의 시각으로부터 해석된 결과라는 입장이다. 이 실증주의적 역사관과 현재주의적 역사관 둘 사이에서 일본의 역사 기술은 현재주의적 입장을 견지하면서 역사 기술의 정당성을 주장한다. 문제는 이에 대한 자신의 생각을 논술하라는 것이다.

제시문을 통해 역사를 바라보는 다양한 시각에 대한 논의를 제시할 수 있다. 랑케는 역사가의 의무란 '단지 사실을 사실대로 보여 주는 것'이라고 말했다. 철저하게 실증적인 입장에서 우선 사실을 확인하고 그 사실로부터 결론을 도출해내야 한다는 이론이다. 이는 경험주의 철학과 완전히 일치하면서 역사학에서 객관과 주관을 완전히 분리하였다. 반면 모든 역사의 구성이 반드시 선택적이라고 보는 관점도 있다. 과거의 사건에 부과되는 비중, 정리와 배열 순서가 모두 현재의 관점에서 결정되기 때문에 역사는 현재의 사실일 뿐만 아니라 현재 중요하다고 판단한 것들의 역사이다.

역사란 미리 생각해 둔 관점에 따라 역사학 속에 의도적으로 도입된다는 이론은 사실을 왜곡하고 그것을 미리 생각해 둔 관념의 틀에 맞추는 것을 의미하지는 않는다. 선택한 것 외에는 무시해도 좋다는 뜻도 아니다. 역사를 증명할 증거를 입수할 수 있는 대로 입수하여 이것을 면밀하게 그리고 객관적으로 고찰하여야 한다.

결국 어떤 관점에서 생각해 보아도 일본의 역사 왜곡은 합리성을 얻지 못한다. 일본의 역사란 자국의 이익을 염두에 두고 의도적이고 조직적으로 조작된 역사이다. 실증주의적 역사 기술의 존재를 무시하고 현재주의적 역사관이 갖추어야 할 객관성과 보편적 기준을 무시해 버린 그릇된 사유의 산물이다.

실전 논술

1강_ 역사, 사실과 해석

역사의 아버지라고 일컬어지는 독일의 역사가 랑케는 역사를 일어난 사실 그대로를 그리는 것이라고 했다. 그리고 카(E.H.Carr)는 사실과 역사가의 관계를 중요하게 생각하면서 역사를 과거와 현재의 대화라고 하였다. 과연 역사는 사실일까, 해석일까. 역사가 역사가의 해석이라면 일본 역사가의 해석인 일본의 역사 교과서 역시 하나의 역사라고 할 수 있을까.

case 1 제시문 (가)에서 말하는 역사는 어떤 것인지 설명하시오. 그리고 (가)의 관점에서 (나)와 (다)의 차이를 설명하시오. (1000자 내외)

가 이렇게 보면, 또 역사라는 것은 지난날의 인간 사회에서 일어난 사실 중에서 누군가에 의해 중요한 일이라고 인정되어 뽑힌 것이라 할 수 있다. 이 경우, 그것을 뽑은 사람은 기록을 담당한 사람, 곧 역사가라 할 수 있으며, 뽑힌 사실이란 곧 역사책을 비롯한 각종 기록에 남은 사실들이다. 다시 말하면, 역사란 결국 기록에 남은 것이며, 기록에 남지 않은 것은 역사가 아니라 할 수 있다. 일식과 월식은 과학이 발달한 오늘날에는 역사로서 기록에 남지 않게 되었다. 금속 활자의 발견은 그 중요성을 안 훗날 사람들의 노력에 의해 최초로 발명한 사람과 정확한 연대(年代)는 모른 채 고려 말기의 중요한 역사로 추가 기록되었다.

'지난날의 인간 사회에서 일어난 수많은 사실 중에서 누군가가 기록해 둘 만한 중요한 일이라고 인정하여 기록한 것이 역사이다' 라고 생각해 보면, 여기에 좀 더 깊이 생각해 보아야 할 몇 가지 문제가 있다. 첫째는, '기록해 둘 만한 중요한 사실이란 무엇을 말하는 것인가?' 하는 문제이고, 둘째는 '과거에 일어난 일들 중에서 기록해 둘 만한 중요한 사실을 가려내는 사람의 생각과 처지' 의 문제이다.

먼저 '무엇이 기록해 둘 만한 중요한 문제인가? 기록해 둘 만하다는 기준(基準)이 무엇인가? 하고 생각해 보면, 아주 쉽게 말해서 후세(後世) 사람들에게 어떤 참고가 될 만한 일이라고 말할 수 있겠다. 다시 말하면, 오늘날의 역사책에 남아 있는 사실들은 모두 우리가 살아 나가는 데 참고가 될 만한 일들이라 할 수 있다.

다음으로, 참고가 될 만한 일과 그렇지 않은 일을 가려내는 일은 사람에 따라 다를 수 있으며, 또 시대에 따라 다를 수 있다. 고려 시대나 조선 시대 사람들에게는 일식과 월식이 정치를 잘못한 왕이나 관리들에 대한 하늘의 노여움이라 생각되었기 때문에 역사에 기록되었지만, 오늘날에는 그렇지 않다는 것을 알게 되었기 때문에 역사에는 기록되지 않는다.

한글 창제의 사실이 조선 시대에 역사로 기록되기는 했지만, 그 시대에는 그다지 중요한 사실이 아니었고, 한글은 언문(諺文)으로밖에 인식되지 않았다. 그러나 개화기 이후 언문이 국문으로 되었고, 한글 창제의 역사적 의의는 높아져만 갔다.

- 교육인적자원부, 중학교 《국어》 3-1

 영국 해군성(海軍省)의 '세계 철갑선(鐵甲船)의 비조(鼻祖)는 1592년경의 조선 해군 대장이순신이다'라고 한 보고가 영국사에 실려 있는데, 일본인들은 모두 당시 일본 배가 철갑(鐵甲)이요, 이순신의 것은 철갑이 아니라면서 그 보고는 틀린 것이라고 반박하고, 조선의 집필자들은 이것을 과장하기 위하여 그 보고를 그대로 인용해서 조선과 일본 어느 나라가 먼저 철갑선을 창조하였는가를 논쟁하게 되었다.

일본인의 말은 아무런 뚜렷한 증거가 없는 위안(僞案)이라 족히 따질 것이 없거니와 《이충무공전서李忠武公全書》에 설명한 귀선(龜船)의 제도를 보건대, 배는 널빤지로 꾸미고 철판으로 꾸민 것이 아닌 듯하니, 이순신을 장갑선의 비조라고 함은 옳으나, 철갑선의 비조라 함은 옳지 않을 것이다. 철갑선의 창조자라 함이 보다 더 명예가 되지마는, 창조하지 않은 것을 창조하였다고 하면 이것은 진화(進化) 계급을 어지럽힐 뿐이다. 가령 모호한 기록 중에서 부여의 어떤 학자가 물리학을 발명하였다든가, 고려의 어떤 명장(名匠)이 증기선을 창조하였다는 문구가 발견되었다 하더라도 우리가 신용치 못한 것은 속일 수 없는 일이다. 뿐만 아니라 스스로를 속이는 것도 옳지 않기 때문이겠다.

- 신채호, 《조선상고사》

다 한반도는 전략적으로 중요하지만 군사적으로는 불안정하였다. 영국, 미국, 러시아 3국 모두가 지배를 원했으나 실제로 통치를 유지하기는 곤란하다고 생각하고 있었다. 자신이 직접 지배하고 싶지는 않지만 또 다른 나라가 차지하는 것도 달갑게 여기지 않는 지역에 대하여 통치자로서 신흥국 일본의 등장은 3국에 있어 좋은 상황이었다.

일러전쟁 후 일본은 한국에 한국통감부를 두고 지배권을 강화하고 있었다. 1910년 일본은 한국을 병합하였다(한국 병합). 이것은 동아시아를 안정시키는 정책으로서 구미 열강으로부터 지지를 받은 것이었다. 한국 병합은 일본의 안전과 만주의 권익을 방위하는 데 필요하였으나 경제적으로나 정치적으로 반드시 이익을 가져다준 것은 아니었다. 다만 그것이 실행된 당시로서는 국제 관계 원칙에 따라 합법적으로 이루어졌다. 그러나 한국 국내에는 당연히 병합에 대한 찬반 양론이 있었고 반대파의 일부로부터는 심한 저항도 일어났다.

일본 후소사 검정 신청본 한국 병합 관련 부분

- 국회도서관 일본 역사 교과서 왜곡 관련 자료 전시관 http://www.nanet.go.kr/japan

생각 쓰기

2강_ 개인과 공동체

루소는 '인간의 생명을 연장하는 것은 사람들에게 달려 있는 일은 아니지만, 국가의 생명을 연장시키는 것은 인간에게 달려 있다'라고 하였다. 인간이란 기본적으로 자기 민족과 자기 국가에 대한 애정을 가지고 있다. 각각의 개성과 인격을 가진 인간이 자신의 자유와 권리를 어느 정도 양보하면서까지 국가의 존재를 중요하게 생각하는 까닭은 무엇일까?

> **case 2** 제시문 (가)에서 말하는 '큰 나'와 '작은 나'의 차이를 설명하시오. 그리고 제시문 (나)와 (다)를 통해 단재의 사상이 현대 사회에 줄 수 있는 교훈에 대해 자신의 생각을 논술하시오.

가 오호라. 내가 과연 이러한가. 가로되 그렇지 않다. 저것은 정신의 내가 아니요 물질의 나이며, 저것은 영혼의 내가 아니라 껍질의 나이며, 저것은 참 내가 아니요 거짓 나이며, 큰 내가 아니요 작은 나이니, 만일 물질과 껍질로 된 거짓 나와 작은 나를 나라 하면 이는 반드시 죽는 나라. 한 해에 죽지 아니하면 10년에 죽을 것이며, 10년에 죽지 아니하면 20세 3,40세 6,70세에는 필경 죽을 것이요, 장수를 하여도 100세에 지나지 못하나니, 오호라. 이 지구에 있을 2천2백만 년 동안에 나의 생명을 100세로 한정하여 100세 이전에 나를 구하여도 없고 100세 이후에 나를 구하여도 없거늘, 그중에서 가로되 부귀라, 빈천이라, 공명이라, 화액이라 하여 이것을 길하다 하고 저것을 흉하다 하며, 이것을 낙이라 하고 저것을 근심이라 하나니, 오호라. 이를 말하매 나는 가히 슬퍼도 하고 울기도 할 만하다 할지나, 이제 이 물질과 껍질로 된 거짓 나와 작은 나를 뛰어 나서 정신과 영혼으로 된 참 나와 큰 나를 쾌히 깨달을진대, 일체 만물 중에 죽지 아니하는 자는 오직 나라.

천지와 일월은 죽어도 나는 죽지 아니하며, 초목과 금석은 죽어도 나는 죽지 아니하고, 깊은 바다와 끓는 기름 가마에 던질지라도 작은 나는 죽으나 큰 나는 죽지 아니하며, 예리한 칼과 날랜 탄환을 맞으면 작은 나는 죽을지언정 큰 나는 죽지 아니하며, 독한 질병과 몹쓸 병에 걸리더라도 작은 나는 죽으나 큰 나는 죽지 아니하며, 천상천하에 오직 내가 홀로 있으며 천변만겁에 오직 내가 없어지지 아니하나니, 신성하다 나여, 영원하다 나여. 내가 나를 위하여 즐겨하며 노래하며 찬양함이 가하도다. 작은 나는 죽는데 큰 나는 어찌하여 죽지 아니하느냐. 가로되 작은 나를 의논할진대 이목과 수족이 곧 나라. 보고 들으매 벽으로 막힌 데를 능히 통하지 못하며, 뛰어도 한 길 되는 담을 넘지 못하고 현미경을 대고 보아도 몇억만의 희미한 티끌을 다 보지 못하며, 화륜차를 타고 행하여도 한날에 천리를 더 가지 못하거니와, 큰 나는 곧 정신이며 사상이며 목적이며 의리가 이것이다. 이는 무한한 자유자재한 나이니, 가고자 하매 반드시 가서 멀고 가까운 것이 없으며, 행코자 하매 반드시 달하여 성패가 없는 것이 곧 나라. 비행선을 타지 아니하여도 능히 공중으로 다니며, 빙표(여행 허가증)가 없어도 외국을 능히 가며, 사기(史記)가 없어도 천만세 이전 이후에 없는 대가 없나니, 누가 능히 나를 막으며 누가 능히 나를 항거하리요.

- '큰 나와 작은 나', 《대한매일신보》, 1908 · 9 · 16일, 17일자

허준은 마음속으로 '사흘 반 사흘 반' 하고 되뇌고 있었다.

고칠 수 있고 없고는 둘째 문제다. 병이 들었음에도, 그리고 그 병을 다스릴 수 있는 약재가 산비탈과 들판에 질펀히 널려 있는데도 그게 약인지도 몰라 생으로 앓고 있는 사람들, 허준의 눈이 그 사람들의 숫자를 세고 있었다. 삼십여 명이 좋이 넘는 숫자였고 약초나 일러 주는 외 일일이 매만지고 지켜봐야 할 중증에 속하는 병자가 6, 7명. 그 참담한 눈망울들을 도저히 이대 로 뿌리치고 갈 순 없다 싶었다.

그러나 사흘 반 앞으로 다가온 과거 날짜에 이백육십 리의 갈 길이 남아 있는 것이다.

'뿌리치고 가야 해……'

허준은 마음속으로 또 한 번 자신을 독촉했으나 그 입에서 나온 말은 다른 소리였다.

"어쩔 수 없소."

"어쩔 수 없다니?"

마을 사람들이 숨을 삼키며 허준의 다음 말을 주시했다.

"난 남겠소. 미숙한 재주나마 날 필요로 하는 사람들이 있다면 그들을 뿌리치고 갈 순 없습 니다."

마을 사람들이 안도의 환성을 질렀고 합장하는 이도 있었다.

- 교육인적자원부, 중학교 《국어》 1-1

 "제가 한마디 하겠습니다."

뚱뚱한 아줌마가 엄숙한 얼굴로 말을 시작했습니다.

"나도 조금 전까지만 해도 지금처럼 심각하진 않았습니다. 우리 집엔 노인네가 안 계시니까요. 그러나 지금은 누구 못지않게 심각합니다. 다들 그래야 됩니다. 노인네들 지키는 것은 노인네를 모신 집만의 골칫거리지만 최고의 아파트 값을 지키는 것은 우리 모두의 일입니다. 아시겠어요?"

장내가 물을 끼얹은 듯 조용해졌습니다.

"제일 처음 우리가 할 일은 절대로 이번 사고를 입 밖에 내지 않는 겁니다. 소문만 안 나면 그런 일은 없었던 거나 마찬가집니다. 다음은 그런 일이 다시는 안 일어나게 하는 겁니다. 감쪽같이 감추는 것도 한두 번이지 자주 계속되면 소문이 안 날 수가 없게 됩니다. 왜냐하면 이사 가는 사람이 생기거든요. 나부터도 그런 사고가 한 번만 더 나면 아파트 값이 뚝 떨어지기 전에 제일 먼저 팔고 이사를 갈 테니까요. 이사만 가 보세요. 뭐가 무서워 소문을 안 냅니까. 아시겠죠? 소문을 안 내는 것보다는 그런 사고가 또다시 안 일어나게 하는 게 더 중요한 까닭을……."

모두들 말없이 고개만 끄덕였습니다. 뚱뚱한 여자는 더욱 의기양양해서 연설을 계속했습니다.

"그래서 제가 연구한 사고 방지책을 지금부터 말씀드리겠어요. 조용히 하세요. 조용히……. 우리 아파트 베란다는 너무 허술해요. 노인네가 아니라도 아이들이 장난치다 떨어지지 말란 법도 없잖아요."

"아유 끔찍해라."

엄마가 나를 꼭 껴안았습니다. 딴 엄마들도 아이들이 떨어질 수도 있다는 새로운 근심에 안절부절 못합니다. 아이들한테만 집을 맡기고 온 엄마는 뒤로 몰래 빠져나갈 눈치를 보이기도 합니다.

"그래서 베란다에다 일제히 쇠창살을 달면 어떨까 하는 의견을 말씀드리는 겁니다. 바람은 통하되 사람은 빠져나갈 수 없는 쇠창살 말입니다."

"옳소, 옳소."

"옳은 말씀이에요. 왜 진작 그 생각을 못했을까. 이제부터 발 뻗고 자게 됐지 뭐예요."

모든 사람들의 얼굴에서 근심이 걷히면서 뚱뚱한 여자의 의견에 대한 칭찬의 소리가 자자했습니다.

"옳은 일은 서두르는 게 좋아요. 곧 쇠창살을 해 달라고 하세요. 회장의 권한으로 명령합니다."

회장님이 주먹으로 탁탁 탁자를 치면서 말했습니다.

"쇠창살 주문은 내가 받겠어요. 우리 애기 아빠가 쇠붙이 회사 사장이니까요. 누구보다도 값싸게, 누구보다도 빨리 해 드릴 수가 있어요. 품질은 보증하겠느냐고요? 여부가 있나요."

뚱뚱한 여자가 신이 나서 소리쳤습니다. 사람들은 서로 먼저 쇠창살 신청을 하려고 밀치고 아우성이었습니다.

- 교육인적자원부, 중학교 《국어》 1-1

생각 쓰기

3강_ 단재의 국수주의

소크라테스는 '조국은 어머니보다도, 아버지보다도, 그 밖의 모든 조상들보다도 더욱 귀하고 숭고하고 신성한 것이다. 우리는 조국을 소중히 여기고 조국에 순종해야 한다'고 말했다. 모든 국민은 정치와 법률과 경제를 공유하고, 국가는 개인의 자유와 인권을 보호해 준다. 그렇다면 과연 국가와 민족이 중요한 이유와 그것이 갖는 의미는 무엇일까.

case 3 제시문 (가)에 나타난 국수주의의 의미를 설명하시오. 또한 제시문 (나), (다), (라)를 통해 21세기 세계화 시대에 맞는 문화의 중요성에 대한 자신의 생각을 논술하시오.

가 나라 있는 민족이라도 국수주의가 없으면 망하나 나라 없는 민족이라도 국수주의가 있으면 흥하나니 이는 동서양 역사에 상고함에 털끝만큼도 틀리지 않는 사실이다.

국수가 무엇인가 간략히 말하자면 곧 내 나라에 좋은 것이다. 자세히 말하자면 곧 내 나라의 말, 내 나라의 글, 내 나라의 역사, 내 나라의 아름다운 풍속과 습관 같은 것이다.

국수주의가 없으면 왜 망하는가? …(중략)… 어떤 사람이든지 제 몸을 개와 소같이 천하게 알면 남이 개와 소같이 천하게 대접하여도 부끄럼을 모르고 개와 소같이 부림을 달게 여기며 마침내 개와 소의 한가지가 될 뿐이다. 나라도 이와 같아서 온 나라 백성의 생각에 내 나라는 원래 볼 것 없는 나라이며 남만 못한 나라라 하여 스스로 약하고 천한 나라라고 알면 그 기운이 날로 죽고 그 정신이 날로 쇠하여 망함에 이름은 자연한 이치이다.

수백 년의 대한의 역사를 돌아보면 국수를 보수치 못할 뿐만 아니라 곧 경멸히 여기며 귀찮게 여기어 내가 나를 우습게 알았으니 어찌 한심하지 않은가. 그중에 한두 가지를 들건대 본국 말은 조국 정신을 보전하는 데 제일 중요한 것이거늘 외국 말의 세력에 날마다 핍박을 받아 고래로 전하던 말과 없어진 말이 부지기수이며 본국 글은 본국 말로 조직하여 본국 사람이 알기 쉬우며 또 본국 정신을 발휘하는 것이거늘 그 이름을 언문이라 하여 천대하였다.

팔도의 산천을 다녀 보면 까치내니 버드내니 쑥섬이니 딱섬이니 먹오리니 꽃뫼니 하는 본국 말로 이름을 가진 땅은 오직 작은 물, 작은 산, 작은 섬 같은 것뿐이고 한라산, 지리산, 한강, 압록강 같은 큰 산 큰 물은 본국 말로 하던 이름을 다 잃었으며 여항의 이야기를 들어보면 퇴계 선생이니 율곡 선생이니 오성대감이니 오리대감이니 하여 그이의 성명과 사적이 대강이라도 민간에 유전된 본국의 선배는 오직 삼사백 년 이래의 가까운 이들뿐이라 삼국, 남북조, 고려 시대의 인물을 몇 개를 알지 못한다. …(중략)…

지금에 이르러서 이를 슬퍼하며 이를 아파하여 내 것을 사랑하자 내 것을 보수하자 하는 국수주의가 봄풀의 싹 나듯 하지만 다만 저 일본의 세력이 동해 바다 조수에 밀리듯이 밀려들어와서 그 국호를 없애는 동시에 그 새로 나는 국수주의의 싹을 뿌리까지 속구려하는데 한편으로 소학교와 일어를 장려하여 사천 년 전하던 조상을 말을 멸망시키려 하며 한편으로 역사서류의 저술을 자유로 못하게 하여 이천만 인이 자기 조상의 영화로운 사적을 모르게 하며 고대의 성곽과 궁실을 훼철하여 한국 사람의 눈에는 자기의 크고 굉장한 것을 못 보게 하며…(중략)…

- 국수주의와 해외 동포, 〈권업신문〉 제8호, 1912 · 6 · 10일자(원문을 현대적 표현으로 수정함)

나 일레인과 그의 남편 사이에는 자식이 없어서 한국에서 아들을 입양해 왔다고 한다. 그러니까 그 아들 에릭은 생후 5개월 되던 때에 한국의 생모를 떠나 이 먼 캐나다로 와서 일레인 부부의 아들이 된 것이다. 그런데 이제 에릭이 일곱 살이 되면서 일레인에게는 여러 가지 생각해 볼 점이 생겼는데, 그중의 하나가 그의 뿌리를 찾아 주어야겠다는 것이다. 에릭 역시 이곳에서 자라는 한국계 어린아이들의 경우처럼 학교에서 가끔 중국인이라고 놀림을 받는데, 집에 돌아와 그 이야기를 하고 속상해 하면, 일레인은 너는 중국 사람이 아니고 한국 사람이라고 대꾸하라고 일러 준다는 것이다. 나는 일레인의 그 처방이 이런 경우에 얼마나 타당한지 하는 문제는 제쳐 놓고, 그녀의 처방이 여기 사는 다른 한국 부모들과 같은 데 놀라는 한편, 마음이 아팠다.

어쨌든 일레인은 아들을 뿌리를 가진 한 당당한 인간으로 키우기 위해 그에게 한국말을 가르쳐야겠다고 생각했다는 것이다. 그녀는 "나는 내 아들이 뿌리도 없이 이리저리 굴러다니는 인간으로 대접받는 것은 참을 수가 없어요" 하고 단호하게 이야기하였다.

- 교육인적자원부, 중학교 《국어》 3-1

다　며칠 전 지하철을 탔을 때, 한 꼬마와 부모님이 같이 앉아 있는 맞은편에 앉게 되었다. 세 살 정도로 보이는 그 아이의 귀여운 재롱을 보고 있던 중에 너무나 놀라운 일이 있었다. 아버지로 보이는 분이 꼬마에게 "It's left 10 stations"라고 말하자, 꼬마는 "one, two, three……"라고 대답했다.

그렇게 영어로 수를 세고, 영어로 대화를 아주 능숙하게 했다. 그렇게 작은 아이가 또박또박 말하는 것을 보니 신기하기도 하고 예쁘기도 했다.

옆에 있던 아주머니가 "아이고! 영어를 아주 잘하네. 너 몇 살이니?" 하고 물어 보니 "세 살이요"라고 아주 어눌한 말투로 대답을 했다. 그러더니 "Mom, I'm boring" 하는 것이 아닌가? 또 다시 영어로 대화가 시작되었다. 우리말이 매우 서툴렀던 그 아이는 영어가 마치 모국어인 듯 너무나 능숙했다. 그 상황에서 더욱 놀라웠던 것은 그 꼬마가 계속되는 영어 대화에 힘들었는 지 우리말을 아주 어눌하게 말하자, 어머니는 무서운 표정으로 우리말을 영어로 고쳐 주는 것 이었다. 영어 조기 교육의 현장을 아주 생생하게 목격한 셈이었다.

미국이 세계 최대 강대국이 되고, 그들의 언어인 영어가 세계 공통어가 되어 가면서, 우리나 라에서도 조기 영어 교육이 행해지고 있다. 부모들의 지나친 욕심으로 아이들은 태어나면서부 터 영어 테이프와 비디오에 길들여지고 있다. 그 결과, 모국어를 겨우 말할 수 있는 그 나이에 아이들은 모국어보다 영어에 더 익숙해져 있다.

- 교육인적자원부, 중학교 《생활 국어》 2-1

4강_ 예술과 현실

예술이란 아름다움을 추구한다. 이 세상에 존재하는 아름다움을 찬양하고 올바른 것을 노래한다. 그러나 세상은 늘 아름다운 것만은 아니다. 그리고 모든 것이 아름다울 수는 없다. 아름답지 못한 시대와 아름답지 못한 부분을 예술은 어떻게 보여 줘야 할까?

case 4 제시문 (가)와 (나)가 공통적으로 말하고 있는 예술의 기능에 대하여 설명하시오. 그리고 (다)의 소설이 예술의 기능을 어떻게 수행하고 있는지 설명하시오.

가 니체(F.Nietzsche, 1844~1900)는 예술에 대한 유미주의적 견해를 제 꼬리를 먹는 뱀에 비유하여 다음과 같이 말하였다.

"만약에 예술이 도덕을 가르쳐 인류를 향상시키는 일을 거절한다면, 예술을 결코 무의미하고 목적도 없고, 무분별한 것, 요컨대 제 꼬리를 먹는 뱀이라 할 수 있는 '예술 그 자체를 위한 예술'이 되어 버리는 수밖에 없다. …(중략)… 모든 예술은 도대체 무엇을 하는가? 예술은 무엇인가를 상찬하지 않는가? 예술은 어떤 것을 탁월하게 드러내지 않는가? 이 모든 것을 통하여 예술은 어떤 가치 평가를 강화하거나 약화시킨다. …(중략)… 예술가의 가장 기본적인 본능은 예술과 관련된 것일까? 예술의 목적은 삶과 더욱 깊이 관련된 것이 아닐까? 사실 예술은 삶에 대한 커다란 자극이다. 어떻게 예술을 무목적적인 것으로, 무의미한 것으로, '예술 그 자체를 위한 예술'로 간주할 수 있단 말인가?'

- 교육인적자원부, 고등학교 《시민윤리》

 예술주의의 문예와 인도주의의 문예 중 어떤 것이 좋은가.

앞에서 말한 바와 같이, 설혹 신시와 신소설이 성행하는 까닭에 사회의 모든 운동이 적막하다 할지라도, 만일 순예술주의자들로 말하면 '가난한 처의 단속곳을 팔아서라도 훌륭한 몇 짝의 신시를 씀이 가하며, 강토의 전부를 주고라도 재미있는 몇 줄의 신소설을 바꿈이 가하다' 하리니, 그까짓 운동의 적막 여부야 누가 알겠느냐 하리라.

중국의 존화주의를 위하여 조선이 존재하며, 삼강오륜을 위하여 민중이 존재하며, 권선징악을 위하여 역사와 소설이 존재하며, 기타 모든 것이 스스로의 존재할 목적이 없이 다른 무엇을 위하여 존재한 줄로 단정한 수백 년 이래의 노예 사상에 대한 반감으로는, 현 세계에 인도주의의 문예가 예술주의의 문예를 대신하려 함에도 불구하고, 나는 곧 예술지상주의도 찬성하려고 하였다.

그러나 예술도 고상하여야 예술이 될지어늘, 귀족 자제의 육체의 노예가 되려는 자살 귀신 강명화도 열녀로 되는 문예가 무슨 예술이냐? 수백만의 배고픈 귀신을 곁에다 두고 1원 내지 5원의 소설책이나 팔아 한 번의 배부름을 구하려는 문예가들이 무슨 예술가이냐? 금강산의 경치가 아무리 좋을지라도 배고픈 어린아이의 눈에는 한 숟가락의 밥만 못하며, 솔거의 소나무 그림이 아무리 명작이라 할지라도 물에 빠진 자의 눈에는 한 조각의 목판만 못하며, 살지도 죽지도 못하게 된 조선 민중의 귀에는 모든 아름다운 가극과 소설의 이야기가 백두산 속 미신광인 조 선생의 강신필만 못하리니, 1원이면 한 집안 식구의 며칠 생활할 민중의 눈에 들어갈 수도 없는, 2원 3원의 고가되는 소설을 지어 놓고 민중 문예라 부름도 얄미운 짓이거니와, 민중 생활과 접촉이 없는 상류 사회 부유하고 귀한 집안의 남녀 연애 사정을 그림을 위주로 하는 음란을 장려하는 문자는 더욱 문단의 수치이다. 예술주의의 문예라 하면 현재 조선을 그리는 예술이 되어야 할 것이며, 인도주의의 문예라 하면 조선을 구하는 인도가 되어야 할 것이니, 지금 민중에 관계가 없이 다만 간접의 해를 끼치는, 사회의 모든 운동을 소멸하는 문예는 우리의 취할 바가 아니다. 구주 각국에는 매양 문예의 작품이 혁명의 선구가 되었다 하나, 이는 그 역사와 환경이 다른 까닭이니 조선의 현재에 비할 것이 아니다.

- 신채호, 〈낭객의 신년 만필〉 중에서

다 내 앞에 가까이 오지 말아라. 내 듣건대 유(儒)는 유(諛)라 하더니 과연 그렇구나. 네가 평소에 천하의 악명을 죄다 나에게 덮어씌우더니, 이제 사정이 급해지자 면전에서 아첨을 떠니 누가 곧이듣겠느냐? 천하의 원리는 하나뿐이다. 범의 본성(本性)이 악한 것이라면 인간의 본성도 악할 것이요, 인간의 본성이 선(善)한 것이라면 범의 본성도 선할 것이다. 너희들이 떠드는 천 소리 만 소리는 오륜(五倫)에서 벗어난 것이 아니고, 경계하고 권면하는 말은 내내 사강(四綱)에 머물러 있다. 그런데 도회지에 코 베이고, 발꿈치 짤리고, 얼굴에다 자자(刺字)질하고 다니는 것들은 다 오륜을 지키지 못한 자들이 아니냐? …(중략)… 범이 노루나 사슴을 잡아먹을 때는 사람들이 미워하지 않다가, 말이나 소를 잡아먹을 때는 사람들이 원수로 생각하는 것은 사람들에게 노루나 사슴은 은공이 없고 소나 말은 유공(有功)하기 때문이 아니냐? 그런데 너희들은 소나 말들이 태워 주고 일해 주는 공로와 따르고 충성하는 정성을 다 저버리고 날마다 푸줏간을 채워 뿔과 갈기도 남기지 않고, 다시 우리의 노루와 사슴을 침노하여 우리들로 하여금 산에도 들에도 먹을 것이 없게 만든단 말이냐? 하늘이 정사를 공평하게 한다면 너희가 죽어서 나의 밥이 되어야 하겠느냐, 그렇지 말아야 할 것이겠느냐? …(중략)… 너희가 이(理)를 말하고 성(性)을 논할 적에 걸핏하면 하늘을 들먹이지만, 하늘의 소명(所命)으로 보자면 범이나 사람이나 다 같이 만물 중의 하나이다. 천지가 만물을 낳은 인(仁)으로 논하자면 범과 메뚜기·누에·벌·개미 및 사람이 다 같이 땅에서 길러지는 것으로 서로 해칠 수 없는 것이다. 그 선악을 분별해 보자면 벌과 개미의 집을 공공연히 노략질하는 것은 홀로 천지간의 거대한 도둑이 되지 않겠는가?

- 《아비투어 철학 논술- 박지원이 들려주는 이용후생 이야기(고급편)》 중에서

생각 쓰기

5강_ 민족의 얼

　단재는 언제나 정신적 측면을 강조한다. 그가 역사 연구에 몰두했던 것도 우리 역사를 바로 알아야 민족의 얼을 지킬 수 있다고 믿었기 때문이다. 단재가 온 정신과 몸을 바쳐 구해 낸 대한민국. 그 대한민국은 지금 한민족의 얼과 정신을 지키기 위해 어떤 노력을 하고 있을까?

> **case 5** (가)에서 단재가 강조하고 있는 내용을 찾아 (나)와 (다)를 설명하시오. 또한 (가)에 나타난 단재의 사상을 통해 (라)의 상황이 가져올 문제점을 진단하시오.

가　중(重)하도다 국민의 혼이여, 강(强)하도다 국민의 혼이여.

　지금 나라의 백성이 몇 칸 안 되는 작은 집도 보전하지 못하며 논밭을 보호하지 못하였으나 국민의 혼만 지킨다면 이 나라의 빛이 망하지 않으며 이 나라의 백성이 새로운 정신과 새로운 문물을 받아들이지 못해도 국민의 혼만 지킨다면 이 나라의 위세가 떨어지지 않을 것이니 국민의 혼이 어찌 중하지 아니한가. 천병만마가 이 나라의 산하는 짓밟아도 국민의 혼은 움직이지 못하여 웅린호족이 우리 백성을 겁전하되 우리 백성의 혼은 감히 더럽히지 못하니 국민의 혼이 어찌 강하지 않겠는가. …(중략)…

　혼이 이미 발휘되어 이제야 온 국민의 입에 보이며 온 국민의 붓에 보이며 이론에 보이고 사실에 보이며 오늘 한 번 나타나고 내일 또 한 번 나타나며 또 그 다음에 다시 나타나 반드시 그 혼이 크게 비약하여 …(중략)… 우리나라에 호걸이 나타나기만을 바라지 않고 교육이 성하는 것만을 바라지 않으며 실업이 흥함만을 바라지 않고 오직 저 국민의 혼이 불멸함을 바라며 학문이 열리는 것을 기뻐하지 않고 기예가 발전하는 것을 기뻐하지 않으며 법률이 준비되는 것을 기뻐하지 않고 정치가 질서 있게 잡히는 것을 기뻐하지 않고 오직 저 국민의 혼이 건전함을 기뻐한다. 또 우리 나라의 토지가 넓음을 자만하지 않으며 백성이 많음을 자랑하지 않고 재정이 부유함을 자랑하지 않으며 군대가 용맹함을 자랑하지 않으며 오직 저 국민의 혼이 강함을 자랑할 바이다. …(후략)…

- 〈대한매일신보〉 1909 · 11 · 2일자 (원문을 현대적인 표현으로 수정함)

나 나라마다 나라꽃이 있다. 미국은 주마다 주의 꽃이 정해져 있다. 우리나라에서는 법으로 정한 일도 없이, 자연스럽게 무궁화가 국화로 굳어졌고, 또 국민들은 이 꽃을 사랑해 왔다. 일제 강점기에는 무궁화를 뜰에 심는 것조차 일인 관리들이 몹시 단속했고, 무궁화로 한반도 지도를 수놓아 벽에 거는 것은 거의 반역죄를 범한 것처럼 다루었다. 일제 강점기에 우리가 노예와 다름없는 생활을 해 오는 동안에도, 무궁화에 대한 애틋한 사랑은 많은 사람들의 가슴 속에 뿌리 깊이 자랐다. 남궁억 선생은 강원도 홍천 보리울에서 청소년들에게 한국 역사를 가르치기도 하고, 무궁화 묘목을 다량으로 길러 널리 나누어 주기도 하면서, 민족을 사랑하는 정신과 용기를 길러 주었다.

- 교육인적자원부, 중학교 《생활 국어》 3-1

다　프랑스 의회가 1일 새벽, 프랑스어 보호를 위한 새 프랑스어 법을 통과시킴으로써 광고 업계나, 학교, 관공서 등은 '불도저, 소프트웨어, 추잉검, 마케팅' 등의 용어를 더 이상 쓰지 못하게 됐다. 새 법에 따라 불도저 대신 '부퇴르', 소프트웨어는 '로지 시엘', 마케팅은 '메르카티크'라고 써야 한다.

새 프랑스어 법은 학계, 광고업계, 정부, 기업이 영어 등 외국어 대신 프랑스어를 쓰도록 규정하고 있다. 모국어를 지키기 위한 프랑스 정부의 노력은 과거에도 있었으나, 이번 조치가 특이한 것은 외래어 사용을 제한할 수 있는 구체적인 방안을 마련하고, 이를 어길 경우 처벌한다는 점이다.

- 교육인적자원부, 중학교 《생활 국어》 2-1

라　정부가 스크린쿼터(한국 영화 의무 상영 일수) 비율을 현행 146일(40%)에서 73일(20%)로 축소한다고 발표했다. 한 · 미 자유무역협정(FTA) 협상의 선결 조건으로 내세운 미국의 요구를 절충점도 찾지 못한 채 그대로 받아들인 셈이다. 벌써 영화계의 거센 반발이 뒤따르고 있다. 이번 조치가 괄목할 만한 성장을 해 온 한국영화에 찬물을 끼얹지나 않을지 우려된다. '한류'에 미칠 파장도 간과할 수 없다. 유네스코의 '문화 다양성' 원칙에 어긋난다는 점에서도 유감이 아닐 수 없다.

한덕수 경제부총리는 축소 이유로 '세계적인 무역 자유화와 국익' '50%를 넘은 한국 영화 점유율'을 들었다. 국가적 차원에서 고려해야 할 사안들이다. 그러나 종합 예술인 영화를 무역 자유화의 틀에 매어 놓아야 하는지 의아하다. 경제와 자국 문화 보호 사이에서 '국익'에 대한 보다 다각적인 숙고도 필요했다고 본다. 그리고 미국의 일방주의에 대한 세계적 반발을 감안할 때, 타 문화권에 대한 존중이 오히려 미국의 국익에 도움이 될 수 있을 것이다.

스크린쿼터는 한국영화 발전의 보호막이었다. 하지만 이번 조치로 그동안 유지돼 온 스크린쿼터 시스템은 흔들릴 것이다. 한국 영화는 르네상스 운운하지만 내부적으로는 취약점이 많다. 흥행 성공작도 손에 꼽힌다. 막대한 자본력과 뛰어난 기술력을 갖춘 할리우드 영화가 활동 영역을 더욱 넓힌다면 그 파장이 어떻게 전개될지 걱정스럽다.

유네스코는 지난해 각국의 문화 주권 보장을 위한 문화 다양성 협약을 채택했다. 지구촌의 문화 다양성이 세계화란 구호 하에서 무시되거나 위축되어서는 안된다. 문화 다양성에 대한 존중은 서로에 대한 이해를 높이고, 이것은 지구촌의 평화로 연결될 수 있다는 점에서 중요하다. 스크린쿼터 축소는 세계적인 문화 다양성 흐름에 역행하는 조치다. 정부는 영화 산업 육성책을 내놓겠지만 영화인들이 이를 얼마나 납득할 수 있을지 의문이다.

- 〈경향신문〉 2006 · 1 · 26일자

생각 쓰기

case 1 역사를 연구하는 사람들은 역사에 대해 사실을 있는 대로 기록하는 것이라고도 하고 해석의 산물이라고도 한다. 제시문 (가)에서는 역사를 해석이라고 본다. 역사는 그 시대에 일어난 수많은 일들 중에 선택적으로 기록되기 때문이다. 따라서 어떤 것을 기록하고 어떤 것을 버릴 것이냐 하는 문제가 역사가의 관점에 따라 달라지기 때문에 역사는 역사가의 해석을 통해 기록되거나 버려진다.

역사를 해석이라고 했을 때 과연 역사를 사실로 받아들일 수 있는가 하는 문제는 전적으로 역사가의 역사 의식이 올바른 가치관 위에 서 있느냐에 달려 있다. 역사를 기술하는 역사가가 그 사건의 중요성과 역사성을 올바로 판단할 수 있고 객관적으로 전달하려는 자세를 갖추고 있어야 역사는 바르게 해석된다.

그런 점에서 (나)에 제시된 단재의 역사 기술의 방법은 우리에게 시사하는 바가 크다. 단재는 역사를 기술할 때 감정에 치우쳐서는 안된다고 하였다. 물론 자국의 역사를 기술하는 역사가라면 자국의 발전상과 우수성을 주장하고 싶은 욕심이 있는 것은 당연하다. 그러나 아무리 그렇다고 있지도 않은 일을 있다고 할 수는 없지 않은가. 그것은 역사가의 양심과 관련된다. 이순신이 철갑선을 만들었다는 잘못된 기록이 있었을 때 그것을 자기 민족의 공명심에 빠져서 없는 사실을 사실인 것처럼 말하는 것은 역사가의 양심을 벗어 버린 행위이다. 문헌과 고증을 통하여 사실로 밝혀진 사건의 범위 안에서 역사가의 선택이 이루어져야 하며, 어떤 목적을 두고 일부러 모른 척하거나 부풀려서는 안 된다.

그렇다면 제시문 (다)의 일본 역사 교과서 왜곡 문제는 어떻게 볼 것인가. 일본의 제국주의는 동아시아를 안정시키기 위해 합법적으로 우리 조선을 합병하였다고 주장한다. 그것은 역사가 아무리 역사가의 해석의 산물이라고 할지라도 이러한 주장은 정당성을 획득할 수 없다. 제국주의 열강이 다른 나라를 마음대로 침범하여 식민지로 만들고 온 세계가 세계 대전이라는 전쟁의 수마에 시달렸던 시대를 기록하면서 어떻게 합법이라는 말을 할 수 있는가. 그것은 역사가의 양심을 저버린 행위이다.

case 2 단재는 나를 '큰 나'와 '작은 나'로 이원화하였다. 물질과 껍질로 이루어진 것을 '거짓된 나'와 '작은 나'로, 정신과 영혼으로 된 나를 '참된 나'와 '큰 나'로 설정하였다. '큰 나'는 곧 정신이고 사상이며 목적이고 의리이다. 따라서 '큰 나'는 죽지 않는다고 설명하였다.

(나)는 소설 《동의보감》의 일부로 조선의 최고 의원이었던 허준의 일대기를 엮은 소설이다. 제시문에는 허준의 갈등이 드러난다. 허준은 궁중의 내의원이 되기 위해 과거를 보러 서울로 가던 도중에 병자들을 만난다. 자신들을 돌봐 달라는 병자들과 사흘 앞으로 다가온 과거 사이에서 고민하던 허준은 병자들을 위해 그들 곁에 남기로 결심한다. 자신의 이익과 출세를 추구하기보다는 아픈 병자들을 치료하는 것이 의원이 마땅히 해야 할 일이라고 생각했기 때문이다. 개인의 출세와 명예를 위하는 것이 '작은 나'라면 개인적인 이익보다 타인과 공동체를 위하는 것이 '큰 나'이다. 병자들을 돌보는 일을 최우선으로 생각하는 허준의 모습은 '참된 나' '큰 나'의 실현이다.

그런데 (다)에 나타난 상황은 사뭇 다르다. 아파트에서 할머니가 자살하자 사람들은 아파트 값이 떨어질 것을 우선 걱정한다. 그리고는 더 이상 사람들이 자살할 수 없도록 쇠창살을 달자는 의견이 나온다. 그러나 그 의견을 제시한 뚱뚱한 아줌마의 남편은 사실 쇠붙이 회사 사장이다. 결국 뚱뚱한 아줌마는 그 상황에서 이득을 챙기기 위해 그런 제안을 했던 것이다.

이처럼 제시문 (다)에서는 현대인들의 각박한 삶의 모습을 제시한다. 인정이 메마르고 자신의 이익만을 추구하며 물질이면 뭐든지 다 된다는 식의 지극히 개인주의적인 현대 사회는 단재의 이론을 빌리면 '작은 나' 만을 추구하는 사회이다. 사회의 구성원 모두가 개인의 이익을 위해 '작은 나' 만을 추구한다면 공동체 사회는 위기를 맞게 될 것이다. 물론 사회를 구성하고 있는 개인의 자유와 인권은 마땅히 존중되어야 한다. 그러나 더 나아가서 원만한 사회 생활을 영위하고 사회의 발전을 도모하기 위해서는 '작은 나' 를 버리고 '큰 나' 를 택해야 하는 경우가 있다.

case 3 본래 국수주의란 편협하고 극단적인 국가주의적 성격을 띤다. 즉, 다른 민족에 대해 배타적이다. 그 대표적인 예가 바로 이탈리아의 파시즘이나 독일의 나치즘이다. 독일의 나치즘의 경우 독일 민족지상주의를 내세워 다른 민족을 멸시하고 박해하였다. 단재의 국수주의란 우리가 일반적으로 알고 있는 국수주의와는 그 성격이 다르다. 단재가 주장하는 국수주의는 우리나라의 좋은 것을 보전하자는 철학이다. 내 나라의 말, 내 나라의 글, 내 나라의 역사, 내 나라의 아름다운 풍속과 습관을 사랑하고 발전시키자는 것이다. 내 나라의 것을 내 민족 스스로 자랑스럽게 여기지 않는다면 결국 민족의 멸망을 가져온다.

그중 단재는 우리의 말을 보전하는 것이 민족 정신의 보전에 가장 중요하다고 하였다. 그러면서 우리의 아름다운 고유의 말들이 많이 사라져 버린 현실을 안타까워하였다.

그런 의미에서 (다)에 나타난 모습은 반성해야 한다. 영어가 국제 사회의 중요한 경쟁력이 되면서 조기 유학이 유행처럼 번지고 국내에서도 영어 학원이며 심지어 영어 유치원까지 우후죽순처럼 늘어나고 있다. 영어를 배워 세계로 나아가는 것은 물론 훌륭한 일이지만 내 나라의 말을 제대로 공부하지 않고서 영어만 배운다면 그것은 주객이 전도된 것이다.

우리 민족이라면 당연히 우리의 말과 글을 구사할 줄 알아야 한다는 의미를 담고 있다. 살아가는 데 불편이 없다 하여 우리의 말과 글을 배우지 않고 무시한다면 먼훗날 우리 민족의 운명은 어떻게 될 것인가. 자신을 사랑하고 자기 민족을 사랑할 줄 아는 사람이 세계화 시대의 주역이 될 수 있다.

그런 의미에서 제시문 (나)의 일레인은 우리에게 감동을 준다. 입양아에게 민족의 뿌리를 찾게 해 주려는 노력을 보면서 우리 민족의 민족애에 대한 생각을 다시 해 볼 수 있다.

 예술은 아름다움을 추구한다. 그래서 예술을 '미적 가치의 창조 활동'이라고 정의한다. 그러나 예술이 추구하는 아름다움에는 인간의 가치가 반영되어 있다. 예술은 인간의 정서를 안정시키고 풍요롭게 하며 마음을 정화시키는 작용을 할 때 그 의미가 분명해진다.

공자는 '예(禮)에서 사람이 서고 악(樂)에서 사람이 이룩된다' 라고 하여 예술과 도덕의 관계를 분명히 하였다. 따라서 예술에서 인격이 완성된다면 예술이야말로 가장 도덕적인 기준이 적용되어야 하는 부분이 아닐까.

제시문 (가)에서 니체는 예술의 목적이 가장 삶과 관련되어 있다고 주장하였다. 인간에게 도덕을 가르치는 도구로써의 예술의 기능을 중요하게 생각하였다.

제시문 (나)에서 단재는 당시의 문학을 인도주의 문예와 예술주의 문예로 설명한다. 예술주의란 신시와 신소설로 대표되는 아름다움과 흥미를 추구하는 문학이다. 단재는 그런 부류의 문학을 부정한다. 예술이란 당시 조선의 모습을 그릴 수 있어야 하고 조선을 구하는 예술이 되어야 한다는 단재의 주장은 예술의 사회적 기능을 강조한 이론이다. 사랑을 논하고 아름다움을 이야기하는 것은 당시 망국의 비운과 일제의 탄압 속에서 고통 받고 있는 조선과 백성들에게 아무런 영향을 주지 못한다는 것이다.

니체와 단재는 예술이 그 목적을 인간에 두고 사회적 기능을 다해야 한다고 공통적으로 주장한다. 예술이란 현실에 발을 딛고 있을 때 인간에게 의미 있는 예술이 된다. 인간을 떠나 현실을 떠난 예술은 공허할 뿐이다.

제시문 (다)의 연암의 소설은 예술의 사회적 기능을 보여 준다. 단재는 조선을 구할 수 있는 예술이 진정한 예술이라고 주장했다. 그에 비추어 연암의 《호질》을 평가해 보

자. (다)의 《호질》은 현실을 사실적으로 반영하고 있다. 연암이 살았던 시대는 양반 사회의 위선과 모순으로 사회가 혼란했던 시대였다. 따라서 연암은 무능하고 위선적인 양반의 모습을 적나라하게 보여 주었다. 그리고 그들의 잘못된 점을 날카롭게 비판하였다.

case 5 (가)에서 단재는 국민의 혼을 가장 중요하게 생각하였다. 여기서 혼이란 정신적이고 본질적인 것으로 단재의 철학에서 '큰 나' '참된 나'와 같은 개념이다. 민족의 흥망과 성쇠를 결정하는 것은 그 국토의 넓음이나 강한 군사력, 경제력이 아니다. 그것은 다름 아닌 민족 정신이다. 나라가 일시적으로 식민지화 되었다 할지라도 민족의 정신이 바로잡혀 있으면 어떤 강한 세력에 부딪혀도 다시 나라를 되찾을 수 있다는 강한 의지의 표현이다.

(나)의 남궁억 선생이 무궁화를 보급했던 것도 무궁화로 상징되는 민족 정신의 회복을 중요하게 생각했기 때문이다. 백성이 일제의 탄압으로 고통받고 있던 시대에 무궁화 몇 그루 심는 것이 백성들의 삶에 무슨 영향을 끼칠 수 있겠느냐고 생각할 수도 있다. 그러나 나라 잃은 슬픔에 빠진 백성들이 무궁화를 보면서 민족에 대한 사랑을 느끼고 조국 독립에 대한 의지를 굳건히 할 수 있었을 것이다.

(다)에 나타난 새 프랑스어 법은 자국의 언어를 지키기 위한 노력의 일환이다. 세계 공용어로 자리잡은 영어의 틈바구니에서 자국의 언어를 지키기 위해서 정부와 학교 등에서 프랑스어를 사용하게 함으로써 민족의 얼을 지켜 나가는 것이다. 국제화 시대

에 그것은 조금 불편한 일이 될 수도 있겠지만 민족의 얼과 혼이 바로 서 있을 때에야 국제무대에 자주적으로 설 수 있는 힘이 생긴다.

제시문 (라)는 우리나라 영화계의 스크린쿼터에 대한 내용이다. 스크린 쿼터란 극장에서 1년에 일정한 기준 일수 이상 반드시 국산 영화를 상영하도록 한 제도로 정부가 우리 영화를 보호·육성하기 위하여 규정한 조치였다. 그러나 외국과의 관계 때문에 그 기준 일수를 계속 축소해 왔다. 그것은 결국 영화라는 분야에서 우리의 문화를 외국의 문화가 계속 잠식하게 되는 결과를 낳는다는 우려 때문에 영화인들뿐만 아니라 국민들까지 함께 반대하였다.

단재는 무엇보다도 국민의 혼을 중요하게 생각하였다. 물론 빼앗긴 나라를 되찾기 위해 무력 투쟁도 불사하였지만 가장 우선된 것은 민족 정신이다. 민족의 얼이 올곧게 건재할 때 우리 민족이 번영을 가져올 수 있다고 생각하였다.

한국 영화는 우리 민족이 우리 민족의 사상과 감정을 우리의 언어와 감각으로 표현한 것이다. 따라서 우리 민족의 혼과 정신이 투영되어 있다. 따라서 우리 영화가 설자리를 외국 영화에게 내주면서 국익을 운운하는 것은 모순적이라고 볼 수 있다.

Abitur

철학자가 들려주는 철학이야기 **049**

콩트가 들려주는 실증주의 이야기

저자_권상

서울대학교 정치학과를 졸업하고(법학 부전공), 북한 대학원에서 정치, 통일을 전공하고 있다. 한국법학원과 고려대학교, 국민대학교 등에서 헌법학을 강의했으며, 현재는 강남구청 수능 방송과 종로학원에서 사회탐구 과목을 강의하고 있다. 북한법연구회와 북한학회 그리고 민족공동체포럼에서 활동하고 있다. 저서로는 《백두헌법》《여성과 법률》《윤리와 사상》《전통윤리》《파사쥬 실전 모의고사 윤리》《정치》《파사쥬 실전 모의고사 정치》 등이 있다.

Auguste Comte

콩트의 실증주의 방법론

　19세기 철학의 중요한 조류 중 하나인 사회학의 탄생에 중요한 역할을 했던 것이 바로 실증주의이며, 실증주의에서 가장 핵심적인 사람이 바로 오거스트 콩트(1798~1857)이다. 물론 실증적 사고를 한 철학자는 콩트 이전에도 존재했지만 그가 지식의 흐름에 법칙이 있을 것으로 파악하고 그 흐름의 정점에 사회학을 둔 것은 실증주의의 철학적 체계화와 관련하여 주목할 만 하다. 그러면 콩트의 실증주의의 방법론은 무엇인가? 간단하게 정리하면 다음과 같다.

1. **실재성의 원리** 모든 지식은 상호 주관성을 보장하는 체계적 관찰의 '감각적 확실성'을 통해 스스로 입증되어야 한다는 원리이다.

2. **확실성의 원리** 감각적 확실성도 중요하지만 '방법론적 확실성'도 보장되어야 한다는 원리이다.

3. **정확성의 원리** 과학적 지식의 정확성은 법칙적인 가설들의 연역을 가능케

하는 공식적으로 설득력 있는 이론을
통해서만 보장된다는 원리이다.

4. **활용 가능성의 원리** 과학적 지식은 기
술적으로 활용 가능해야 한다는 원리
이다.

5. **상대성의 원리** 우리의 지식은 '실증적
지식의 상대성'에 따라 원칙적으로 미
완성이고 상대적이라는 원리이다.

어휘 다지기

방법론

진리를 구하기 위한 방법을 고찰
하는 철학의 한 분야이다. 일반적
으로 '방법론'이라고 하면 주로 과
학 방법론을 의미하는 것으로 근
세에 들어와 새로운 인식 방법으
로서의 자연과학이 등장함에 따라,
많은 철학자가 이 새로운 학문 방
법의 성격을 구하고자 하였다. 특
히 베이컨, 데카르트, 칸트 등이
이 방법론에 관한 연구로 널리 알
려져 있다.

사회학의 대상 – 사회동학과 사회정학

콩트는 사회 체제의 유지와 발전을 위해서는 반드시 모든 부분이 협력해야 한다고 했다. 여기에서 사회 유기체라는 개념이 등장하게 된다. 사회 유기체에 대한 연구는 크게 사회정학과 사회동학 두 가지로 이루어진다.

사회정학은 사회 질서의 원리를 탐구하는 것으로 각 부분들의 기능, 특징과 공존 관계, 사회를 구성하는 각 조건 간의 조화와 질서의 문제를 다룬다. 즉, 사회정학은 인간성과 사회의 구조를 연구하는 것이다. 콩트는 사회 체제의 기본적인 사회적 단위를 개인이 아닌 '가족'이라고 주장한다. 이러한 가족은 이기적 개인이 사회적 목표를 위해 다듬어지고 길들여지는 것이다. 사회 구조는 하위 구조들로 구성되어 있으며 더 단순한 구조들의 정교화를 통해 발전하게 된다. (가족 → 부족 → 국가)

사회동학은 사회가 진보하는 원리를 규명하고 사회의 운동 법칙을 탐구한다. 콩트는 개인의 성장과 마찬가지로 인류도 성장의 단계를 지닌다고 생각했다. 사회정학이 인간성과 사회성의 기본 질서를 보여 줬다면, 사회동학은 이러한 기본 질서가 결국 실증주의의 최종 목표에 도달하는 과정을 검토한다고 할 수 있다. 콩트에 따르면 부정적이고 파괴적 경향을 띠었던 대혁명의 최초 신조는 '자유와 평등'이었지만 긍정적이고 건설적인 단계로

접어들면 그것은 질서와 진보로 바뀌게 된다는 것이다. 21세기 정보화 시대는 기존의 인간관계의 해체와 전통적 가치관의 해체를 예고하고 있다. 이러한 시기에 콩트의 질서 속의 진보 또는 진보 속의 질서는 음미해 볼 만한 가치가 충분하다고 할 수 있다.

어휘 다지기

남북한 통일 정책

① 실증적 연구 방법과 해석적 연구 방법의 차이

구분	남측	북측
명칭	한민족공동체건설을 위한 3단계 통일 방안	통일방안고려민주연방공화국 창립 방안
통일 원칙	자주 · 평화 · 민주	자주 · 평화 · 민족 대단결
통일 과정	화해 · 협력 → 남북 연합 → 통일 국가 ▶ 민족 사회 우선 (민족 통일 → 국가 통일)	최고민족연방회의와 연방상설위원회를 통한 민족통일정치협상회의 개최 → 고려민주연방공화국 창설(남북한의 사상과 제도를 그대로 두고 남북한이 각기 지역 자치를 실시하는 가운데 외교권과 군사권을 가지는 연방 정부를 창설) ▶ 국가 체제 우선(국가 통일 → 민족 통일)
실현 절차	통일헌법에 의한 민주적 남북한 총선거	연석회의 방식에 의한 정치 협상
국가 형태	1민족 1국가 1체제 1정부 통일 국가	1민족 1국가 1체제 2정부 연방 국가

② 남북 간의 제도와 가치관의 차이

구분	남한	북한
정치 제도	자유 민주주의(국민 주권)	인민 민주주의(인민 주권)
경제 제도	자본주의 시장 경제	사회주의 계획 경제
가치관	개인주의, 물질주의	집단주의, 이념 지향

어휘 다지기

③ 남북한 통일의 전망과 과제

당위성	민족 공동체 형성, 인도주의(이산 가족 상봉), 민족 경제 역량 강화, 세계 평화 기여
장애 요인	통일 정책의 차이, 경제적 차이, 군사비 과중, 전쟁 불안(핵 실험), 개발 독재와 권위주의 정권의 합리화(현재는 극복), 냉전적 사고와 국론 분열(수구 세력의 지나친 반북 대결 의식), 주변 국가의 이해 관계

전망	낙관론	세계사적 추세(독일, 예멘), 주변국들의 평화 공존 요구, 북의 개혁 · 개방 예상, 햇볕 정책 → 상호 신뢰
	비관론	북의 대남 전략 계속, 남북 이질화, 주변국의 반통일 정서, 남의 냉전적 사고, 기득권층의 반북 감정, 통일 이후 부작용 우려, 최근의 북한 핵 실험과 반북 정서 급증

과제	상호 체제 및 문화 인정, 신뢰 구축, 사회 · 문화적 교류의 활성화, 통일의 제도적 기반 확립, 남한 내부의 통일 방안에 관한 공감대 형성

정보화 사회

컴퓨터와 정보 통신 기술이 발달함에 따라 정보와 지식이 중요시되는 정보화 사회가 도래한다. 정보화 사회에서는 정보가 부가 가치를 만들어 내는 원천이 된다. 따라서 빠르게 정보를 활용하여 독창적인 지식을 창출하는 일이 매우 중요하다. 세계가 하나의 네트워크로 연결되면서 상품 시장이 전 세계로 확대되기도 한다.

① 정보화 사회의 특징

- 지식과 정보에 기반을 두는 서비스업의 확대
- 개인의 개성과 전문성이 존중되는 다원화 사회 실현
- 전문직, 기술직 등 지식과 창의력이 요구되는 직업의 중요성 증가
- 자기 성취, 평등, 정신적·심리적 만족감에 대한 욕구 증대 → 자아실현 중시
- 민족 의식의 약화와 국민 국가의 역할 축소 → 국가 간 상호 의존성 증대, 국제 기구의 역할 확대
- 관료제의 약화 → 중간 관리층의 역할 축소

② 정보화 사회에 대한 낙관론과 비관론

구분	낙관론	비관론
정치적 변화	㉠시민의 정치 참여 기회 확대 → 직접 민주주의 실현 가능 ㉡전자 정부, 전자 민주주의 등장 → 인권 보장 확대, 평등주의 실현	㉠국가 권력에 의한 국민 통제 강화로 새로운 독재 정권 출현 가능 ㉡정보의 소유, 통제를 둘러싼 정부와 국민 간의 갈등
경제적 변화	㉠생산력과 효율성 향상 → 사회 구성원 모두의 경제적 이익 증진 ㉡여성 및 장애인의 취업 기회 확대 ㉢상품에 대한 정보 공유 및 주문형 생산 방식 → 소비자 주권 실현	㉠다수는 단순 노동자로 전락 ㉡구조적 실업 증가 ㉢정보 격차에 따른 소득 격차 확대 ㉣선진국과 개발 도상국 간의 격차 확대
사회적 변화	㉠가상 공동체의 형성과 교류 활성화 → 사회 통합에 기여 ㉡시공간의 제약 극복 → 생활 및 관심 영역 확대, 삶의 질 제고	㉠정보의 소유와 활용 능력에 따른 새로운 사회 불평등 구조 형성 ㉡개인의 사생활 침해, 현실과 가상 혼돈, 저질 문화(황폐화)

구분	낙관론	비관론
사회적 변화	㉢남녀평등 실현, 장애인과 노약자의 적극적인 사회 참여 가능	㉣대면 접촉 기회의 축소로 인간 소외 현상 심화, 사회적 유대감 약화 ㉤컴퓨터, 네트워크 등을 이용한 새로운 범죄와 사회 문제 발생(명예 훼손, 사기 등)
문화적 변화	㉠다양성과 창의성을 중시하는 풍요로운 문화 생활 ㉡사이버 공간에서의 다양한 문화 접촉 및 교류 → 문화적 편견 완화, 지구 공동체 의식 확대	㉠자신의 기호와 취미에만 관심을 두는 문화적 편식 현상(고립화) ㉡선진국이나 강대국의 문화에 의해 문화의 다양성이 훼손(문화 종속 현상)

③ 정보화 사회의 생활 변화

정치 · 행정		전자 민주주의(Tele-Demacracy)의 활성화(전자 정부, 전자 투표 등), 정보화된 행정 서비스
경제		전문적 서비스업 중시, 지식과 정보가 부의 원천, 정보 통신 분야의 직업 증가, 전자 상거래 확산을 통해 소비자가 생산 주도
사회	문화	개인의 개성 및 전문성 존중, 사이버 문화(가상 공동체 등장), 다양한 하위 문화의 존중
	교육	온라인 교육(사이버 대학, 재택 수업 등), 교육의 개별화
	생활	재택 근무, 인터넷 뱅킹, 홈쇼핑, 원격 진료, 가사 노동 자동화(홈 오토메이션)
	조직	네트워크형 조직 → 관료제 약화(중간 관리층의 역할 축소)
국제		인터넷 발전 → 국경, 이념을 초월한 자유 소통 → 민족 의식 약화 및 국민 국가의 역할 축소 → 국제 기구의 역할 확대, 새로운 사업과 인간관계 창출

생각 넓히기

1. 가족의 의의 가족이란 혼인과 혈연 및 입양의 관계로 맺어진 두 사람 이상의 집단으로서 다양한 형태로 존재하며 여러 가지 기능을 수행한다. 이를 정리하면 다음과 같다.

2. 가족의 형태

구분	구성원의 범위			배경	장단점
확대 가족	부부 + 기혼 자녀 (가부장제)	직계 가족	부모 + 장남 부부	농경 사회 (정착)	**장점** 공동 생활을 통한 심리적 안정감, 삶의 지혜와 인생의 경륜 전승
		결합 가족	차남 이하도 부모와 거주		**단점** 가족을 위한 여성의 희생 강요
핵가족	한 세대의 부부와 미혼 자녀들, 결혼한 자녀는 분가 (부부 중심)			산업 사회 수렵 사회 (이동)	**장점** 구성원 개인의 자유 중시, 여성의 지위 향상, 성원들 간의 민주적, 평등한 관계 **단점** 이혼율 증가, 노인 소외, 맞벌이 부부의 증가로 인한 자녀 양육 문제

3. 가족의 기능

① **사회 성원의 재생산 기능**: 출산을 통해 사회 성원 충원 → 가족의 가장 중요한 기능

② **사회화 기능(교육 기능)**: 사회 생활을 위한 기본적 생활 양식을 학습

③ **양육과 보호 기능**: 유아와 노인의 삶 유지, 정서적 안정과 유대 제공

④ **성(性)의 충족 및 통제 기능**: 성적 욕구 충족, 무분별한 성적 행위 규제로 질서의 유지

⑤ **종교적 기능**: 조상에 대한 제사나 각종 의식 거행.

⑥ **경제적 기능**: 생산과 소비 활동

콩트는 EU 구상의 선구자

콩트는 서구의 범주 내에 있는 각각의 국가들을, 그 국가의 성격을 그대로 유지한 채 서구라는 전체로 통합하려는 생각을 지니고 있었는데 그것이 바로 서구 공화국이다.

20세기 이후 치밀하게 전개되는 유럽 연합의 선구자인 셈이다.

콩트는 서구 공화국의 구축을 위한 실증주의 위원회를 주창한다. 파리에 본부를 두게 될 이 위원회는 프랑스인, 영국인, 독일인, 이탈리아인, 스페인인으로 구성되며 나중에는 거의 모든 서구의 국가들이 참여하게 될 것이다. 다양한 국가들이 도처에서 자신들의 물질적 기능과 질서를 유지하는 동안 이 위원회는 온갖 명예로운 수단을 모두 동원하여 실증주의를 적용하고 실증주의의 전파를 도울 것이다.

이러한 기능을 수행하기 위해 서구의 해양 경찰을 창설하여 몰락해 버린 해양 기사단을 대체할 것이며, 샤를마뉴대제의 얼굴을 새긴 국제적 화폐를 발행할 것이다. 또한 이들은 7년 학제의 서구 학교를 세워 서구인의 지적 발전에 도움을 줄 것이고, 서구 공화국의 상징인 국기를 제정하게 될 것이다. 그 국기에는 '사랑은 우리의 원칙, 질서는 우리의 토대, 진보는 우리의 목표' 라는 구호가 들어간다. 언뜻 보면 우스꽝스러운 착상이긴 하지만 콩트의 기발한 꿈이 21세기에 실현되고 있으니 콩트는 위대한 예언자이기도 하다.

지구상 유일한 분단 국가인 우리나라의 경우에도 통일의 지혜를 줄 콩트

어휘 다지기

공화국

쉽게 말해 왕이 없는 나라를 의미한다. 공화국은 주권을 가진 국민이 선출한 대표자가 국가를 지배하고, 또 스스로도 대표자가 될 수 있는 제도를 통해 국민이 자신을 지배하는 국가 형태라는 의미이며, 민주주의 원리의 제도화라고 볼 수 있다.

대부분의 국가에서는 공화국의 형태를 취하고 있으나 영국이나 일본 등 군주가 있는 나라는 군주 국가이며 아시아, 아프리카, 남미 등에는 독재 공화국도 존재하므로 공화국이 민주주의와 동의어라고는 할 수 없다.

샤를마뉴

카를대제 또는 카롤루스대제라고도 한다. 서기 772년부터 원정을 시작하여 서유럽의 정치적 통일을 달성하였다. 그는 이 광대한 영토를 지배하기 위해 각 부족이 시행하던 부족법전을 성문화(成文化)하여 각 부족의 독립성을 인정하였고, 아울러 중앙에서 그라프·순찰사 등의 관리를 파견하여 중앙집권적 지배를 가능하도록 하였다. 지방 봉건 제도를 적극적으로 활용하여 중세 여러 봉건 국가가 발전할 수 있도록 하였다.

또한 그 실력을 배경으로 로마 교황권과 결탁하여 그리스도교의 수호자 역할을 하여 서유럽의 종교적인 통일을 완수하였다.

같은 예언자가 나오길 기대한다. 갈등이 갈등으로 끝나지 않고 모순이 모순으로 끝나지 않는 새로운 종합으로의 변증적 발전이 필요하다. 상호 간의 제도와 가치관의 차이를 극복한 최고의 복지 국가 대한민국의 출현을 기대해 본다.

지식 넓히기

EU

대다수 서유럽 국가들이 공동 경제·사회·안보 정책의 실행을 위해 창설한 국제 기구로 회원국은 그리스·네덜란드·덴마크·독일·룩셈부르크·벨기에·스웨덴·스페인·아일랜드·영국·오스트리아·이탈리아·포르투갈·프랑스·핀란드 등 15개국(2002년 기준)이다. 유럽의 정치적·경제적 통합을 강화하기 위해 유럽 단일 화폐, 공동 외교·안보 정책, 공동시민권 제도를 도입하고 이민·난민·사법 등 각 분야에서 협력, 하나의 유럽을 만들기 위해 노력하고 있다.

복지 국가

복지 국가란 국민 전체의 복지 증진과 확보 및 행복 추구를 국가의 가장 중요한 사명(使命)으로 보는 국가를 말하는 것으로 북유럽의 국가들 중 잘 발달되어 있는 나라가 많다.

복지 사회가 궁극적으로 지향하는 가치는 인간 존엄성의 실질적인 보장이다. 국가는 적당한 수준의 경제 성장에 의해 얻어지는 국민 소득 총액의 증대를 바탕으로 완전 고용, 쾌적한 의식주의 확보, 질병자·실업자 등 사회적 약자의 사회 보장, 국민 연금 등의 정책을 추구, 이를 통해 국민들로 하여금 최소한의 건강하고 문화적인 생활을 보장하고자 한다.

그러나 다른 한편에서 볼 때 국민이 체제에 지나치게 의존하거나 국가 통제의 증대화를 촉진시킬 수 있다는 단점도 지니고 있어 최근에는 국민 복지와 경제 성장을 동시에 중시하는 경향이 생겨났다. 또 관리 국가로서 관료들의 국민 생활 간섭으로 소외감을 가져올 수 있고, 생활 안정으로 노동자의 노동 의욕이 감퇴되거나 노인 자살과 비행 청소년의 증대를 초래하기도 한다.

헌법상의 재산권 보장과 제한(헌법 제23조)

① 모든 국민의 재산권은 보장된다. 그 내용과 한계는 법률로 정한다.

② 재산권의 행사는 공공 복리에 적합하도록 하여야 한다.

③ 공공의 필요에 의한 재산권의 수용·사용 또는 제한 및 그에 대한 보상은 법률로써 하되, 정당한 보상을 지급하여야 한다.

노동3권

① 노동 3권: 헌법 제33조

- 근로자는 근로 조건의 향상을 위하여 자주적인 단결권·단체 교섭권 및 단체 행동권을 가진다.
- 공무원인 근로자는 법률이 정하는 자에 한하여 단결권·단체 교섭권 및 단체 행동권을 가진다.
- 법률이 정하는 주요 방위 산업체에 종사하는 근로자의 단체 행동권은 법률이 정하는 바에 의하여 이를 제한하거나 인정하지 아니할 수 있다.

② 노동 3권의 정의

단결권	근로자들이 자주적으로 노동 조합을 결성하고 조합원으로 활동할 수 있는 권리
단체 교섭권	근로 조건을 유지·개선하기 위해 노동 조합이 사용자와 교섭할 수 있는 권리
단체 행동권	근로자가 근로 조건에 관한 주장을 관철시키기 위해 사용자를 상대로 각종 쟁의 행위를 할 수 있는 권리 → 현행법상 정당한 쟁의 행위는 민·형사상 책임 면제

쟁의 행위

파업 (strike)	집단적인 작업 거부
태업 (sabotage)	의식적으로 작업 능률을 저하시키는 것
보이콧 (boycott)	사용자 또는 그와 거래 관계가 있는 제3자의 상품 구입, 시설 이용 등을 거절하거나 그들과의 근로 계약의 체결을 거절할 것을 호소하는 행위
피케팅 (picketing)	근로 희망자들의 사업장 또는 공장 출입을 저지하고 파업에 협력할 것을 구하는 행위

① **직장 폐쇄**(lockout) 근로자의 단체 행동에 대하여 사업자가 그 주장을 관철할 목적으로 근로자들이 취업 상태에 있지 못하도록 사업장을 봉쇄하는 행위

② **황견 계약**(yellow-dog contract) 사용자가 특정 근로자에게 노동 조합에 가입하지 않고 쟁의에도 참가하지 않으며, 특정 노동 조합의 조합원이 되는 것을 조건으로 약정하여 개별적으로 맺는 고용 계약이다. 이러한 계약은 노동 3권을 침해하고, 노조 운영을 방해 하는 부당 노동 행위로 간주된다. 우리나라, 미국 등의 노동법에서는 위법 사항이다.

헌법상의 사회 보장 규정과 사회 보장 제도

① **헌법 규정 제34조**
  * 모든 국민은 인간다운 생활을 할 권리를 가진다.
  * 국가는 사회 보장 · 사회 복지의 증진에 노력할 의무를 진다.
  * 국가는 여성의 복지와 권익의 향상을 위하여 노력하여야 한다.
  * 국가는 노인과 청소년의 복지 향상을 위한 정책을 실시할 의무를 진다.
  * 신체 장애자 및 질병 · 노령 기타의 사유로 생활 능력이 없는 국민은 법률이 정하는 바에 의하여 국가의 보호를 받는다.
  * 국가는 재해를 예방하고 그 위험으로부터 국민을 보호하기 위하여 노력하여야 한다.

② 헌법 규정 제35조

- 모든 국민은 건강하고 쾌적한 환경에서 생활할 권리를 가지며, 국가와 국민은 환경 보전을 위하여 노력하여야 한다.
- 환경권의 내용과 행사에 관하여는 법률로 정한다.
- 국가는 주택 개발 정책 등을 통하여 모든 국민이 쾌적한 주거 생활을 할 수 있도록 노력하여야 한다.

사회 보장 제도

▶ 정보화 사회에 대한 낙관론과 비관론

	사회 보험	공적 부조
수혜 대상	직장인 등 보험 가입자	생활 무능력자
목적	질병, 노령, 재해 등의 위험 대비	최소한의 인간다운 생활 보장
비용	수혜 대상자와 국가 또는 기업주	국가가 전액 부담
종류	연금 보험, 건강 보험, 산업 재해 보상 보험, 고용 보험	기초 생활 보장, 의료 급여, 보훈 사업, 재해 구조 제도
특징	강제 가입, 근로 의욕을 저하시키지 않음 능력별 부담(소득에 비례), 상호 부조	소득 재분배 효과, 근로 의욕 저하 우려, 재정 압박, 수혜자에 대한 재산 상태 조사 필요

현대 복지 사회의 이념

① 복지 이념의 역사적 변화

구분	과거	오늘날
대상자	사회적 약자	모든 국민
서비스의 질	최저 생활의 보장	삶의 질 향상
서비스의 성격	장애 발생 시 사후 보완	장애의 사전 예방
사회 복지의 성격	여유 있는 사람들의 자선	시민으로서 누려야 할 권리(사회권)
빈곤의 책임	개인	사회 구조

② **현대 복지 사회의 이념**

ㅤㄱ 인간 존엄성의 실질적 보장 → 복지 사회가 궁극적으로 지향하는 가치

ㅤㄴ 사회적 유대와 공동 책임의 중시

ㅤㄷ 모든 국민의 균등한 삶의 질 향상

ㅤㄹ 민주주의와 경제 성장을 동시에 중시

콩트와 재산권 제도

　재산은 인간이 삶을 영위하는 데 없어서는 아니 될 중요한 요소이다. 맹자도 '무항산무항심'이라 하지 않았던가?

　우리가 지금 누리고 있는 재산권은 시민혁명 이후에 보장되기 시작하였다. 시민혁명 직후 재산권은 절대적으로 보장되었고, 이러한 분위기가 당연시 되었는데, 콩트는 재산권의 공공성을 주장하고 나섰다. 재산권의 공공성은 20세기에 와서야 보편적으로 인정되었는데 시대를 한발 앞서는 콩트의 예지력이 대단하다. 콩트는 소유권에다 그것을 사용하고 남용하는 권리로서 절대적인 개인성을 부여하는 데 반대하고 소유권의 행사는 결코 절대적일 수 없다고 주장하였다. 언제, 어디에서든지 공동체는 소유권의 행사에 다소간 개입할 수 있으며, 극단적인 경우 소유권 전체를 공동체가 차지하는 것이 당연시 될 수 있다는 견해를 피력하기도 하였다.

　재산권의 절대성 보장과 사유 재산 제도의 인정은 자본주의의 급속한 발달을 가져와 인류에게 큰 도움을 주었지만 한편으로는 노사 간의 대립, 빈부 격차 확대, 환경 파괴 등 심각한 문제를 야기하기도 하였다. 그리하여 재산권 보호와 관련된 근대 민법의 3대 원칙이 수정되었고 자본주의에 일정한 제한을 가한 수정 자본주의가 등장하였다.

그리하여 현대 헌법은 재산권의 제한을 규정하고 있으며 노동자들의 권익을 보장하기 위하여 노동3권을 보장하기도 한다. 또한 광범위한 사회 보장 제도를 두어 경제적 약자의 삶을 보장하기도 한다.

지식 넓히기

맹자의 무항산무항심

맹자는 성선설(性善說)을 바탕으로 인(仁)에 의한 덕치(德治)를 주장한 유가(儒家)의 대표적인 학자이며 '무항산무항심'은 《맹자(孟子)》 '양혜왕(梁惠王)편' 상(上)에 나오는 말이다.

어느 날 제(濟)나라 선왕(宣王)이 정치에 대하여 묻자, 백성들이 배부르게 먹고 따뜻하게 지내면 왕도의 길은 자연히 열리게 된다며 다음과 같이 대답하였다.

"경제적으로 생활이 안정되지 않더라도 항상 바른 마음을 가질 수 있는 것은 오직 뜻있는 선비만 가능한 일입니다. 일반 백성에 이르러 경제적 안정이 없으면 항상 바른 마음을 가질 수가 없습니다. 항상 바른 마음을 가질 수 없다면 방탕하고 편벽되며 부정하고 허황되어 이미 어찌 할 수가 없게 됩니다. 그들이 죄를 범한 후에 법으로 그들을 처벌한다는 것은 곧 백성을 그물질하는 것과 같습니다(無恒産而有恒心者 唯士爲能 若民則無恒産 因無恒心 苟無恒心 放辟邪侈 無不爲已 及陷於罪然後 從而刑之 是罔民也). 그리고는 이어서 '어떻게 어진 임금이 백성들을 그물질할 수 있습니까?' 라고 반문하였다.

맹자는 임금의 자리는 하늘이 내린 것이라고 생각하던 시대에, 백성을 하늘로 생각하고 백성들의 실생활을 돌보는 것이 임금의 도리라고 설파한 것이다. 오늘날도 국민들의 생활 안정이 통치의 근본이라는 의미에서, '항산이 있어야 항심이 있다' 는 식으로 자주 인용된다.

근대 민법의 3대 원칙

소유권 절대의 원칙 (사유 재산권 존중의 원칙)	개인의 사유 재산에 대한 절대적 지배를 인정	소수의 가진 자가 다수의 가지지 못한 자를 지배하는 수단으로 악용
사적 자치의 원칙 (계약 자유의 원칙)	개인은 자신의 자유로운 의사에 기초하여 법률 관계를 형성할 수 있음	경제적 약자에 대한 일방적인 계약 강제의 수단으로 변질
과실 책임의 원칙 (자기 책임의 원칙)	개인이 타인에게 끼친 손해에 대해서는 고의 또는 과실이 있을 때만 책임을 짐	경제적 강자의 책임을 면하는 구실로 변질

고의와 과실

①**고의** 가해자가 자기의 행위로부터 일정한 결과가 생길 것을 인식하면서 그 행위를 하는 것

②**과실** 일정한 결과의 발생을 인식했어야 하는데도 부주의로 말미암아 인식하지 못했거나, 타인의 권리나 이익의 침해라는 결과를 예견 또는 회피해야 할 의무(주의 의무)를 위반한 것

현대 민법의 3대 기본 원리

소유권 공공(公共)의 원칙	개인의 재산권은 법에 의해 보장되지만, 사회 전체의 이익을 위해 그 권리의 행사가 제한될 수 있음 → 헌법 제23조 ② 재산권의 행사는 공공 복리에 적합하도록 하여야 한다.
계약 공정(公正)의 원칙	매우 공정성을 잃은 계약은 법의 보호를 받을 수 없음 → 민법 제2조(신의성실) ① 권리의 행사와 의무의 이행은 신의를 좇아 성실히 하여야 한다. → 민법 제104조(불공정한 법률 행위) 당사자의 궁박, 경솔 또는 무경험으로 인하여 현저하게 공정을 잃은 법률 행위는 무효로 한다.
무과실(無過失) 책임의 원칙	과실이 없는 경우에도 일정한 상황에 대해서는 관계있는 자에게 책임을 물을 수 있음

지식 넓히기

자본주의의 발달

① **상업 자본주의:** 중세 말 도시의 발달, 상품 화폐 경제의 발달, 금융과 회사 제도의 발달 → 상품의 유통이나 고리 대금업 등과 같은 경제 활동으로 이윤 획득

② **산업 자본주의:** 상품의 생산 과정에서 부가 가치의 형태로 이윤을 얻는 경제 활동

　　㉠ 산업 혁명: 기술 혁신, 생산력 증대, 공장제 기계 공업 → 대량 생산과 소비, 산업 자본가와 임금 노동자 계급 등장

　　㉡ 시민 혁명: 개인의 경제 활동 자유 보장 → 절대 군주의 중상주의적 통제 배제

　　㉢ 사상적 배경: 애덤 스미스의 자유 방임주의 → '보이지 않는 손(시장 가격)'의 조화

③ **독점 자본주의(19세기 말):** 소수 기업이 시장 지배 → 시장의 경쟁 제한, 주기적인 경기 변동에 따른 실업으로 노동자의 생활 불안정, 빈부 격차로 인한 사회적 갈등 심화

④ **수정 자본주의(혼합 경제 체제):** 대공황을 극복하기 위해 정부가 시장에 개입 → 미국의 뉴딜 정책

　　㉠ 특징: 시장 경제 체제 요소+계획 경제 체제 요소 → 복지 국가 지향, 정부 역할 증대

　　㉡ 사상적 배경: 케인즈의 구성의 모순

⑤ **신자유주의(80년대 이후):** 영국의 대처리즘, 미국의 레이거노믹스

　　㉠ 등장 배경: 제1·2차 석유 파동으로 인한 경제 침체(스태그플레이션=불황+인플레이션)

　　㉡ 목적: 과도한 정부 개입에 의한 자원 배분의 비효율성 시정, 경제 활동의 자율성과 효율성 증진

　　㉢ 특징: 공기업의 민영화, 각종 규제 철폐, 복지 예산 감축

논술 문제

최근 우리 사회에서 '3불 정책'(본고사 불허, 고교 등급제 불허, 기여 입학제 불허)이 뜨거운 이슈로 등장했다. 그동안 '3불 정책'이 우리 사회에 여러 차례 이슈화되었지만, 반대 여론에 막혀 잠복했다가 다시 수면 위로 나와 우리 사회를 달구고 있다. 지난 3월 22일 서울에서 열린 '한국사립대학총장협의회 회장단 회의'에서 다시 제기된 '3불 정책'은 수많은 문제들과 복잡하게 얽혀 있어 이해 관계에 따라 입장을 달리하고 있다.

그런데 3불 정책은 논의의 여지없이 폐지되어야 마땅하다. 본고사 불허는 대학의 자율성을 파괴하여 우리 대학의 경쟁력을 약화시켜 결국은 국가 경쟁력의 저하를 야기한다. 고교 등급제 불허는 현실적인 학교 간의 학력차를 무시한 평균주의적 발상으로 사회의 동태적 발전을 가로 막고 있다. 기여 입학제 불허는 그 단점만을 부각시키고 장점을 사장시켜 버리는 우를 범하고 있다.

- 인터넷 댓글 중에서

----

case 2 아래 글을 읽고 실증적 비판을 가하시오.

많은 사람들은 가난한 사람들이 더 가난해졌기 때문에 부자들이 더 부유해진 것이라고 생각

한다. 다시 말해 사람들은 유럽과 미국이 식민지 시대와 그 이후에 군사력과 정치적 힘을 이용

하여 빈곤한 지역들로부터 부를 착취함으로써 부유해졌다고 생각한다. 세계 총생산이 대체로

변하지 않은 채, 힘이 있는 지역으로 귀속되는 몫은 상승하고 약한 지역으로 귀속되는 몫은 하

락했다고 한다면, 그와 같은 해설도 그럴듯하다. 그러나 실제로 일어난 일은 그렇지 않다. 세계

총생산이 거의 50배 증가한 것이다. 세계의 모든 지역이 일정한 경제 성장을 경험했지만 일부 지역은 다른 일부 지역에 비해 더 높은 성장을 경험했다. 이러한 현상은 부가적 힘이나 기타 수단들에 의해 부가한 지역에서 다른 지역으로 이전한 것이 아니라 세계 소득이 전반적으로 늘어나는 가운데 성장률이 지역별로 달랐기 때문에 나타났다. 부자들이 가난한 자들을 착취한 책임이 없다고 말하는 것이 아니다. 부자들은 확실히 가난한 자들을 착취했고, 가난한 사람들은 정치적 불안정이라는 만성적 문제를 포함하여 수많은 요인들의 결과 계속 고통을 받고 있다. 그러나 현대적 경제 성장의 진짜 이야기는 일부 지역이 총생산을 세계적으로 그 유례를 찾아볼 수 없을 만큼 증가시킬 수 있었던 반면 다른 지역은 상대적으로 정체되었다는 점이다. 착취가 아니라 앞선 기술이 부유한 세계의 소득을 장기적으로 증가시킨 주된 요인이었다. 이것은 오늘날의 낙후된 지역들을 포함하여 모든 세계가 기술 진보의 편익을 취할 합리적인 희망이 있다는 것을 시사한다는 점에서 매우 좋은 소식이다. 경제 성장과 부의 증대는 어느 일부의 승리가 다른 지역의 패배를 대가로 하여 이루어질 수밖에 없다는 제로섬 게임이 아니다. 참된 경제 발전과 부의 증대는 모든 사람이 이길 수 있는 게임이다.

- 제프리 D 삭스, 《빈곤의 종말》 참조

생각 쓰기

생각 쓰기

case 1 　이른바 '3불 정책'은 각자의 처한 입장에 따라 찬반이 극명하게 나뉘는 뜨거운 감자이다.

　이에 대한 심도 있는 고찰을 포기하고, 논의의 여지없이 폐지하는 것이 마땅하다는 주장은 상대방에 대한 설득력이 미약하다. 어떤 사상(事象)에 대한 우리의 주장은 일정한 지식을 전제로 한다. 공유할 수 있는 지식과 이에 대한 공감대가 형성되었을 때 진정한 대화가 가능할 것이며 이에 따라 건전한 합의 도출이 가능할 것이다. 콩트는 그의 저서 《실증주의 서설》에서 실제성의 원리를 언급하고 있다. 모든 지식은 상호 주관성을 보장하는 체계적 관찰의 '감각적 확실성'을 통하여 스스로 입증되어야 한다는 원리이다. 3불 정책의 고수가 일정한 폐단을 야기하고 있지만 그것만을 이유로 복수의 주관에 공통으로 설립되는 상호 주관성의 지대를 포기한다는 것은 사회과학의 포기나 마찬가지이다. 또한 자신이 체험한 서너 가지의 근거를 가지고 어떤 사회 현상을 단정 짓는 것은 콩트가 주장한 '실증적 지식의 상대성' 원리에도 반한다. 또한 이해관계가 엇갈리는 복잡한 사회 현상에 대한 설명은 정확한 근거에 바탕해야 하는데 단순한 짐작을 근거로 주장을 전개하는 것은 콩트의 정확성의 원리에도 어긋난다.

case 2 　위 글은 선진국의 경제 성장과 기술 개발이 세계적으로 보편화되어 세계의 부를 증진시킨다는 주장으로 신자유주의에 기초하고 있다. 이러한 글은 신자유주의에 기초한 세계 경제 통합을 주장하는 논리를 제공하기도 한다. 신자유주의에 기초한 경제 구조의 강제 개편은 민주주의 발전의 걸림돌이 될 것이다. 신자유주의는 미국이 IMF와 세계 은행을 앞세워 자신들의 이익을 관철하려는 속성을 가지고 있기 때문이다. 신자유주의적 경제 개편은 경제적 불평등을 조장하여 국제적인 그리고 국내적인 부의 양극화 현상을 초래할 것이다. 또한 경제의 대외 의존도가 심한 우리나라의 경우 전면적 신자유주의적 경제 개편은 경제의 대외 종속성을 심화시킬 것이다. 저자는 경제 성장을 윈윈 게임이라고 주장하고 있다. 그러나 자본의 운동 논리는 '제로섬 게임'이라는 것이 그동안의 역사가 말해 주고 있다. 세계의 경제가 윈윈하려면 기술의 이전이 선행되어야 하지만 많은 기술 선진국들의 기술 유출을 막기 위해 혈안이 되었고, 우리를 비롯한 많은 나라들은 엄청난 로열티를 지불하고 그 격차를 줄이지 못하고 있다. 이러한 상황에서 기술 진보가 세계적인 고른 경제 성장을 가져온다고 낙관하기에 이르다.

겉으로 드러난 사탕에 현혹되어 이면에 놓인 독을 보지 못한다면 되돌릴 수 없는 경제적 후과가 닥칠 수도 있을 것이다.

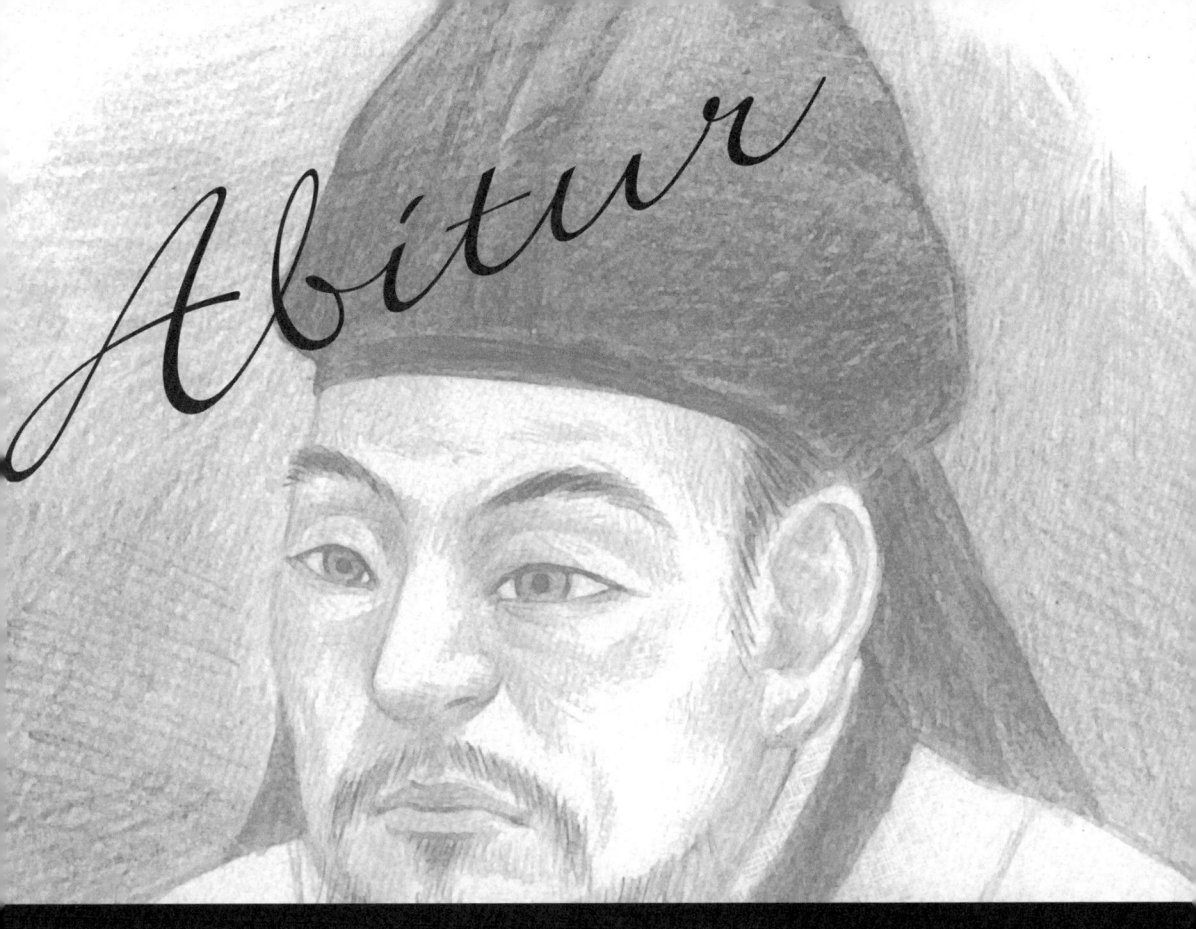

철학자가 들려주는 철학이야기 050

고봉 기대승이 들려주는 사단칠정 이야기

Abitur

저자_이지영

성신여자대학교 사범대학 윤리교육과를 졸업하고, 지금은 일산 백석중학교에서 도덕 교사로 재직하고 있다.

고봉 기대승에 대하여

奇大升

고봉 기대승에 대하여

1. 고봉의 사상

① 성리학의 이기론(理氣論)에 대하여

본격적으로 고봉의 사상에 대해 공부하기 전에 우선 성리학이라는 학문과 그것의 핵심적인 사상인 이기론에 대해 간단히 알아보도록 하자.

성리학이란 중국의 주희가 철학적 고찰을 통해 인간의 본성과 세상의 이치에 관해 연구한 학문으로, 고려 말에 우리나라로 전래되어 조선 시대의 대표적인 통치 이념으로 자리 잡았다. 성리학을 받아들여 한국의 성리학으로 자리 매김하도록 한 대표적인 인물은 바로 퇴계 이황 선생과 율곡 이이 선생이다.

성리학은 우주와 인간의 성립과 구성을 이(理)와 기(氣)의 두 개념으로 설명한다. 이(理)는 우주 만물의 근원이 되는 이치로서 모든 존재의 본래의 성질을 말하는 것이며, 기(氣)는 본래의 성질인 이(理)를 나타나게 하는 것으로 만물을 구성하는 재료이다. 예를 들어, 꽃밭에 봉선화 씨를 뿌리면 싹이 트고 자라서 봉선화가 핀다. 다른 꽃이 아닌 봉선화가 피는 이유는 원래부터 봉선화 씨가 싹이 터서 자라면 봉선화가 피는 성질, 즉 이(理)가 있기 때문이다. 그러나 온도와 수분, 그리고 햇빛에 따라 봉선화는 그 크기나 빛깔이 다를 수 있다. 이때의 온도, 수분, 햇빛은 봉선화를 피어나게 하는 기(氣)이다.

성리학에서 이러한 이와 기는 두 가지 원칙 하에 관계를 맺고 있다. 하나는 이기불상리(理氣不相離)요, 또 하나는 이기불상잡(理氣不相雜)이다. 즉, '이와 기는 서로 떠날 수 없으나, 서로 섞이지도 않는다' 라는 원칙이다. 이 원칙을 따르면 이와 기는 밀접한 관련을 맺고 있긴 하나, 섞이지도 않으므로 이(理)는 이(理)이고, 기(氣)는 기(氣)인 것이다. 그래서 이러한 내용으로 인해 후에 이기일

원론(理氣一元論)이냐, 이기이원론(理氣二元論)이냐 하는 논쟁이 벌어지기도 하였다.

② 사단(四端)과 칠정(七情)에 대하여

고봉 기대승의 핵심 사상에 대해 알기 위해서는 일단 사단과 칠정이 무엇인지 알아야 한다. 먼저 사단과 칠정에 대해 알아보기로 하자.

사단 (四端)	측은지심(惻隱之心)	선한 마음(純善)
	수오지심(羞惡之心)	
	사양지심(辭讓之心)	
	시비지심(是非之心)	
칠정 (七情)	희(喜), 노(怒), 애(哀), 구(懼), 애(愛), 오(惡), 욕(慾)	선(善)＋악(惡)

사단은 인간의 본성에서 우러나오는 착한 마음씨이며, 칠정이란 인간의 본성이 사물을 보았을 때 생기는 일곱 가지 감정을 말한다.

사단은 맹자가 실천 도덕의 근간으로 삼은 것으로 측은지심(惻隱之心), 수오지심(羞惡之心), 사양지심(辭讓之心), 시비지심(是非之心)의 네 가지이다. 측은지심은 남을 불쌍히 여기고 도와주려는 마음이고, 수오지심은 자신의 잘못을 부끄러워하고 불의를 미워하는 마음이다. 사양지심은 양보할 줄 아는 마음으로 자신의 욕심을 버리고 남을 먼저 생각하는 마음이며, 시비지심은 옳고 그름을 따질 줄 아는 마음, 즉 옳은 것을 옳다고 그른 것을 그르다고 말할 줄 아는 마음을 말한다. 이 네 가지 마음은 각각 인(仁), 의(義), 예(禮), 지(智)라는 덕목과 연결된다. 이러한 마음은 인간의 본성에서 우러나오는 것으로 태어날 때부터 갖게 되는 선(善)한 마음이다.

칠정은 《예기》에 나오는 말로 희(喜 기쁨), 노(怒 노여움), 애(哀 슬픔), 구(懼 두려움), 애(愛 사랑), 오(惡 미움), 욕(慾 욕심)의 인간의 일곱 가지 감정을 말한다. 이것은 선(善)과 악(惡)을 모두 포함한다.

③ 이황의 사단칠정론

이제 사단과 칠정에 관해 알아보았으니 고봉 기대승이 반기를 들게 된 퇴계 이황의 사단칠정에 관한 해석을 살펴보도록 하자.

퇴계 이황(退溪 李滉, 1501~1570)은 연산군 7년(1501) 지금의 안동군 도산면에서 태어났다. 그는 34세 때 대과에 급제하여 벼슬길에 오르고 꾸준히 정치 활동을 하였으나 그는 정치가보다는 대학자로서의 길을 더 원하였다. 그래서 그는 정계에서 임명과 사직을 반복하게 되고 노후에는 오로지 학문 연구와 후진 양성에만 몰두하였다. 퇴계의 사상과 그를 따르는 제자들을 영남학파라고 분류하기도 한다.

퇴계는 사단과 칠정이 확연히 구분된다고 보았다. 즉 사단은 순선(純善)한 것으로 이(理)가 발현한 것이고, 칠정은 선(善)과 악(惡)이 함께 혼재되어 있는 것으로 기(氣)가 발현한 것이라고 한다. 이러한 퇴계의 이기이원론(理氣 二元論)적 사상은 많은 논쟁을 불러일으키기도 하였다. 그중 가장 대표적인 것이 퇴계 이황과 고봉 기대승과의 논쟁이고, 후에 생긴 우계 성혼과 율곡 이이의 논쟁이다.

④ 퇴계 이황과 고봉 기대승 간의 논쟁

고봉 기대승은 32세에 퇴계 이황을 만났고, 그 후 8여 년에 걸쳐 120여 통의 서신을 교환하며 사단칠정에 관해 논쟁을 펼쳤다.

퇴계와 고봉의 논쟁이 시작된 것은 퇴계가 주장한 '사단은 이의 발이고, 칠정은 기의 발이다(四端理之發 七情氣 之發)'라는 사상 때문이다. 이것이 당시 학자들 사이에 많은 논쟁거리가 되었고, 이때 편지로 이의를 제기한 인물이 바로 고봉 기대승이었다.

기대승은 퇴계의 사상이 이기이원론의 입장에서 '사단은 이의 발현이고, 칠정은 기의 발현이다'라고 구분

어휘 다지기

영남학파와 기호학파

퇴계의 이기이원론적 사상은 많은 논쟁을 불러일으켰다. 그중 가장 대표적인 논쟁이 퇴계 이황과 고봉 기대승 간의 논쟁이고, 또 하나는 후에 생긴 우계 성혼과 율곡 이이의 논쟁이다. 이때 퇴계 이황의 학설을 따르는 사람들을 영남학파라고 하였고, 율곡 이이의 학설을 따르는 사람들을 기호학파라고 하였다.

하는 것에 대해 수긍하지 못하고 이의를 제기한다. 기대승에 의하면 사단과 칠정은 따로 구분하여 생각할 수 없는 것이고, 또한 이와 기역시도 따로 구분하여 '이가 발한다(理發)' 혹은 '기가 발한다(氣發)'라고 할 수 없다는 것이다. 즉, 사단과 칠정은 따로 구분하여 생각할 수 없고, 칠정 가운데 사단이 포함된다고 보았다. 사단은 선한 마음이고, 칠정은 선과 악이 모두 포함되어 있는 것으로 칠정에서 선한 마음이 바로 사단이라고 본 것이다.

이에 퇴계는 '이와 기의 관계는 서로 구분되지도 않지만 섞이지도 않는다(理氣不相離 理氣不相雜)'는 원칙을 갖고 있다고 하며, 이와 기가 서로 섞이지 않는다는 원칙을 간과해서는 안 된다고 주장한다. 그러나 편지의 왕래가 많아지면서 퇴계는 '사단은 이가 나타날 때 기가 이에 따르는 것이고, 칠정은 기가 발하여 이가 이것을 타는 것이다(四端 理發而氣隨之, 七情 氣發而理乘之)라고 자신의 의견을 한 번 수정하였다. 이것을 풀어 설명해 보면, 우리의 네 가지 착한 마음(四端)은 우리 마음속에 있는 본래의 착한 성질(理)이 표현될 때 겉모습이 우리 마음속의 본래의 착한 성질을 따르는 것이고, 우리의 일곱 가지 감정(七情)은 겉으로 표현될 때 인간 본래의 착한 성질(理)이 겉모습(氣)에 타서 선한 행동을 하도록 조정해 준다는 것이다. 이렇게 하여 퇴계는 처음의 이기이원론적인 부분을 조금

어휘 다지기

퇴고사칠논변(退高四七論辨)
퇴계와 고봉의 사단칠정에 관한 논쟁을 줄여서 퇴고사칠논변이라고 표현하기도 한다.

완화시켰다.

우리가 이러한 퇴계 이황과 고봉 기대승의 논쟁에서 주의 깊게 살펴보아야 할 것은 그 당시 상하 관계의 사회 구조 속에서 대선배의 의견에 반기를 든 고봉 기대승과 그러한 후배의 도전에도 최선을 다해 응해 주고, 자신의 이론을 수정해 간 두 학자의 마음이다. 서로가 서로에게 예를 갖춰 대하고 상대방의 의견에 귀를 기울임으로써 학문의 발전을 이끌 수 있었던 것이다.

2. 교과서 속에서 만난 고봉 기대승

이황과 기대승은 사단칠정에 대한 논변을 서한으로 주고받았다. 당시에는 장유유서의 수직적인 인간관계가 지배하던 때였으므로, 사대부들은 학문을 하는 데 있어서도 권위주의적 방식으로 일방적인 전수만을 강조하는 형편이었다. 따라서 선배의 이론에 의문을 제기하고 비판을 하는 자유로운 토론이 이루어지기는 어려운 상황이었다. 그러나 이러한 풍토를 깬 것이 사단칠정 논변이다. 기대승이 선배의 이론에 반기를 들었지만, 이황은 넓은 아량으로 이를 받아들였다. 8년 동안의 논변이 진행되는 동안에 이황은 기대승의 이론을 신중하게 검토하면서, 자신의 잘못을 발견할 때마다 개정하기를 주저하지 않았다. 논변이 시작될 무렵 이황은 대사성까지 지낸 58세의 대가였던 데 비하여, 기대승은 갓 과거에 급제한 32세의 소장 학자에 지나지 않았던 것이다. 장장 8년 동안 논변이 계속되었고, 그것이 드디어 당시의 정체된 학문 풍토에 새바람을 불러일으켜 우리나라 성리학의 발전을 가져오게 되었다.

- 교육인적자원부, 중학교 《도덕》 3

중학교 3학년 도덕 교과서에 나오는 '학교생활과 도덕 문제' 단원의 '학연 문제와 해결'이라는 소단원에서 이황과 기대승의 사칠논변이 등장한다. 당시 상하 관계가 철저하던 조선 시대에 후배가 대선배의 이론에 이의를 제기하고 그것을 선배가 받아들임으로써 서로의 사상에 더욱 발전을 꾀함과 동시에, 나아가 한국 성리학 발전에 큰 업적을 남겼다는 내용으로 이황과 기대승의 사칠논변이 담겨 있다. 이러한 내용과 함께 우리나라의 학연(함께 공부함으로써 맺어진 인연)을 중시하는 풍조로 인해 생기는 부정적인 모습을 지적하기도 한다. 예를 들어 학파 간의 지나친 논쟁이 너무 지엽적으로 흐르거나 공리공론에 치우친 경우, 관념적이고 이론적인 내용에만 집착한 나머지 실용적인 학문의 도입을 막은 경우 등을 지적하였다. 또한 학문적 논쟁이 정치에서 파벌 조성으로 나타나 관념적인 정치론에 빠져 국력을 약화시킨 경우도 예로 들었다.

3. 세상 속에서 기대승 만나기 — 한국의 지나친 연고주의

　한국 사회에 퇴계 이황과 고봉 기대승 사이의 사단칠정에 관한 논쟁은 시사하는 바가 크다.

　당시 최고의 자리에 있던 퇴계 이황의 학문에, 이제 막 벼슬에 오른 후배 학자가 반기를 든 것은 일대 사건이라 할 수 있었다. 더구나 상하 관계가 철저하고 경직되어 있던 당시 조선 사회에서는 전례에 없던 보기 드문 사건이었다. 하지만 퇴계 이황과 고봉 기대승은 서로의 학문적 차이를 인정하며 자신의 이론을 수정해 나갔고, 결국 성리학의 더 큰 발전을 가져왔다. 선배는 후배의 의견을 존중해 주었고, 후배는 선배에게 예를 갖춰 자신의 의견을 개진하였다. 그 결과 퇴계 이황과 고봉 기대승은 좋은 인연을 맺게 된 것이다. 이러한 것이 바로 학연의 좋은 모습이다.

　그러나 이러한 학연의 좋은 사례가 있음에도 현재 우리 사회는 학연의 부정적인 모습만을 보여 주고 있는 것 같아 안타깝다. 흔히들 우리 사회의 문제점을 이야기할 때 가장 대표적으로 나오는 것이 지역감정, 맹목적인 혈연 지상주의, 학벌 지상주의 등이다. 이러한 것을 한마디로 이야기하면 '연고주의(緣故主義)'라고 표현할 수 있다. 이것은 '우리 지역 출신 후보니까 찍어 줘야지!' '우리 학교 출신이니 뽑아야 해!' '우리 ○씨 가문 사람이니 이번에 좀 도와줘야지!' 라고 하며 자신과 연결된 관계, 즉 혈연(血緣), 학연(學緣), 지연(地緣) 등의 관계를 이용하는 것을 말한다. 이러한 연고주의는 집단에서 같은 연고로 묶인 사람들과 그렇지 않은 사람들 간의 위화감을 조성하고 파벌을 형성하기도 한다. 그리하여 자신과 연고가 다른 사람을 소외시켜 사회 분열을 초래한다. 또한 능력으로 대우받는 것이 아니라 혈연, 학연, 지연에 의해 평가되기 때문에 사회에 부정적인 영향을 끼친다. 예를 들어 아무리 능력이 뛰어나도 공정하게 평가받지 못하기 때문에 사람들은 능력을 키우기보다는 혈연, 학연, 지연에 의존하려는 경향을 보일 수 있다.

이러한 때에 학문적 내용이 다른 나이 어린 후배의 의견도 무시하거나 소외시키지 않고 좋은 인연을 맺어 나간 퇴계와 기대승의 논쟁은 시사하는 바가 크다고 할 수 있다.

어휘 다지기

연고주의

연고주의란 자신과 연결된 학연, 지연, 혈연 등의 관계를 이용하려는 것으로 지역 감정, 학벌 지상주의 등이 이러한 연고주의로 인해 생겨나게 된 문제점들이다. 연고주의가 심할 경우 사회 통합을 해치는 주요한 요인으로 작용한다.

1강_ 사단 이야기 ①

인간은 태어날 때부터 갖고 태어나는 착한 마음인 사단을 갖고 있다. 측은하고 불쌍히 여겨 다른 사람을 도와주는 마음, 양보할 줄 아는 마음, 자신의 잘못을 부끄러워하고 불의를 미워하는 마음, 옳고 그름을 따질 줄 아는 마음이 바로 그것이다. 우리에게는 이렇게 선한 마음이 있는데, 왜 그대로 실천하지 못할까?

다음의 제시문을 읽고 물음에 답하시오.

가

"모두가 '예'라고 말할 때 '아니오'라고 말할 수 있는 사람 그 사람이 좋습니다."
"모두가 '아니오'라고 말할 때 '예'라고 말할 수 있는 사람 그 사람이 좋습니다."

몇 해 전 모 회사의 광고 문안이다. 잘못된 것임을 알고 있음에도 남들의 의견에 동조하면서, 또는 그 집단에서 함께 살아남기 위해 자신의 신념에 반하는 대답을 하는 사람들이 있다. 그런 상황에서 정의를 지키며 옳은 소리를 하는 사람, 그 사람이 좋다는 의미를 담은 광고였다.

나 어떤 회사의 과장인 박○○씨는 회사를 위하여 열심히 일하고 있다. 그런데 하루는 사장이 정화되지 않은 공장 폐수를 비 오는 밤을 이용해서 하천에 버리라고 지시하였다. 박과장은, 그렇게 하면 상수원이 오염되고 불법이기 때문에 할 수 없다고 말하였다. 그러나 사장은 자기 지시에 따르라고 명령하였다. 박과장은 사장의 지시를 따르면 양심에 어긋나는 행동을 하게 된다. 그러나 사장의 말을 듣지 않으면 그 회사에서 물러나야 할지도 모르고, 그렇게 되면 생계를 위협받게 된다. 박과장은 어떻게 해야 할지 이러지도 저러지도 못하고 고민을 하고 있다.

- 교육인적자원부, 중학교 《도덕》 3

다 최근 인기리에 종영된 의학 드라마 '하얀 거탑'에서 외과과장 장준혁은 의료 분쟁에 휘말리게 되었다. 그 과정에서 후배 의사들은 장준혁의 과실이 있었음을 알고도 자신이 병원에서 쫓겨나게 될까, 또는 장준혁의 편에 섰을 때 그가 자신들의 미래를 보장해 주지 않을까 하는 기대감에 그의 과실을 덮어 주었다. 그러던 중 장준혁의 친구이자 의사인 최도영은 자신이 병원에서 쫓겨나게 될 것을 각오하면서도 법정에서 진실을 말하고, 결국 진실을 말한 대가로 병원에서 쫓겨나게 된다.

case 1-1 고봉 기대승이 말한 사단(四端)은 무엇이며, 제시문 (가)는 그중 무엇과 관련이 있는지 간단히 설명하시오. (600자 내외)

생각 쓰기

생각 쓰기

2강_ 사단 이야기 ②

　우리는 태어날 때 사단을 갖고 태어나면서도 실제로 그것을 지키지 못하며 살고 있다. 모든 사람들이 사단을 지키며 산다면 이 세상은 가장 이상적이고 사랑이 넘치는 사회가 될 것이다. 그러나 현실은 그렇지 못하다. 현재 우리 사회에서 나타나고 있는 여러 가지 현상들을 사단과 관련하여 생각해 보자.

> **case 2 제시문 (가), (나), (다)를 읽고 각각의 내용을 사단과 연결시켜 설명하시오.**
> **(800자 내외)**

가 　경찰의 음주 운전 측정 단속을 피하며 '결백'을 주장하던 40대 남자가 법정구속돼 혹 떼려다 혹 붙인 격이 됐다. 서울 북부지법 형사8단독 ○○○ 판사는 경찰의 음주 측정을 거부하다 불구속 기소된 후 끝까지 혐의를 부인하던 유모씨(42)에게 징역 8월을 선고하고 법정구속했다고 4일 밝혔다. 벌금이나 집행유예에 그칠 수도 있었지만 이례적으로 법정구속으로까지 이어진 것이다. 유씨는 지난해 10월 서울 용답동에서 음주 운전 단속을 피해 불법 좌회전을 시도하다 경찰에 적발됐다. 경찰의 추적을 피해 달아나던 유씨는 막다른 골목에 다다르자 문을 잠그고 차 안에서 1시간 동안 음주 측정에 불응했다. 유씨는 경찰과 승강이 끝에 차에서 내린 뒤에도 변명을 거듭하며 음주 측정을 거부했다.

　재판부는 '음주 운전 전과가 있는 피고인이 계속 혐의를 부인하는 등 죄질이 불량하고 재범의 우려가 있어 실형을 선고했다' 고 말했다.

- 《경향신문》 2007 · 3 · 3일자

　🈁 봉사단 회원들은 모두 영구 임대 아파트에 산다. 이중에는 소년 가장도 있고, 아버지 없이 어머니와 사는 회원도 있다. 어려울 때에 주위의 따뜻한 도움을 받았던 경험을 가지고 있는 회원들은, 이웃에 조금이나마 보답하고자 1997년부터 봉사 활동에 뛰어들었다. 회원들이 하는 일은 저소득 실직자 가정과 홀로 사는 노인들에게 밑반찬을 배달하는 일이다. 아파트 내에 위치한 ○○ 종합 사회 복지관에서 매주 화요일 주부 봉사단이 밑반찬을 마련하면, 회원들이 방과 후 3시간에 걸쳐 80세대에 반찬을 배달한다. 홀로 사는 노인들의 집에는 일일이 전화를 해 안부를 여쭙거나, 직접 찾아가 안마를 해 드리기도 한다. 설날이나 추석에 150세대에 후원품을 전하고, 겨울에 200세대에 김장 김치를 배달하는 것도 봉사단의 몫이다. 무거운 바구니를 들고 아파트 계단을 오르내리다 보면 더위에 지치고 추위에 얼기도 하지만, 한 치의 흐트러짐도 없이 웃는 얼굴로 봉사를 계속하여 주위에 바른 청소년상을 심어 주고 있다.

　〈작은 마음 봉사단 ○○ 중학교 ○○○ 외 3명, 제2회 전국 중 · 고등학생 자원 봉사 대회 수상자 사례〉

- 교육인적자원부, 중학교 《도덕》 2

다   고단한 사람들의 안식처가 있다. 오갈 데 없는 행려병자, 의지할 데 없는 무의탁 노인, 복지 시설에서조차 받아 주지 무연고 장애인 등 20여 명이 불편한 몸을 쉬는 보금자리이다. 서울 ○○구 ○○동 좁은 빈터에 세워진 컨테이너 박스가 그곳이다. '즐거운 장애인 교회'라는 팻말이 눈에 띈다. 그런데 이웃들은, 그들이 이곳에 있는 것을 원하지 않는다. 올해 벌써 일곱 번이나 이사를 하였다. 1992년, 오갈 데 없는 장애인들과 함께 천막을 세우고 팻말을 붙였는데, 그때부터 쫓겨 다니는 고달픔이 시작되었다. '보기 싫은' 장애인들이 모여 산다고 자리를 빌려 주려는 이웃들이 없었기 때문이다.

- 교육인적자원부, 중학교 《도덕》 3

3강_ 경쟁의 원리

사회 발전을 위해 필요한 원리 중의 하나가 바로 경쟁의 원리이다. 지나친 경쟁은 사회의 발전을 저해하지만, 선의의 경쟁은 오히려 사회 발전의 원동력이 될 수 있다. 퇴계 이황과 고봉 기대승 간의 논쟁은 선의의 경쟁이었고, 그로 인해 우리나라 성리학에 큰 발전을 가져올 수 있었다. 그렇다면 과연 경쟁의 좋은 점과 나쁜 점은 무엇일까?

다음 제시문을 읽고 물음에 답하시오.

가 국가인권위원회는 7일 박모씨(32)가 지난해 3월 식품의약품안전청을 상대로 제기한 진정사건에서 '특별 채용 응시 자격을 석사 학위 이상의 소지자로 제한한 것은 학력에 의한 차별'이라며 평등권 침해 결정을 내렸다. 인권위는 '식약청이 자격증, 연구, 근무 경력 등 다른 응시 기준을 두지 않고 학력만으로 응시 자격을 제한한 행위는 합리적 이유가 없다'고 밝혔다.

조사 결과 식약청 외에 국방부, 기상청, 농림부, 대검찰청 등 10개 기관도 학력만으로 응시 자격을 제한하고 있었다. 인권위는 이에 따라 중앙인사위원회에 공무원 특별 채용 임용 요건 중 학력만으로도 특별 채용이 가능토록 한 공무원 임용령을 개정할 것을 권고했다.

인권위는 출신 학교 이름을 응시 원서에 기재하도록 한 것도 특정 학교 출신 우대 소지가 있는 만큼 개선을 권고했다. 인권위는 '국민고충처리위원회의 경우 전문가 특별 채용을 위해 자격증, 연구·근무 경력자 등 복수의 응시 자격을 두고 있다'며 '이는 학력만으로 응시 자격을 제한하지 않아도 우수 인재를 채용할 수 있다는 의미'라고 설명했다.

- 〈경향신문〉 2007 · 3 · 7일자

나 각자가 지닌 재능에 따라 사회적으로 인정받는 문화·예술 세계에도 학연이 존재한다. 아주 뛰어난 사람들의 경우를 제외하고는 대부분 예술인들의 명암은 학연에 의해 좌우되기 일쑤이다.

나는 특정 지역 출신도 아니고 출신 학교 또한 이른바 명문이라 불리는 대학도 아니다. 우리 사회에서 특정 지역 출신이 아니거나 명문 고등학교와 명문 대학 졸업자가 아니면 그만큼 세상과 몇 배나 힘든 싸움을 해야 함을 의미한다.

얼마 전, 내가 이사로 선임된 ○○ 공공 법인 자축연 때의 일이었다. 면식이 없었던 이사끼리 친목을 도모하는 자리였고, 주제는 출신 학교에 관한 것이었다. 문제는, 10여 명의 이사가 제각기 명문 고등학교가 아니면 명문 대학으로 묶인 학연의 끈을 확인하면서부터였다. 묘한 유대가 형성되면서 서로에 대한 무조건적인 의리를 강조하다가, 급기야 "'우리는 동창생'이므로 서로 끌어 주고 밀어 주어야 하며, 우리 힘으로 세상을 바꿔야 한다"는 선언까지 하기에 이르렀다. 그들과 한자리에 있으면서도 나는 소외감을 느낄 수밖에 없었다.

- 교육인적자원부, 중학교 《도덕》 3

다 1954년, 미국의 오하이오주에서 열린 골프 대회에서 아널드 파머는 25세라는 젊은 나이로 챔피언 자리에 올랐다. 그때 그 경기를 보면서 골프에 대한 꿈을 키우던 어린 소년이 있었는데, 그가 후에 파머의 경쟁자가 된 잭 니클로스이다. 니클로스는 파머가 참가하는 경기를 열심히 쫓아다녔다. 그의 꿈은 파머와 승부를 겨루어 보는 것이었다.

1960년, 니클로스는 마침내 꿈을 이루었다. 그해에 열린 미국 오픈 대회에서 파머가 1위, 니클로스가 2위를 한 것이다. 이 경기를 시작으로 파머와 니클로스의 불꽃 튀는 경쟁이 시작되었고, 두 사람은 도저히 친해질 수 없을 것 같아 보였다. 당시 니클로스는 20세이고, 파머는 31세로 11년이라는 나이 차가 있었으며, 두 사람의 성격도 너무나 달랐다. 파머는 고지식하며 뽐낼 줄 모르는 성격 탓에 사람들에게 사랑을 받는 반면, 니클로스는 정통 골프 교육을 받아 좀 계산적인 완벽주의자였다.

그러나 파머와 니클로스는 나이 차와 성격을 극복하고 30여 년간 우정을 지켜 나가고 있다. 둘은 서로의 장점을 몹시 부러워했지만, 골프 대회에 나가면 한 치의 양보도 없이 경쟁했다. 이들은 항상 같이 있었고 함께 생활했다. 같은 길을 걸으며 서로를 끊임없이 채찍질해 준 아름다운 우정은 그들의 자리를 늘 지켜 주었다.

- 교육인적자원부, 중학교 《도덕》 3

퇴계 이황과 고봉 기대승은 서신 교환을 통해 자신의 이론을 수정해 나갔으며 이를 통해 좋은 학연을 만들어 갔다. 제시문 (가)와 (나)에 나타난 학연의 부정적인 면을 설명하고, 해결 방법을 제시하시오. (1000자 내외)

생각 쓰기

생각 쓰기

시장 경제 체제에서 볼 수 있는 경쟁의 원리

시장 경제 체제의 장점

시장 경제에서는 자유로운 경제 활동을 통해 이윤을 추구하기 때문에 서로 경쟁하게 된다. 누구나 새로운 생각을 해내어 경쟁에서 앞서려고 한다. 기업은 소비자의 마음에 드는 물건을 만들어 내기 위해서 노력한다. 그러므로 소비자는 좋은 물건을 값싸게 살 수 있게 된다. 그 결과 소비자와 생산자 모두 최대의 만족과 이익을 얻게 되고, 사회 전체의 경제는 효율성이 높아지게 된다.

- 중학교 《사회》 3

경쟁을 제한하는 독과점

우리가 소비하는 대부분의 상품들은 서로 경쟁하는 수많은 기업들에 의해 공급된다. 예를 들어, 옷은 여러 의류 회사에서 만들어 공급하고 있으며, 미용 서비스도 여러 미용실이 공급하고 있다. 그러나 시장에서 공급자가 항상 다수인 것은 아니며, 하나의 기업이나 소수의 기업만이 시장에 상품이나 서비스를 공급하는 경우도 있다. 예를 들어, 우리나라에서 전기는 한 기업에서 독점적으로 공급하고 있으며, 자동차나 이동 통신은 몇 개의 회사만이 공급하고 있다. 이와 같이 시장에 하나 혹은 소수의 공급자만 있는 경우를 독과점이라고 하며, 독과점이 형성된 시장을 독과점 시장이라고 한다. 독과점 시장에서는 하나 혹은 소수의 기업만이 있으므로 경쟁이 일어나지 않거나 제한된다.

- 중학교 《사회》 3

독과점은 비효율적이다

독과점 시장에서 가격은 어떻게 결정될까? 많은 기업이 경쟁하는 경우에는 개별 기업은 시장 가격으로 상품을 팔 수밖에 없다. 만약 이 기업이 시장 가격보다 높게 판다면 소비자들은 다른 기업들의 상품을 구매하기 때문이다.

그러나 기업 사이에 경쟁이 없거나 제한되어 있는 독과점의 경우에는 소비자가 사려는 상품을 독과점 기업만이 생산한다. 그러므로 독과점 기업들은 경쟁 기업들이 있을 때에 비해 적게 생산하고 높은 가격으로 판매할 수 있다.

결국 독과점의 경우 소비자는 높은 가격을 주고 상품을 소비하게 되는 경우가 많다. 따라서 시장에서 많은 기업들이 서로 경쟁할 때에 비해 독과점은 자원 배분 측면에서 비효율적이다. 이와 같이 독과점은 비효율적일 가능성이 크므로 이에 대한 대책이 필요하다.

- 중학교 《사회》 3

공정 경쟁 질서를 유지하기 위한 제도가 필요하다

정부가 하는 일 중의 하나는 공정 경쟁 질서를 유지하는 것이다. 우리나라에서 공정 경쟁을 이룩하기 위한 대표적인 제도는 '독점 규제 및 공정 거래에 관한 법률(공정거래법)'이다.

이 법에서는 독과점 기업들이 시장 지배력을 부당하게 이용하는 것을 금지하는 데에 중점을 두고 있다. 또한 독과점 기업들이 서로 담합하여 터무니없이 가격을 높게 결정하거나, 다른 기업의 영업을 방해하거나, 새로운 기업이 그 분야에 뛰어드는 것을 부당하게 막는 행위 등을 금지하고 있다. 또한 허위 광고나 과장 광고를 하는 것도 공정 거래법에 위배된다.

이 밖에 정부는 식품이나 의약품에 대해서는 안전 및 품질을 과한 기준을 만들어 기업들이 그것을 지키고 있는지 감독한다.

이렇게 정부가 공정한 거래를 유지하기 위하여 노력하는 까닭은 기업들 간에 경쟁 조건을 같게 해 주어야만 시장 경쟁이 활성화될 수 있고 소비자를 보호할 수 있기 때문이다.

- 중학교 《사회》 3

기대승이 말한 사단(四端)은 측은지심(惻隱之心), 수오지심(羞惡之心), 사양지심(辭讓之心), 시비지심(是非之心)으로 네 가지의 선한 마음을 말한다. 측은지심은 남을 불쌍히 여기고 도와주려는 마음이고, 수오지심은 자신의 잘못을 부끄러워하고 불의를 미워하는 마음이다. 사양지심은 양보할 줄 아는 마음으로 자신의 욕심을 버리고 남을 먼저 생각하는 마음이며, 시비지심은 옳고 그름을 따질 줄 아는 마음, 즉 옳은 것을 옳다고, 그른 것을 그르다고 말할 줄 아는 마음을 말한다.

제시문 (가)는 어떠한 상황에서도 자신의 신념을 굽히지 않고 옳은 것을 옳다고 그른 것은 그르다고 말할 줄 아는 마음이 좋다는 뜻이므로 사단(四端) 중 시비지심(是非之心)과 관련이 깊다.

제시문 (나)는 박 과장의 내면적 가치 갈등을 보여 주고 있는 사례라고 할 수 있다. 과연 회사에서 물러나더라도 양심을 지킬 것인가, 아니면 생계를 유지하기 위해 양심을 어기고 오염 물질을 무단으로 버릴 것인가의 갈등을 겪고 있다.

또한 제시문 (다)의 후배 의사들 역시 자신의 사회적 지위를 유지하고 더 높은 지위로 올라가기 위해 선배의 잘못을 눈감아 줄 것인가, 아니면 그동안 쌓은 자신의 사회적 지위가 사라진다 하더라도 양심적으로 진실을 말해야 할 것인가를 놓고 고민한다. 결국 최도영이라는 의사만이 양심을 지킨 결과 병원에서 쫓겨나게 되었다.

살면서 누구나 한 번쯤은 제시문에 등장하는 인물들과 비슷한 경험을 할 수 있을 것이다. 이럴 때 우리는 어떻게 행동해야 할까?

과연 지금 당장의 생계를 걱정하며 양심에 어긋나는 행동을 하는 것이 옳은 것일까? 아니면 당장은 어렵고 힘들겠지만 사회 정의를 위해 양심을 지키는 것이 옳은 것일까?

지금 당장은 양심을 어기면서라도 자신의 생계를 유지하는 것이 더 합리적인 판단이라고 생각할지 모른다. 그러나 장기적으로 보면 박 과장의 행동으로 인해 상수원이 오염될 것이고, 그 또는 그의 가족들이 오염된 물을 마시고 건강을 해칠 수도 있으며, 심지어 목숨을 잃을 수도 있다. 또한 최도영이 진실을 고백하지 않고 친구의 과실을 덮어 주고 넘어갔다면 앞으로도 환자 가족과 같은 피해자가 생길 수 있으며 언젠가는 자신의 가족이 그 피해자와 같은 상황에 처하게 될지도 모른다.

지금 당장의 욕구를 충족시키기 위해 양심을 버리는 것이 결코 장기적으로 자신에게 이익을 가져다주는 것은 아니다. 지금은 힘들고 어렵더라도 장기적인 안목으로 볼 때 자신에게 이익을 가져다주는 것은 양심적이고 올바른 행동이라는 것을 항상 생각하며 살아야 한다.

case 2 제시문 (가)는 자신이 잘못을 했음에도 불구하고, 자신의 잘못을 부인하며 죄를 뉘우치지 않는 사람에 대한 내용이다. 이것은 사단 중 수오지심(羞惡之心)과 관련된 것으로 수오지심은 자신의 잘못을 부끄러워하고 불의를 미워하는 마음을 말한다. 여기는 그는 자신의 잘못을 부끄러워할 줄 몰랐으니, 수오지심이 부족한 사람이다.

제시문 (나)는 이웃 사랑의 정신을 보여 주고 있는 사례이다. 자신의 상황이 힘들고 어렵지만 자신이 더 힘들고 어려울 때 도움을 받았던 경험을 되살려 힘들게 살고 있는 사람들을 도와주는 사람들의 사례를 보여 주고 있다. 이때 이들의 마음은 측은지심(惻隱之心)으로 설명할 수 있다. 측은지심은 다른 사람을 불쌍히 여겨 도와주고자 하는 마음이다. 봉사단 회원으로 활동하고 있는 사람들은 모두 측은지심을 갖고 다른 사람들을 도와주고 있는 것이다.

제시문 (다)는 집단 이기주의의 사례를 보여 주고 있다. 자기가 속한 집단의 이익을 위해 힘들고 어렵게 사는 이웃들을 배려하지 않는 이기적인 사람들의 모습을 담은 사례로, 자신보다 약자인 이웃들을 이해하고 조금 양보하고자 하는 마음이 부족해 보인다. 즉 이것을 사단과 연결시키면 사양지심(辭讓之心)이 부족하다고 할 수 있다. 사양지심은 양보할 줄 아는 마음을 말한다.

case 3-1 제시문 (가)는 학력으로 사람을 평가하는 학력주의의 문제점을 나타내고 있다. 기업의 인재 채용 기준으로 다른 것은 모두 무시하고, 무조건 학력으로만 평가하는 것은 우리 사회에 퍼져 있는 학벌 지상주의, 학력 중심주의 현상을 더욱 심화시킬 것이다.

제시문 (나)는 학연의 부정적인 면을 보여 주는 사례로, 같은 학교 출신 사람들끼리 모여 그룹을 형성하고 집단 내에서 위화감을 조성하는 등의 문제점을 보여 주는 사례이다. 이렇게 같은 학교 출신 사람들끼리만 모이게 되면 그 그룹에 속하지 않는 사람들은 소외감을 느끼기 쉽게 되고 그러다 보면 집단의 결속력이 약해지게 된다.

이러한 문제의 해결을 위해서는 학벌로만 사람을 평가하려는 사회 분위기가 바뀌어야 하고, 이를 위해서는 사람을 평가할 때 그 사람의 능력으로 평가하는 능력주의가 정착되어야 한다. 능력으로 평가하는 사회가 될 때 사람들은 정정당당히 다른 사람들과 경쟁하게 될 것이고, 더 나은 자신을 만들기 위해 열심히 노력할 것이다. 결국 능력주의는 사회 발전에 긍정적인 영향을 미칠 것이다.

case 3-2 제시문 (다)는 선의의 경쟁을 보여 주는 사례이다. 파머와 니클로스는 열한 살이라는 나이 차와 성격의 차이를 극복하고 친구가 되었으며 30년간 서로 경쟁하며 우정을 키워 나갔다. 이러한 경쟁이 서로의 발전에 도움이 되었으며, 지금 둘은 최고의 자리에 있다.

퇴계 이황과 고봉 기대승의 관계도 비슷하다. 이 둘은 26년이라는 나이 차이를 극복하고 같이 학문을 연구하는 사람으로서 서로의 의견을 존중하며 선의의 경쟁을 펼쳤다. 각자 자신의 의견만이 옳다고 주장하는 것도 아니었으며, 무조건 상대방의 주장이 옳다고 한 것도 아니다. 그들은 선의의 경쟁을 펼치며 각자 자신의 생각을 논리적으로 설명하였다. 의견을 주고받는 도중 자신의 학설이 잘못되었다고 생각될 경우에는 선배라도 그것을 인정하고 바꾸었으며, 후배 역시 무조건 자신의 학설이 맞는다고 주장하며 선배의 이론을 비판한 것이 아니라 최대한 예를 갖춰 자신의 의견을 제시하였다. 이러한 선의의 경쟁을 통해 우리나라 성리학은 큰 발전을 이루었으며 이 둘은 없어서는 안 될 인물이 되었다.

이처럼 선의의 경쟁은 사회 발전에 도움을 주는 원동력이 될 수 있다. 그러나 경쟁이라고 하는 것은 동전의 양면처럼 양면성을 띠고 있다. 선의의 경쟁은 사회 발전의 원동력이 될 수도 있지만, 지나친 경쟁은 오히려 사회 발전을 저해하게 된다. 지나친 경쟁으로 사회의 자원이 낭비될 수도 있고, 사람들 사이의 관계를 멀어지게 할 수도 있으며, 잘못된 방법으로라도 결과도 좋으면 된다는 비도덕적인 사회 풍토가 생겨날 수도 있다.

이렇게 양면성을 갖고 있는 경쟁의 원리를 좋은 방향으로 이끌어 간다면, 분명 사회 발전에 도움을 주는 긍정적인 기능으로 작용할 것이다.

논술 답안 쓰기